王杰 著

经典如是说

修身卷

河南大学出版社
HENAN UNIVERSITY PRESS
·郑州·

图书在版编目（CIP）数据

经典如是说. 修身卷 / 王杰 著. —郑州：河南大学出版社，2017.3
ISBN 978-7-5649-2783-7

Ⅰ. ①经… Ⅱ. ①王… Ⅲ. ①国学－通俗读物 ②个人－修养－通俗读物 Ⅳ. ① Z126-49② B825-49

中国版本图书馆 CIP 数据核字（2017）第068604号

责任编辑	范　昕
责任校对	朱彦会
封面设计	翟淼淼

出版发行	河南大学出版社			
	地址：郑州市郑东新区商务外环中华大厦2401号			
	邮编：450046			
	电话：0371-86059750（高等教育与职业教育出版分社）			
	0371-86059701（营销部）			
	网址：www.hupress.com			
排　版	郑州市郑东新区大艺图文设计商行			
印　刷	河南瑞之光印刷股份有限公司			
版　次	2018年4月第1版	印　次	2018年4月第1次印刷
开　本	889mm×1194mm 1/32	印　张	9.375
字　数	244千字	定　价	35.00元

（本书如有印装质量问题，请与河南大学出版社营销部联系调换）

我们沉浸在痛苦中，身边所有的一切都让人难以忍〔受〕此，只要我们活着，就不得不面对这个世界和他人，〔在〕〔关〕系中求生存。有些人生来擅长交际，在各种人际关系中〔处得〕没有任何痛苦。有些人却并非如此，他们生来就对人际关系〔困〕顿，不知怎样与人相处。因此，总是处在烦恼中，工作无法〔顺〕行。工作是成人人生的基盘，是基本的谋生手段。工作不顺利，〔容〕易让人感觉整个人生都不如意。而一旦感到人生不如意，生活就〔会〕变得一团糟，像剪不断、理还乱的乱麻。处在这样的境地中，如〔果〕你手中没有力斩乱麻的智慧之剑，就会很长一段时间、甚至一生困在乱麻中。然后在其间挣扎、痛苦，葬送掉宝贵的人生，丢掉曾经美丽的面容。

　　在这样的人生中，也许你会怨天尤人，对社会不满，对一切失去信心。并且，你会认为这样做也没什么不对，这是你个人的自由。如果你这样想，也并非不可。不过，事实上并非如此。当你被负面情绪包围的时候，受苦的不仅仅是你自己，你的负面情绪会像波浪一样打湿靠近它的人的双脚、衣衫，甚至还有心灵，染污你所处的〔环〕境，甚至天地万物。也许你认为我这是夸大其词，其实只是你自〔己〕被负面情绪所控制，无法察觉而已。你不仅察觉不到这些，你也〔看〕不到何处还有欢乐。虽然有蓝天、太阳、月亮，还有花草树木等〔在〕身边陪伴、守护着你，你却看不到，因而，你也无法感受到阳光〔的〕温暖、月亮的宁静、花儿的芬芳、树木所展现的无穷生命力。它〔们〕的存在对你来说似乎都无关紧要，没有太大意义。如果说有意义、〔有〕价值，那就是它可以满足你的私欲。你可以在不高兴的时候，心〔怀〕愤恨地折断一枝柳枝，把它扔在路边；你可以在你需要它们的时〔候〕，锯断一棵树，甚至整片森林的树木，为你换来足够的金钱……〔总〕之，即使整片森林消失了也和你无关，整条河水被污染了也和你〔无〕关，太阳不再露出它的笑脸也和你无关。你唯一可能感觉到与你

导言：人生即是修身之旅

来到这个世间的人，有的很幸运，生而知自己此生要⋯⋯有的不是很幸运，来到这个世间几十年依然迷茫、困惑、⋯⋯知自己为何而生，自己的道路究竟在哪里。迷茫、困惑、⋯⋯也是人生的另一种味道。但是，我们来到这个世间，绝⋯⋯受痛苦的，而是来创造幸福的。尽管关于幸福的定义因⋯⋯求而有所不同，不过，有一点是明确的，只有内心平和⋯⋯有痛苦，才可以体会到幸福，仅仅物质的丰盛无法带来⋯⋯安宁。特别是在这个资讯极端发达而又躁动不安的时代⋯⋯股洪流在席卷着每一个人，如果持守不住，就会随波逐⋯⋯己，失去人生的方向，不知心该朝向哪里。因而，有的⋯⋯费，以宣泄自己不知如何释放的压力；有的人沉迷于⋯⋯自己不知如何打发的时间；有的人沉迷于酗酒、嗑药⋯⋯不想面对的人生；有的人沉迷于赚钱，用数字填补自⋯⋯心灵；有的人无所事事，每天混日子……这些是所⋯⋯生。那些还没有成年的孩子，可能有一少部分有自⋯⋯人生方向，而大部分人仅是按照父母的安排与人生惯⋯⋯学……尽管心中迷茫、痛苦，却不知该如何自救，只⋯⋯背着书包去上学，跌跌撞撞地闯人生，痛苦地生活。

导言：人生即是修身之旅

来到这个世间的人，有的很幸运，生而知自己此生要走的道路。有的不是很幸运，来到这个世间几十年依然迷茫、困惑、痛苦，不知自己为何而生，自己的道路究竟在哪里。迷茫、困惑、痛苦或许也是人生的另一种味道。但是，我们来到这个世间，绝对不是来承受痛苦的，而是来创造幸福的。尽管关于幸福的定义因为个人的要求而有所不同，不过，有一点是明确的，只有内心平和、宁静，没有痛苦，才可以体会到幸福，仅仅物质的丰盛无法带来内心的真正安宁。特别是在这个资讯极端发达而又躁动不安的时代，似乎有一股洪流在席卷着每一个人，如果持守不住，就会随波逐流，迷失自己，失去人生的方向，不知心该朝向哪里。因而，有的人沉迷于消费，以宣泄自己不知如何释放的压力；有的人沉迷于赌博，以消磨自己不知如何打发的时间；有的人沉迷于酗酒、嗑药，以逃避自己不想面对的人生；有的人沉迷于赚钱，用数字填补自己无法满足的心灵；有的人无所事事，每天混日子……这些是所谓成年人的人生。那些还没有成年的孩子，可能有一少部分有自己明确的目标和人生方向，而大部分人仅是按照父母的安排与人生惯性，读书、考学……尽管心中迷茫、痛苦，却不知该如何自救，只好稀里糊涂地背着书包去上学，跌跌撞撞地闯人生，痛苦地生活。

我们沉浸在痛苦中，身边所有的一切都让人难以忍受。尽管如此，只要我们活着，就不得不面对这个世界和他人，思考在各种关系中求生存。有些人生来擅长交际，在各种人际关系中如鱼得水，没有任何痛苦。有些人却并非如此，他们生来就对人际关系感到困顿，不知怎样与人相处。因此，总是处在烦恼中，工作无法顺利进行。工作是成人人生的基盘，是基本的谋生手段。工作不顺利，容易让人感觉整个人生都不如意。而一旦感到人生不如意，生活就会变得一团糟，像剪不断、理还乱的乱麻。处在这样的境地中，如果你手中没有力斩乱麻的智慧之剑，就会很长一段时间、甚至一生困在乱麻中。然后在其间挣扎、痛苦，葬送掉宝贵的人生，丢掉曾经美丽的面容。

　　在这样的人生中，也许你会怨天尤人，对社会不满，对一切失去信心。并且，你会认为这样做也没什么不对，这是你个人的自由。如果你这样想，也并非不可。不过，事实上并非如此。当你被负面情绪包围的时候，受苦的不仅仅是你自己，你的负面情绪会像波浪一样打湿靠近它的人的双脚、衣衫，甚至还有心灵，染污你所处的环境，甚至天地万物。也许你认为我这是夸大其词，其实只是你自身被负面情绪所控制，无法察觉而已。你不仅察觉不到这些，你也看不到何处还有欢乐。虽然有蓝天、太阳、月亮，还有花草树木等在身边陪伴、守护着你，你却看不到，因而，你也无法感受到阳光的温暖、月亮的宁静、花儿的芬芳、树木所展现的无穷生命力。它们的存在对你来说似乎都无关紧要，没有太大意义。如果说有意义、有价值，那就是它可以满足你的私欲。你可以在不高兴的时候，心怀愤恨地折断一枝柳枝，把它扔在路边；你可以在你需要它们的时候，锯断一棵树，甚至整片森林的树木，为你换来足够的金钱……总之，即使整片森林消失了也和你无关，整条河水被污染了也和你无关，太阳不再露出它的笑脸也和你无关。你唯一可能感觉到与你有关的就是你的痛苦,你的抱怨——这个社会为何这么不公平。

也许社会是不公平的,为何让你生来贫而贱,没有一个可以遮风挡雨的靠山;为何让他生来富而贵,日日养尊处优、挥金如土。不过,太阳是公平的,月亮是公平的,花儿等天地万物是公平的。太阳、月亮不会因你生而贫贱不给予你光明,花儿不会因你生而贫贱拒绝在你面前绽放。况且,即使有人富贵一生,最终他也会与你一样离开这个世间,他与你洒落骨灰的地方也是同一个地球。因此,在终极意义上,没有所谓的公平和不公平,所有的人在天地万物面前都是平等的,它们对待所有的人也是平等的。这是最大的公平,最大的平等,也是最大、最深广的爱。这种爱无偏无私,唯天地独有,它平等地覆载、滋养着我们每一个人。但是,无论是贫贱者还是富贵者,都似乎忘记了对此心存感恩。不止如此,我们甚至还恩将仇报,因自己的私欲破坏自然,捕杀动物,等等。

为何会变成这样?原本我们的内心可以很安宁,原本我们的容颜可以很美丽,原本天空可以很蔚蓝。但是,这一切都不知从何时发生了变化,我们的心生了病,无法安宁;我们的地球生了病,天空迷茫不清,大地贫瘠荒芜。我们自己出了问题,与他人及其他天地万物的关系也出了问题。出了问题,你有理由选择逃避,但问题终究会困扰着你。毕竟人生宝贵,在困扰中结束自己的一生,让人不甘心。因此,聪明的做法是面对它,解决它。如果可能,再忘掉它。这么多问题,让人如何面对?也许有人会问。其实不难,只要找到问题的根源,一切都会迎刃而解。根源在哪里?如果你认真扪心自问,你或许会发现造成这一切问题的根源非在他处,就在你的内心。也就是说,问题的根源在于我们丢失了自己的心。可能有人会说:"我们的心不就在那儿吗?"是的,它是在那儿,它还在那儿跳动。但是,那并不是我们真正意义上的本心。我们的本心已经被欲望、怨恨等负面情绪所绑架,失去了自主与自由。尽管如此,它还会发出它的声音,你内心的痛苦,你的不安宁,就是它发出的求救之音。它渴望你注意到它,找到它,然后把它带回它真正的家。所以,我们要做的事情就是发现它,帮助它回家。

如何发现它并把它带回家呢?最好的办法就是修身。这不仅是我的经验之谈,更是自古至今的圣贤们的一致看法。儒家较早的经典《大学》有言:"欲治其国者,先齐其家。欲齐其家者,先修其身。欲修其身者,先正其心。"想要治理好自己的国家,就须先规范自己的家庭。想要规范自己的家庭,就要先修身。想要修身,就要先端正自己的心。这就告诉我们正心是修身的主要内容,修身是处理好所有关系的根本。接着,《大学》还言:"欲正其心者,先诚其意。"[1]告诉我们要端正自己的心念,就要先真诚面对自己的意念。真诚面对自己的意念,就是倾听各种意念的声音,从而倾听到我们本心的呼唤。只有听到了我们本心的呼唤后,我们才会知道该如何端正心念。既然如此,那么修身的含义到底是什么呢?是否就仅指要"正心"呢?

"修"本义是修饰、整理、加工,"身"指性格、品德、行为、语言等。因此,"修身"即是修饰、整理人的性格、言谈举止,使之合乎礼仪、礼节与礼貌,进一步说是使之合乎我们的本心。修饰、整理这样的词语听起来好像过于表面化,过于生硬。因而,我们没有必要拘泥于字、词的表面意义,简易直接地把修身理解为一项打磨、雕琢玉石的工作即可。也就是说,修身是通过反复对自己进行打磨、雕琢,使本心逐渐显露,把自己变为一件晶莹剔透的玉器的过程。这样的过程从外在看来是对自己言行的打磨、雕琢。但是,言行是内心的外在表现,内心是言行的基础。所以,修身即谓修心,亦谓对言行的修炼,两者互为表里。如果我们心正,则身必

---

[1] 傅佩荣:《傅佩荣译解大学中庸》,东方出版社,2012年版,第6页。

行。同理，如果我们的言行端正，必然会起到规范内心的作用。当然，当我们通过长期修身的努力，使本心犹如一颗明珠般熠熠生辉时，就会做到随心所欲而不逾矩。我们的言行自然会体现本心，曾经被视为外在规范的礼仪、礼节也会自然内化于心。不仅这些礼仪、规范不再是心外之物，他人、其他的天地万物也不再是心外之物。你会发现原本你就与它们是一体，你的心来源于天地，它们在你之中，你亦在它们之中，你、我及其他天地万物的根相同。这个万物共同的根就是心的家，当它回到家，它自然会谦恭、诚敬待人待物，无须再用礼仪、礼节等外在规范来约束。

不仅如此，当心回到它真正的家，它的光辉会驱散我们的痛苦，让我们获得至上的安宁。曾经视为重要的荣辱、富贵、贫贱、成败、是非会无法再左右你，你会宠辱不惊、安之若素、贫而无谄、富而无骄、败而无卑。之所以会如此，是因为如周敦颐所言："见其大则心泰，心泰则无不足，无不足则富贵贫贱处之一也。"[1] 见其大无非是见到自己的本心，也可以理解为道，所以心才会安然而无有不足。即使如颜回那样，一箪食，一瓢饮，在陋巷，也会不改其乐。这不是说我们要安于贫困，不再有任何人生追求，而是说即使你有所追求，你也会知道自己真正需要的不是功名利禄、富贵荣华。因而，即使你事业失败，从曾经的富比王侯到如今的一无所有，也会不改其乐，泰然处之。那么，你的本心真正需要的是什么呢？答案是爱。它的本质就是爱。它原本爱自己，爱他人，爱天地宇宙万物。当你重新找回这样的爱，你就会在这样的爱中获得真正意义的重生。当你获得重生时，就意味着你的心已经回到了它真正的家——天地宇宙。所以，持续的修身之旅既是回家之旅，也是发现爱，学会爱，最终成为爱之旅。

---

[1] 周敦颐:《周敦颐集》，梁绍辉等点校，岳麓书社，2007年版，第77页。

你看，这多好。成为爱，真正生活在爱的包围中，你还会不快乐吗？你的生活还会不祥和吗？不会的，你会无比喜悦，你的生活会温暖如春，晴空万里。这是坚持修身之旅的圣礼。它使你能够在人间如意地行走，不为任何现象所迷惑，它会让你了解生命的意义，使你的生命充满喜乐。当然，这不是一蹴而就的。修身是一个不断积累的过程，它需要我们日复一日、年复一年的不懈地努力，不能间断。有时还会进进退退；一旦间断，更会进一步退十步，甚至前功尽弃。毕竟，当你还不能控制心意的时候，它会带着你四处兜风，让你重新沉迷在热闹的街市中。但是，相比于它的圣礼，我们有努力尝试的价值。况且，毋须求助他人，我们就能做到。如果我们能通过自己的努力活得更好，为何不马上行动起来，开启我们的修身之旅？

如何开启？根据不同的人，方法可能会有不同。但是，首先有一点是必要的。那就是立志，要有坚定的决心去做这件事。没有坚定的决心作为支撑，很容易三天打鱼两天晒网。因而，朱子言："凡事须当立志，不可谓今日做些子，明日便休。"[1] 何谓志？"心有所之谓之志。志学，则其心专一向这个道理上去。"[2] 心里有个目标、方向就是志，如果你想修身，就专心修身。朱子还言："学者立志，须教勇猛，自当有进。"[3] 为学之人的志气勇猛刚劲，就自然会有进步。我们也许不是真正意义上的为学之人，但说到底修

---

[1] 钱穆：《朱子新学案》，第二册《朱子论立志》，九州出版社，2011年版，第474页。

[2] 钱穆：《朱子新学案》，第二册《朱子论立志》，九州出版社，2011年版，第475页。

[3] 黎靖德：《朱子语类》卷八《学二·总论为学之方》，中华书局，2011版，第133页。

身也是为学。如果没有进步，就是不够勇猛。[1] 因而，我们要以势不可挡的锐气去修身，不能懈怠。懈怠，就是自暴自弃。活着虽然不容易，但是我们没有理由自暴自弃。我们要珍惜时间，立志修身，改变自己，改变自己的人生，放飞自己的生命，让它活得更圆满。要不然，我们也许会在散漫、痛苦中，稀里糊涂地度过来之不易的一生。为此，我们要坚定自己的志向，做下去。

尽管志需坚、勇，心却要柔软。也就是说，我们可以以坚定的意志去修身，却不可强力而行。强力而行会使心动气，伤害你的身心，让你的身心变得僵硬。因而，修身要自然而然地进行。不是说你今天发现自己有爱生气的毛病，以后再生气的时候就使劲用死力压制它；而是说你发现了也就发现了，不要用死力压制，逐渐学会转化、消解它的方法就好。也不是说你发现自己欲望太多，就想要像消灭敌人一样，一举把它奋力除掉；而是说只要你先接受它就好，然后再慢慢学会把它化解掉。关于此点，在后面的章节中有详细论述，在此不再赘述。同理，修身尽管很重要，但你也不要太把它当回事。如果你太把它当回事就是为了目的而目的，这样会使你变得狭隘、功利、激进。并且，欲有所为而不达，往往你越想做好某件事的时候，越做不好。所以，你无须注重结果，亦无须设立什么具体目标，要求自己在十天之内或一个月之内达到什么程度，只是一心去做就好。对结果的期待，对目标的向往，只会制约你，让你变得僵硬。说了这么多，就是想告诉大家"修身"的"修"作为一个动词，虽然让人容易联想到用刀、凿子等工具削、凿的动作，并且我在前面也使用了与此动作有关的打磨、雕琢等词语来解释"修身"，但是，其实"修身"的"修"理解为"化"更为恰当。因为"化"

---

[1] 黎靖德：《朱子语类》卷八《学二·总论为学之方》，中华书局，2011年版，第135页。

更能体现出修身是一个自化过程，而非强力之行。这就是说所谓的打磨、雕琢都是自然行为，而非刻意、死力之为。同时也意味着"修身"是用适当的方法来使蒙蔽在心上的欲望等心垢化解掉的过程。因而，前面提到的"正心"功夫也不是像把放歪了的东西，叭地一下把它正过来，而是让它慢慢由不正自动归于正。

　　以上的论述无非告诉我们修身就在吃喝拉撒、洒扫应对等日常生活中。你的端茶倒水、刷牙洗脸、洗菜做饭、行住坐卧、与人交谈等都是修身。这就是说不是在日常生活之外又有一个修身，而是日常生活即是修身，它们是一体的。因而，修身即是生活，生活亦是修身。从这一点来看，我们的人生就是一个修身之旅，我们即是人生的过客。既然是过客，就表示这个世间没有什么东西是我们的，包括我们的身体。但是，事实上我们不仅把身体当成是自己的，还把欲望以及欲望的体现——财产、名利等都当成自己的。把很多不是自己的当成是自己的，并紧紧抓住不放，当然会很累、很痛苦，会不堪重负。所以，修身作为回家之旅，就是学会一点点化解掉这些东西，让自己及他人变得轻松、自由一点儿，把心带回家。再做得彻底一点就是放下这些原本不属于自己的东西，进而把自己的身心也放下，达到真正的自在无碍。那么，该如何放下呢？作为禅的改革者而知名的日本京都大学教授久松真一博士，曾写过这样一首有趣的诗：

　　　　嗨嗨
　　　　跳吧，跳吧
　　　　赤裸裸地跳吧
　　　　不跳就太吃亏了
　　　　现在的年轻人不够赤裸
　　　　假若脱得不够呀

被挂住了会碍事
白色的内衣，黑色的长裤，红色的内裤
都脱掉，脱掉，脱掉
身也脱掉
心也脱掉
跳吧
一丝不挂地跳吧
嗨嗨[1]

  这首诗不是说让你当街跳裸舞，而是说我们的本来面目就是这样赤裸无一物。更进一步说，我们的身体、心也非本家自有之物，所以要全部脱掉。不脱掉，就会产生系缚。因而，博士劝我们全部脱掉，恢复独脱无依的本来面目。不用说，这是修身的终极目的。当然，你可能会说这对我太难了，我又不是出家人，况且也不想超越世俗。如果你这样想也没有关系，本来我们修身就不是为了目的而目的，不是为了成佛成圣。因此，只要做好一个普通人，把心带回家就好。只是，你心里要明白一个道理，无所有才会无所不有，舍弃、付出的越多得到的就越多。所以，你把心带回家，对自己的生命负责，对他人及其他天地万物付出你的一份爱，你不仅不会有什么损失，还会有意想不到的回报。关于此点，后面的章节也有述及。下面，就让我们简单地来看一下修身的具体方法。

  方法因人而异，不能统一。因而，在此只是根据我自身有限的修身经验与学识提出一些建议，供大家参考，希望大家藉此找到适合自己的方法。我个人无论遇到任何问题都不喜欢寻师访友，喜欢

---

[1] 转引自[日]原田丰实：《心の法则》，三笠书房，1984年版，第108～109页。

一个人解决。这样的做法尽管有时很耽误时间,但是它可以练习你的承受能力,让你可以真正面对、了解自己,逐渐找到解决问题的方法。遇到问题有人及时指点固然重要,这样的做法也节省时间,但是并不是你的身边总会有这样的人。即使有这样的人,最了解自己、真正能改变自己的也只有自己。因此,归根结底你最终能依靠的只有你自己。所以,我建议大家遇到问题时不要忙着抱怨或者找朋友、家人倾诉,而是要先冷静下来,学会独处,面对自己,慢慢找到解决问题的方法。我解决问题的方法最常用的就是读书,此外还有静坐、练习书法、插花、融入自然等。静坐、练字、插花、融入自然,如果你喜欢都可以起到收摄身心,使身心归于一处,培养、转化气质的作用。但其中最重要的还是读书,当然主要是有关修养身心方面的典籍,例如儒释道三家的经典以及你感兴趣的一些与修身有关的书籍。例如儒家的四书五经,或者是《老子》《庄子》以及一些你喜欢的佛学典籍,还有一些近现代著名心灵导师的著作。关于读书顺序,可以根据你自己的喜好自行决定。如果你读不懂古典著作,可以先从一些著名心灵导师的著作下手,理解了其中的道理,再去读古典的,可能会一读就通。因为,万变不离其宗,近现代心灵导师提出的有关身心修养的方法、见解几乎都来源于中国或印度的古典哲学。我个人虽然学的主要是儒家思想,但其实是吸收了佛家的一些东西之后,才开始真正理解儒家思想以及一些相关心灵导师的著作的。因为儒家的一些道理往往让人感觉生硬(例如非礼勿言,非礼勿视等),容易产生抗拒,而佛家的一些东西相对比较柔软,让人很容易接受。所以当你接受、体悟到了软的,硬的就会自然被化解。况且,儒释道原本就是一家。所以,你可以根据你个人的情况来选择如何读这些书。

　　人的一生中有很多老师,但我认为最重要的老师是书,书可以在你需要的时候告诉你想要的答案。不仅如此,根据宋代理学大家

朱子的说法,读书还有如下好处:

> 人常读书,庶几可以管摄此心,使之常存。横渠有言:"书所以维持此心。一时放下,则一时德性有懈。其何可废!"
> 本心陷溺之久,义理浸灌未透,且宜读书穷理。常不间断,则物欲之心,自不能胜,而本心之义理自安且固矣。[1]

读书可以收摄心,消解物欲之心,使德性之心常存,因而要常读书。当然,读书的好处不止这些。对此,你可以在读书的过程中慢慢体会。那么,该如何读呢?朱子又言:

> 读书须将心贴在书册上,逐句逐字,各有着落,方始好商量。
> 读书,须是要身心都入在这一段里面,更不问外面有何事,方见得一段道理出。
> 读六经时,只如未有六经,只就自家身上讨道理,其理便易晓。
> 许多道理,孔子恁地说一番,孟子恁地说一番,子思又恁地说一番,都恁地悬空挂在那里。自家须自去体认,始得。[2]

读书首先要专心,然后在此基础上去体认。尽管也许我们不是专业学者,但是读书时还是要专注、用全身心投入。如果你觉得你

---

[1] 黎靖德:《朱子语类》卷十一《学五·读书法下》,中华书局,2011年版,第176页。

[2] 黎靖德:《朱子语类》卷十一《学五·读书法下》,中华书局,2011年版,第176、188页。

无法全身心投入，或者是这本书不适合你，在这种情况下最好先放弃不读，或者尝试读其他的书。如果你读得痛苦，你就无法体认到其中的道理，并融会到你的内心。无法体认，即使你找对了药方，药方上的药物也无法治愈你的身心。所以，我们先要一个人静下心来，然后再用心去读我们感兴趣的书。如果，你对读书不是很感兴趣，可以先从简短、有趣、易读的书开始，慢慢培养你的读书兴趣，同时配合其他你认为可行的修身方法。

读书是一个人静下心来，与著者的灵魂对话的过程。在这样的反复对话中，我们习得对付身心各种问题的智慧。智慧，就意味着不是要你把你喜欢的圣贤的一些话语背诵下来，变成教条或知识，进而形成你的某种固定观点。如果你视书中的一些东西为不可变更的真理，那么只会让你变得更加固执和偏狭。所以，要把书中的知识转化成内在的智慧，让它可以灵活地为你所用。我想，这也就是所谓的体认。同时，无论是读书，还是练习书法、插花、静坐，都是你一个人要做的事情。这就告诉我们首先要学会面对自己，能够独处，从中学会与自己相处的方法。

当你独处时，因没有外界因素的干扰，很容易不断进步。但是，当你走入人群中，与同事、家人以及其他的一些人相处时，很容易又让你退步。对此，我有过深刻的体验。在独处中，可以对自己的起心动念做到了了分明，可一旦与人说起话来，尤其是自己感兴趣的话题时，还是会心念俱失。而且经常会这样。所以在修身的过程中，我们还需要知行合一。前面我提到读书很重要，不是说要光读书，读死书，还要去实践，在与人的相处中磨炼、提升自己，进而在与其他万物中的关系中磨炼、提升自己。基于此，本书在章节设置中，分为与自己的关系、与他人的关系、与自然的关系三个部分，以此来分别论述我们该如何与自己、他人及自然万物相处。这三个部分实际是一体，说的都是同样的道理，只是需要我们把同样的道理、智慧应用到生活的各个层面而已。当这三个层面的关系都和谐了,我们与社会的关系自然也就和谐了。因而本书没有专门论及该如何处理好人与社会的关系问题。

另外,所谓的经典不仅仅是古代的一些重要典籍,凡是对我们的身心、生命有益的著述皆是经典。因此,本书中还引用了古今中外的一些与修身有关的著作,例如下面提到的当代法顶禅师的著作。这样做的目的有二:一是希望大家明白真理古今同,修身无须拘泥于古代典籍或现代典籍,我们可以从真理的海洋中自取所需;二是因为古典往往令现代人望而生畏,所以希望大家能通过近现代的一些容易让人理解的相关典籍加深对古典的体认,进而返本归源,从古代典籍中汲取到自己所需的养分。同时,通过这种方法,使古典真正"活"在现在的生活中。此外,在本书各章中,没有设置小的标题。这样做的目的亦有二:一是出于内容一体性的考虑;二是不想让那些小标题形成某种局限,限制了创造力与思维。文章也许很长,你可以随意从某一段开始,同时不需要有任何目的。如果有了目的,或许会达不到你的目的。如果你只是不做他想,随性而读,不被我的文字与所设置的框架所限制,或许你会有所收益。

当然,以我的学识以及对修身的浅显体验,本无资格写下关于这方面的文字。但是,因某种因缘际遇,需要我把这些关于修身的智慧传递给大家。所以,尽管我不胜惭愧,也只好尽力把自古至今的圣贤们的修身智慧以及我的一些个人体验传递、分享给大家。我希望自己能做好这个传递工具,可以让读到此书的每一个人通过文字,然后超越文字与圣贤们的灵魂契合而有所收益。如果你没有收益,就说明我没有做好这个传递工具。在此,我不敢像韩国的法顶禅师那样,可以大声地对大家说出如下话语:"我希望我的文字包含着生活的真实,无论何时、无论何地、无论被谁读到,我都不会感到羞愧。"(《活在时间之外》封皮语)我的文字尽管也包含着我内心及生活的真实，可还是会感到羞愧，羞愧自己没有禅师那样高的修行与德性，却在这里借助自古至今圣贤们的话语高谈修身。尽管羞愧、惭愧，因衷心希望大家能够真正幸福、快乐、圆满、自在，故在如此祈愿的推动下，做了如下的传递。

目 录

第一章　与自己的关系 / 001

　　一、肯定·接受·爱自己 / 003
　　二、独处·省察·克治 / 014
　　三、诚敬·慎思·慎独 / 026
　　四、寡欲·去掉私心 / 036
　　五、化掉成心·归于虚静 / 047
　　六、活在当下 / 064

第二章　与他人的关系 / 077

　　一、以物待物，不以私意度人 / 079
　　二、己所不欲，勿施于人 / 094
　　三、重义轻利，真诚待人 / 118
　　四、知礼守信，尊重他人 / 137
　　五、严己宽人，不以某种标准待人 / 164
　　六、谦卑自守，与天地同流 / 188

第三章　与自然的关系 /211

一、认清人与自然的关系 /213
二、感恩自然，诚敬万物 /248
三、返本归根，重建人类生命家园 /263

结　语 /281

第一章　与自己的关系

爱自己就表示你已经完全无条件地接受了曾经不喜欢的自己,不再介意别人的看法,不再勉强自己做不愿意做的事。在这一刻,因为我们的生命本体毫无压抑地得以流露,真正地变得鲜活起来,由衷的喜悦会从心中慢慢升起。

一、肯定·接受·爱自己

如果问起和你最亲密的人是谁？你可能会回答是父母、儿女或爱人，很可能不会回答是自己。事实上，在这个世间与我们最亲密的人恰恰是我们自己。尽管我们未成年时需要父母的养育，结婚成家后需要儿女的慰藉、爱人的疼爱，但是最终要对自己的生命负起责任的是我们自己，而不是爱人或其他任何人。无论身边有谁相伴，我们来到这个世间的时候是一个人，离去的时候也是一个人。在这个短暂的过程中，我们需要自己付出努力去开创人生，去体味人生的酸甜苦辣与点点滴滴。尽管父母、爱人、朋友等在我们遇到困难之际，可以帮助我们承担、分享，但是真正能拯救我们的只有自己。你的病痛他人无法代替，你的痛苦他人无法真正体味。归根结底，无论我们遭遇了什么，真正能使我们站起来，乐观地对待人生的人只有我们自己。下面这个故事就说明了这个道理：

有个人在屋檐下躲雨，看见一个和尚正撑伞走过来。这人说：大师，普度一下众生吧，带我一段如何？

和尚说：我在雨里，你在檐下，而檐下无雨，你不需要我度。

这个人立刻跳出屋檐下，站在雨中：现在我也在雨中了，该度我了吧？

和尚说：我也在雨中，你也在雨中，我不被淋，因为有伞；你被雨淋，因为无伞。所以不是我自己度自己，而是伞度我，你要被度，不必找我，请自找伞！

说完便走了。

是的，我们要自己找办法把自己从各种糟糕的境地，还有恶劣的情绪等中度出来，别人无法真正度你，我们真正能依靠的只有我们自己。况且，如佛家所言，人身难得，你作为你来到这个世间仅此一次。如果我们稍微热爱自己的生命、尊重自己的生命，恐怕也不愿意把自己的人生交给他人打理，哪怕是至亲、至爱的人。

不过，从一些现象看来，我们中的大多数人似乎并不明白这个道理。有的人认为父母既然生了我，就要替我打好江山，为我的将来做好铺垫；有的人认为我嫁给了你，你就要为我以后的人生负责；有的人认为我生了你，你就是我的全部，你不能离开我，弃我而去……总之，我们很多人将过多的期待放在了他人身上，忽略了该如何自存。前不久，我在报纸上看到过这样一篇报道，说的是一位独自生活的七旬老人，儿女要给他雇保姆，他不要，他每天给几位在外地的儿女轮番打电话，排遣心中的孤独与寂寞。但是，儿女们都很忙，很少能长时间陪他在电话中聊天。老人最终无法忍受儿女长期不在身边的寂寞，选择了跳楼自杀。这件事恰好发生在曾经生养我的故乡，因而带给我很大的震撼。说到底，儿女一个都不留下来照顾老人，是儿女有过错。不过，这位老人也不是没有问题。他将过多的期待、精神的寄托放在了儿女的身上，既没有接受自己的现状，也忘记了自己应该去寻找属于自己的生活。毕竟，长大的儿女如离巢的小鸟，有可能一去不回。因此，无论任何人，在任何时候都要懂得接受现状，还有现状中的自己，而不是期待他人来替你改变现状，还有你自己。

以上是因依赖他人来度己的情况。还有这样一类情况：在表面上来看过于看重自己，生怕自己受委屈，怕自己用不到好的、吃不到好的，所以为自己买好的食物、高档的衣服、高级轿车，还让自己享受各种娱乐；更怕自己默默无闻、受不到关注，每天出入各种社交场合，给自己戴上各种头衔，同时承担多种身份。不过，私下里却焦躁不安，时常将无名怒火发在无辜的家人、单位的同事，甚至素不相识的路人以及不会言说的动物等身上。忘记了生气发怒会伤身，也忘记了给身边的人一个微笑，更忘记了关爱生养、承载我们的天地，似乎所有的存在都是理所当然的，没有丝毫感谢、感恩之心。

　　读到这儿，也许有人会认为我把许多人都描述成了薄情寡义、自私自利、没有修养的冷漠之人。但是，当你仔细回想的话，是否发现自己最近没有给过身边的人一个真诚的笑脸，没有发自内心的说过一声谢谢，也没有感恩过太阳为你带来了光明与温暖……我想，可能大多数人都没有这样做过。生活的很多琐事，还有各种难以马上满足的追求让我们变得麻木，对太阳的东升、花儿的开谢、鸟虫的啼鸣都无动于衷。相反，我们在各种追求面前却意外地清醒，甚至因无法立即得到而焦躁不安，怨天尤人，甚至不择手段。也许，我们不愿意承认，但这却是现存的实态。放眼望去，充溢于社会中的浮躁之气与戾气，还有人心的不古，无一不在申诉着这个事实。你想想，人活了六七十岁，按常理想应该看透世事，变得豁达、宽容、无私，却忍不住要去讹诈扶他起来的无辜之人。看到这样的报道，稍微有点良知的人可能都会悲叹："在物质生活丰富的当今盛世，我们理应心态平和地享受生活，为何接连出现这样让人心寒的事情？这个社会究竟怎么了？"恐怕很多人会向社会寻找问题的根源，忘记了去追问自己到底是以怎样的形态存在于这个社会的，到底为这个社会做了什么？忘记了我们每一个人都是社会文化、风气的始作俑者，我们每个人都是问题的根源。

　　不仅忘记了这些，我们也忘记了如何真正善待自己。如果我们都能知道接受自己、善待自己、爱自己，把自己当成自己的朋友、最亲密的人，好好地与自己对话，好好地提升自己的修养，让自己变得一团和气。那么，这个由我们每个个体组成的社会就会多了些和气，少了些戾气。读到这儿，也许有人会意识到自己从来没想过要好好提升自己的修养，只是每天那样活着而已。意识到了，就是一个很好的开端。接下来要做的就是首先学会接受我们自己，爱自己，然后把自己变成自己最亲密的人。

中国古代经典《三字经》讲："人之初，性本善。性相近，习相远。"这告诉我们人本来都是善良的，人的本性是相差不远的，可是后天的不同习染却使我们之间的差异、距离越来越大。不仅我们与他人之间的距离，我们与自己本性之间的距离，因习染的遮蔽也愈来愈大。甚至随着年龄的增长，我们越来越不认识自己，不知道经常发脾气的那个人是我们自己，还是那个有点爱心的人是我们自己。看来我们的存在形态不是单一的，似乎是多样的。因为我们总是像天上的云一样变幻莫测，不知何处是定所，一会儿想要东，一会儿想要西，自己有时可能都不知道自己究竟想要干什么。更为严重的是，有些人甚至厌恶自己：埋怨自己身材不够苗条，脸蛋不够漂亮，文化不够高，出身不够好，等等。并且，不止成年人，甚至一些十一二岁的小孩也都经常懊悔、自卑。总之，这个世间可能有很多人用很多的负面思想来压抑自己，让自己变得自卑，做什么都没有信心，甚至连活着都觉得无聊、没劲，感觉自己的人生就如这每天雾霾的天气，灰蒙蒙的，看不到光亮。有的人甚至还想到要提前结束自己的生命，离开这个令人厌恶的世界，还有令人厌恶的自己。很明显，这是极端的自我厌弃。

既然我们已经那么厌恶自己，已经对自己没有什么信心，就不如逆而行之，试着肯定、接受自己，或许会有新的惊喜和发现。我之所以会提出这样的建议，是因为我曾经有过这样的经历。在青少年时期，我是一个很自卑、很悲观的人。原因有很多，大多是家庭环境的因素，还有我的过度敏感。那时的我无时不在否定自己，总想躲在角落里不被发现，更不愿意多说话。这样做的直接后果是厌食、头痛。然后看了很多医生，都说我没病。直至上了大学，开始学会用中国古典书籍中的知识来认识、改变自己，病情才慢慢变好。当我有机会去日本留学，真正开始研究中国古典思想之后，我的人生在多种机缘的促发下，慢慢发生了翻天覆地的变化，由曾经的自卑、悲观，真正变成了乐观、自信、热爱生活的人。这样的变化或许可以用"山重水复疑无路，柳暗花明又一村"来形容。现在看来，当时的我确实如医生们所言，根本没什么病，之所以呈现出有病的状态，只是因为我长期拒绝接受自己、不断否定自己所形成的负面能量在我精神与身体中的显现。所以，当我与自己真正和解后，那些症状就像一片云一样，自动飘然而逝，不复再来。由此看来，现在社会中流行的恐惧症、焦虑症、忧郁症等许多精神疾患的形成，恐怕也与此有关。因此，学会肯定、接受自己在我们的修身旅程中是重要的一步。

既然我们认识到了它的重要性，接下来该如何做呢？关于此，方法可能有很多。在此，我们不妨试着这样做做看：在你闲得无聊之时，你可以坐下来跟自己对个话，把对自己的满意与不满意之处分条列出来。结果也许是不满意多于满意，这都不重要。重要的是你可能会惊奇地发现自己虽然学习不好，却很有爱心；自己虽然没拥有很多金钱，却拥有很多自由的时间；自己虽然不漂亮，却很温柔，等等。此外，你可能还会有更多意外的发现，第一次注意到自己竟然有这么自私或这么可爱的一面。

总之，通过以上的自我对话，我们看到了活生生的现实中的自己。接下来要做的就是无论我们是怎样的人，都不要为自己贴上善良或自私等标签。因为，你一旦为自己贴上某种标签，就意味着你对这样的自己做出了某种认同，将自己固定化了。实际上我们的生命尽管有所不足，或者甚至存在所谓的缺陷，它却是活生生的存在着，具有无限变化的可能性。就如北宋思想家张载（1020～1077）所言的那样："神，天德；化，天道。"[1]虽然我们无法感知万物细微的生化过程，但这个世间的一切无时无刻不在神妙莫测地变化着，包括我们的想法、肉体也都时刻在变化着。这说明，"化"才是包括我们在内的万物的根本性质。因此，当你说这个爱生气的人是我时，你的肉体、你的精神都在发生着变化，那个爱生气的你只是过去某个时刻的你，而非当下的你。这意味着人其实是没有固定属性的，是不能用好或坏、丑或美、善或恶等价值标准来衡量的。所以，我们可以深入剖析自己，却无须急着将自己归入某类人，也无须进行自我批判，只须如实接受现在的自己，轻轻地对自己说一声："原来这就是我，看来也不错，尽管有些不完美，却是独一无二的存在。"当你发自内心地说出了这些话语，就意味着你把自己作为一个完整的生命体，没有抗拒地接受了。

当你把自己作为一个完整的生命体接受了，变化就已经发生了，你会变得不再抗拒、厌恶自己，会开始肯定自己，并慢慢喜欢上自己。当你开始喜欢自己时，就要再往前走一步，学会爱自己。关于此，我们不妨一起分享一下现在居住在香港的印度裔女子艾妮塔·穆札尼的故事。艾妮塔在2002年，经医生诊断罹患了淋巴癌。2006年2月2日，因器官衰竭而陷入昏迷，医师抢救后即宣布不治。然而，几天之后，濒死状态中的她却醒过来了。不仅如此，末期癌症也由此不治而愈。从这次死而复生的生命体验中，她领悟到了重要的生命启示之一就是要学会爱自己，并且是无条件的。之所以她会有如此体悟，是因为她在患癌症之前，一直爱别人胜过爱自己，

---

[1] 张载：《张载集·正蒙·神化篇第四》，章锡琛点校，中华书局，2012年版，第15页。

一直在付出、在取悦别人,以至于生命枯竭患上了癌症。所以在经历了这场特殊的生命体验后,她意识到我们无法给别人自己没有的东西,只有爱自己,才能爱别人。并且,她还感觉到:

当你更爱自己时,别人也会更爱你。你如何尊重自己,别人也会如何尊重你。你如何重视自己,别人也会如何重视你。你越爱自己,你会有更多的爱付出,你也会发现有更多的人爱你。

当我们爱自己时,我们会停止严厉的评判自己。我们会更加善待自己,当你更加善待自己时,也会更加善待别人。当你停止评判自己,你也会停止评判别人。那些苛刻批评别人的人,其实内心对自己更加苛刻。

爱自己的最大变化就是允许你做你自己。[1]

没错,爱自己就表示你已经完全无条件地接受了曾经不喜欢的自己,可以没有任何抗拒地让那个曾经不喜欢的自己如实地呈现在现实生活中的每一刻,不再介意别人的看法,不再勉强自己做不愿意做的事。在这一刻,因为我们的生命本体毫无压抑地得以流露,真正变得鲜活起来,由衷的喜悦会从心中慢慢升起。这样的喜悦,是我们完全接受自己,并爱着自己的喜悦,也是对生命存在本身的喜悦。

这样的喜悦会自然地流露于外,让我们整个人因此变得阳光、美丽。因为相随心变。并且,不止面相,你的言行举止都会发生微妙的变化,就像孟子所讲的那样:

---

[1] 以上文字引自慈航净苑法华论坛所发表的关于艾妮塔·穆札尼在美国亚利桑那州、喜多纳市创意生活中心的演讲。

> 君子所性,仁、义、礼、智。根于心,其生色也,睟然见于面,盎于背,施于四体,四体不言而喻。[1]

君子的本性,仁义礼智之根植在他心中,而发出来的神色是纯和温润,它表现于颜面,反映于肩背,以至于手足四肢,在手足四肢的动作上,不必言语,别人一目了然。[2]

孟子说我们内心的道德修养达到一定程度后,毋须言说,我们的肢体语言就可以表达出这一切。当然,在现在这个阶段,我们还不可能达到这样的水平。但是这并不十分重要。只要我们学会了爱自己,会自觉地想要完善自己,会逐步达到孟子所言的状态。但是,首先我们要有个心理准备,要达到这样的状态并不容易。尽管我们已经能做到将自己如实呈现于现实世界中,但是因为修养还不够,还有可能会时常掩饰自己认为不好的一面,就像儒家经典《大学》所言:

> 小人闲居为不善,无所不至,见君子而后厌然,掩其不善,而著其善。人之视己,如见其肺肝然,则何益矣?此谓诚于中,形于外,故君子必慎其独。[3]

那些没有道德修养的人,在独处时,无论什么坏事都做得出来。当他们见到那些有道德修养的人,就掩盖起自己做的坏事,而装出一副似乎做过好事的模样。别人看见他们,就像看到五脏六腑一样,掩盖又有什么用处!这就叫做内心有什么意念,外表

---

[1] 杨伯峻:《孟子译注·尽心章句上》,中华书局,2012年版,第286页。
[2] 杨伯峻:《孟子译注·尽心章句上》,中华书局,2012年版,第286页。
[3] 秦川:《四书五经·大学》,燕山出版社,2007年版,第6页。

就会表现出来。所以，君子一定要在独处时小心谨慎。[1]

引用这段话的目的不是要用有道德修养与无道德修养、小人或君子这样二元对立的概念来评判大家。如前所言，我们所有的生命都是完整的一体，是不能用概念来加以区分、限定的。因而，我引用这段话的主要目的是想与大家分享：如果我们以为一个人的时候可以无所顾忌，为所欲为，那就错了。为什么呢？因为我们独自一人时的所思、所为，是想掩盖也掩盖不住的，所以独处的时候更要小心自己的起心动念及举止。这说明，独处在修身的环节中很重要，所以儒家一直在强调要慎其独。

但是，现在的我们不用说慎其独了，即使独处都变得很困难，忙碌可以说是我们的代名词。与朋友见面打招呼的第一句话，不是你好吗，而是你最近忙什么呢。在这个时代，仿佛不忙就是一种罪过。实际上，在日本的时候，我就经常有这样的罪恶感。日本人更是忙的不得了，就连家庭主妇的日程表都安排得满满的，时间甚至精确到几点几分。大家都昼夜不分地忙着赚钱、生活。而我这个人生来淡薄寡欲，不喜欢拼命赚钱。所以，对我来说与其没日没夜的打工，不如在赚到足够的生活费后，每天在公园里晒太阳。但是，你周围的人都在拼命，尤其中国留学生们相聚，话题就是打几份工，一个月挣几十万日元之类的内容。那时，些微的罪恶感总会在我心头掠过，因为在那种环境中你不忙，就意味着你这个人懒。一个懒人在那样的环境中是不受欢迎的。所以，当你不知道自己真正需要什么的时候，周围的环境会把你卷入它的旋流，或者把你排除在外。

不过，我一直以为中国是个生活节奏不那么快的国家。回来后发现，咱们的日程表虽然没有如认真的日本人那般，精确到几点几分，忙碌的程度却并不亚于日本人。咱们忙得有声有色，像盯准了

---

[1] 秦川：《四书五经·大学》，燕山出版社，2007年版，第7页。

很多猎物的猎人一样，一旦击中选定的目标（例如房子），马上会转移到新的目标（例如自动车）。这以外的时间还要忙孩子、忙老人、忙应酬、忙旅行……总之，我们像赶场子一样，不断变换着身份角色，来往穿梭于各种不同的场合。甚至连几岁的孩子都不能幸免，玩儿是孩子的天性，现在大多数的孩子可能都没有时间玩儿，除了上学以外，还要做很多的作业，上各种辅导班。我们可能认为这才是活着。

在如此的忙碌中，你可能无暇注意到，过劳死就悄悄地在你身边发生着。并且已经成为一个不可忽视的社会问题，因过劳而死亡的人数在2012年就已经达到了60万人。尽管过劳死的正确定义是指在非生理的劳动过程中，劳动者的正常工作规律和生活规律遭到破坏，体内疲劳蓄积并向过劳状态转移，使血压升高、动脉硬化加剧，进而出现致命的状态。但是，"过劳"其实并不单纯指体力透支导致的劳累过度，它应该还包括对心灵的挤压、倾轧。因为，"人神好清，人心好静。"[1]人神即指我们的元神，禀父母之性之神，它本好清净；人心即我们常人之心，它本来不爱妄动。[2]也就是说，人本性是喜欢清净的，但是受到后天七情六欲的牵引，变得好妄动。好妄动的后果是损害生命。例如："喜多伤心。怒多伤肝。哀多伤肺。欲多伤脾。爱多伤神。惧多伤胆。恶多伤情。久睡损脉。久听损精。久看损神。久言损气。食饱损心。久思损脾。久淫损命。"[3]

---

[1] 米晶子：《气体源流》（上），深圳报业集团出版社，2012年版，第22页。

[2] 米晶子：《气体源流》（上），深圳报业集团出版社，2012年版，第35～37页。

[3] 米晶子：《气体源流》（上），深圳报业集团出版社，2012年版，第38页。

所以，如果我们学会了爱自己，就要爱自己身体的每一个部位，尽量倾听它的声音，不要让它受到无辜的损伤。如果想听到它的声音，就要先学会独处，学会忙中偷闲，让自己的注意力逐渐由外转移到自己的身心。因为，如果我们每天处于忙乱之中，是无法与自己好好对话的。既然如此，我们该如何学会独处呢？这就是接下来我要和大家一起分享的内容。

二、独处·省察·克治

不用解释,大家都知道独处就是一个人生活或者待着。建议大家都一个人生活不现实,所以在此的独处就是要学会一个人待着,学会与自己相处。有人说,一个人待着还不容易,只要让我们上网、玩手机、看电视,一个人待上几天都没有问题,反而不喜欢被人打扰。确实如此,现在的我们更喜欢一个人面对电视、手机,而不太喜欢直接与人相处、聊天。但是,大家可能不知道,如果长时间看电视或者上网,会使人脑失去活力。根据研究,人类有两种脑波,一种是全神贯注地观察周围或者读书,或者从事积极活动的时候出现的β波,一种是大脑活动低下时发出的α波。α波指的是被动无反应的傻瓜状态。临床试验表明,观众打开电视电源二十分钟后,几乎所有的脑波都会呈现α波的状态。如果人变成了电视教的信徒,就会失去自己的判断力,不由自主地沉浸于电视播放的内容。[1]

显然,如果我们长时间看电视、上网的话,既不是什么独处,也不是什么放松,只是被支配,变成了奴隶、傻瓜而已。那么,我们为何还会不由自主地这样做,宁愿变成奴隶、傻瓜呢?我想,可能是因为我们不知道该如何面对自己,进一步说不知该如何面对自己心中那个用物质、金钱都无法填满的空洞。也许我们不知道那个空洞的实质是什么,却隐约感觉到不想碰触它。似乎知道,一旦碰

---

[1] [韩]法顶禅师:《活在时间之外》,薛舟、徐丽红译,重庆出版社,2011年版,第120页。

触,就更会感到空虚、寂寞,甚至还会对人生产生虚无感,让我们跌入无底的深渊。所以,我们总是有意无意地选择用各式各样的忙碌来掩盖它、逃避它。并且还给如此生活的合理性找到了正当的理由——奋斗。因为如果没有一个理由做支撑,我们无法寻到心理安慰,也无法为这样的生活找到借口。在这一点上,我们都很聪明。

但是,大家心里可能都清楚,这样自欺的生活并没有让我们真正感到心安和幸福。因为那个空洞不时会伸出它的手,让我们品尝生的痛苦,所以大家会借助外在的手段(例如宗教等)来逃避这种痛苦。却忘记了只有面对它,接受它,才是解决它的根本途径。因此,要想真正面对它,接受它,就要学会不依赖任何外在东西(包括手机、电视、电脑、他人等)的独处。如果你不能马上接受长时间的独处,可以先试着一周独处几个小时,让自己呆在没有任何通讯设备、没有任何声响的房间里。一开始,你可能会像被困的野兽,想要马上冲出牢笼;也可能会魂不守舍,想要马上拿到并打开自己的手机;也可能寂寞会像台风一般在顷刻间席卷了你,让你感到独处的恐惧。

无论怎样,既然我们已经迈出了这一步,就不要再逃避自己。逃避是一种毒品,可以让我们暂时背对自己,背对生命,获得短暂的、表面上的安宁。同时也让我们的心灵变得荒芜、麻木,没有了自由与活力,成为囤满杂物的垃圾场。我们一直在逃避它,所以我们的生活变得越来越糟,给人的笑脸越来越少。忘记了不高兴不是你一个人的事情,它还会波及周围的人与环境,从而形成一个恶性循环。我们可能都有过这样的经历:一个空间里如果有一个闷闷不乐、心情沉重的人存在,整个空间的空气都会凝固,变得沉滞难忍。同理,如果我们的大多数人都变成这样了,可以想象我们的生活空间会如何。所以,如果我们真的爱自己,就要懂得从各种事情、关系中抽离出来,给自己创造一个独处的时间与空间。这对自己、对他人、对我们的生活环境都好。曾经先后独自清修十二年的韩国法顶禅师(1932～2010)对独处以及独处的必要性做出了如下解释:

> 要想把知识深化为智慧,就需要经过某种过滤程序。客观看待自己的日常生活比什么都重要。我们需要经过纯粹的专注来认识生命的密度,通过坚定的自我凝视来认识自身的存在。我是什么?我为什么活着?我要怎么生活?我们应该向自己提出这些原始的问题。
>
> 因此,独处的时间就显得非常有必要。远离外界信息,倾听自己内心的声音。我们独处的时候,才有完整的自我。现代人因为过多的接触而丧失了独处的时间。我们有必要摆脱无懈可击的"密",去习惯豁然开朗的"虚"。无心的境界、纯粹的意识状态很难达到。
>
> 独处不是紫色的孤独,而是回归自我之路。这是堂堂正正的存在形态。人在独处的时候变得单纯。一切都要从头开始,然后开始思考,想想怎么做最正确,深入观察,把目光转向高处。人在独处的时候才能理解死亡或者永恒这些非日常的东西,看到一天天接近死亡的自己,从外壳中找到内核,最后恍然大悟。[1]

此外,禅师还在《活着,就要幸福》一书中,再次提到了独处的重要性:

---

[1] [韩]法顶禅师:《活在时间之外》,薛舟、徐丽红译,重庆出版社,2011年版,第178页。

第一章 与自己的关系

　　我们需要独处，一个人静心内省，从而摆脱外界的纷扰，去聆听内心的声音。独处这段时间，是回归真我的机会，是与自身坦诚相见的唯一契机。独处犹如明镜，我们的日常生活，从中得到反射；灵魂的面目，亦可照见。[1]

　　可见，禅师在不同书籍中的反复强调，是真心希望我们能够与自己坦诚相见，认真对待仅有一次的生命，重新思考生命的意义。也许，我们刚开始独处时只会感觉痛苦难耐，无法如禅师所言的那样，马上与我们灵魂的真面目相遇。即便如此，也没有关系。我们首先可以放下这些不想，只是试着去独处，暂时让我们一路奔忙的生活有个缓冲。然后再去逐渐发现它的妙处，或许经历一段时间的独处后，你就会感觉到独处半天要比周末疯玩一天，对恢复身心疲劳的效果更佳。下面这个案例或许对增加我们独处的信心有益。以创造工学知名的日本学者中山正和先生在其著作《第六感》中讲，他认识的一位精神科医生工作很繁重，当这位医生感觉到烦恼时，就把自己关在一个漆黑、隔音的房间里，待上半日或者一日，然后疲劳的大脑就会变得非常清醒、灵活。而之所以会出现这样的效果，是因为通过避开对五官的刺激，日常刺激大脑的模式被解体，使大脑返回到白纸状态。因此，等再输送新的刺激之时，大脑就能做出鲜活的反应。[2]

　　以上做法之所以会产生这么好的效果，是因为如古德所言："心是枢机，目为盗贼。欲伏其心，先摄其目。盖弩之发动在机，心之

---

　　[1]　[韩]法顶禅师：《活着，就要幸福》，二十一世纪出版社，2008年版，第182～183页。

　　[2]　[日]原田丰实：《心の法则》，三笠书房，1984年版，第146页。

缘引在目。机不动则弩住，目不动则心住。"[1] 意思是说，如果我们心不动则眼睛所看到的东西不会对我们产生任何影响，而我们的心之所以会动，大多是因为我们看到了什么。例如，如果我不出去，看不到有垃圾在路上，也就不会有什么街道真脏的想法。可是，一旦我出去，亲自走在街道上，眼睛看到的映像就会投射到我的心里，形成街道脏乱的感受。之所以会这样，是因为我既没有做到目不动，也没有做到心不动。可见，当我们心未定时，我们的心会随着眼睛所看到的一切产生各种想法和感觉。因此，老子才主张"不见可欲，而心不乱"，孔子才注重"非礼勿视"。独处于漆黑的房间，万物不可见，对大脑的刺激自然会减少。对大脑的刺激减少，心念的活动频率就会降低，最终使心归于静寂的状态，也就是大脑返回白纸的状态。大脑返回到白纸的状态，意味着大脑停止了它的活动，进入休歇状态。所以，一旦得到充分休息的大脑再次被激活时，反应就会异常灵敏。

当然，突然把自己关在一个伸手不见五指的漆黑房间内，可能我们很多人接受不了。但是，我们可以先试着让自己独处于空无一物、明亮、安静的一室，待上半天或一天（当然，你要提前把你所需的饮食准备好，放在房间内）。当你无聊至极，又无事可做的时候，你的眼睛可能会盯着天花板或房间的某个角落。不过，最终你会把注视的焦点逐渐转移到自己身上。这时就是我们省察之旅的开始。

省察是自孔子以来儒家一直重视的内心修养方法。那么，何谓省察呢？顺手查一下手边的《古汉语常用字字典》就会发现：省通醒，原本为察看、检查之意，引申为反省；察本义为观察、仔细看，引申为看清楚、明白知晓。由此可知，省察就是要保持清醒，明白

---

[1] 尹真人高弟：《性命圭旨》，中央编译局出版社，2012年版，第79页。

知晓自己的所思、所为，进行反省。可见，省察这一行为实际包括两个动作：一个是"省"，一个是"察"。并且，"省"是"察"的前提，因为我们只有在清醒的状态下，才能真正有所察。但是，这两个动作又是同时性的，没有先后，当我们在清醒（也就是对所思所为了了分明）的状态下，看到自己问题的所在，就要马上进行反省。所以，孔子说："见贤思齐焉，见不贤而内自省也。"[1]告诉我们看见贤人，要马上向他看齐；看见不贤的人，要马上自己反省有没有同他类似的毛病。在此，孔子主要把省察理解为内省，其意与法顶禅师上段所言内省之意同。但是，禅师重在让我们回归自我，发现生命的完整，重新思考生命的意义；而孔子的教诲则注重对自身行为的反思。所以，孔子所言的内省也就是《格言联璧》所言的"就念虑上提撕"[2]。提撕一词原为提醒之意，实际上就是检查自己的思想行为是否有问题，如果有问题，是什么问题。因而，真文忠即南宋理学家真德秀（1178～1235）把"省察"比喻为中医的把脉诊病："治心如治病。然省察者，切脉而知疾也；克治者，用药以去疾也；存养者，则又保护元气，以杜未形之疾也。"[3]由此可知，省察作为治心的功夫之一，是克治、存养功夫的基础、前提。

在我们了解了省察的重要性之后，我们不妨先看看孔子的高徒曾参是如何反省的。曾子曰："吾日三省吾身：为人谋而不忠乎？与朋友交而不信乎？传不习乎？"[4]看来，曾子一日要反省很多次，反省内容之一是为他人做事是否忠诚，之二是与朋友交往是否诚实，之三是老师传授的学业是否复习。可见，曾子主要是

---

[1] 杨伯峻：《论语译注·里仁篇第四》，中华书局，2011年版，第38页。

[2] 金缨：《格言联璧》，中州古籍出版社，2014年版，第41页。

[3] 金缨：《格言联璧》，中州古籍出版社，2014年版，第41页。

[4] 杨伯峻：《论语译注·学而篇第一》，中华书局，2011年版，第3页。

反省自己在做事、做人时是否诚实。这意味着他的省察行为是在"诚"这一杠杆下运行的，如果检查到自己的不诚，要停止、改进"不诚"的想法、行为，然后向"诚"那端靠拢、回归。也就是说，"省察"在此是有预设标准的，或者如孔子所言的"贤"，或者是"诚""礼""耻""仁""中道"等。归根结底，可以说在儒家思想中，省察就是要检查我们的所思、所为是否有违"良知"，通俗言之即是否对得起我们的良心。所以，北宋学者谢良佐（1050～1103）言："未至于从容中道，无时而不自省察也。"[1]告诉我们，省察是为了达到不偏不倚的中庸之道。孔子言："内省不疚，夫何忧何惧？"[2]意为如果我们内省时没有什么可愧疚的，也就没有什么可忧虑和恐惧的。没有可愧疚的，就是良心未有不安。可见，省察是心通往平安之路。

  不过，在此需要注意的是，省察意味着检查、剖析自己，进一步说也包含有调控自己的意思在内，却不意味着要判断自己。也就是说，省察虽然是要找到自己的毛病所在，却不意味着要自我苛责、批判，为自己得出某种结论，把自己归入善或不善之类的定义中。如果我们一旦体察到自己的毛病，就懊恼、自责的话，会使我们陷入一个消极的、负面的场域中而难以马上摆脱，从而忘记了改变自己。所以，孔子告诉我们："不善不能改，是吾忧也。"[3]"过而不改，是谓过矣。"[4]意思是说，过错、问题的存在本身并不是什么过错，有过不改才是最令人担忧的，才是过错。可见，我们没必要责

---

[1] 朱熹：《四书章句集注》卷八《季氏第十六》，中华书局，2010年版，第161页。

[2] 杨伯峻：《论语译注·颜渊篇第十二》，中华书局，2011年版，第122页。

[3] 杨伯峻：《论语译注·述而篇第十七》，中华书局，2011年版，第66页。

[4] 杨伯峻：《论语译注·卫灵公篇第十五》，中华书局，2011年版，第166页。

备自己不够好，只需要接受我们认为不好的地方，然后逐渐改善它就好。既然如此，具体我们该如何做呢？

首先，要收心，使心归于静。南宋著名理学家朱熹（1130~1200）言："人精神飞扬，心不在壳子里，便害事。"[1]之所以害事，是因为心被周围的人、事、情绪、念头、习惯等带走了，我们不知道自己真正在做什么。恐怕我们每个人都经常会出现这样的状态：跟别人说着话，心里却想着晚饭吃什么；看着书，却想着要去哪儿玩……这就是心不在壳子里的表现。因此，朱熹强调："人常须收敛身心，使精神常在这里。"[2]如何收敛呢？朱熹提出了静坐的方法。此外，明代心学大家王阳明（1472~1529）也提倡初为学者先习静坐较好，指出："初学时心猿意马，拴缚不定，其所思虑，多是人欲一边，故且教之静坐，息思虑。"[3]这是说，我们修习之初，心思乱飞、不定，并且想的多是自己的欲望，所以要学静坐，以减少思虑、甚至使思虑如烛火般熄灭。如何减少、熄灭思虑呢？依然是"只收敛此心，莫令走作闲思虑，则此心湛然无事，自然专一"[4]。意思是说你坐着时要集中心念，不要让它像不听话的孩子到处乱跑，老想些没用的。这样，心就会变得澄澈无事，自然变得专一。

短短几句，看似不难，实际上要达到朱熹所言的境地，却需要

---

[1] 黎靖德：《朱子语类》卷十二《学六·持守》，中华书局，2011年版，第199页。

[2] 黎靖德：《朱子语类》卷十二《学六·持守》，中华书局，2011年版，第201页。

[3] 萧无陂：《传习录校释·传习录上·陆澄录》，岳麓书社，2012年版，第25页。

[4] 黎靖德：《朱子语类》卷十二《学六·持守》，中华书局，2011年版，第217页。

长期的修习。有过静坐经验的人都知道，刚开始静坐的时候，各种思虑、念头会如幻灯片一样，一个接一个地上演。并且，刚才忘记做的事，平常不想的事，当你闭上双眼坐在那儿的时候，会突然想起。如果想起，就会升起马上要去做的念头。这样，你可能又会去压制接连升起的念头，想要把这些调皮的孩子赶跑。如此一来，新的念头又会升起，你的静坐就成了与各种念头不断搏斗的过程，陷入"树欲静而风不止"的状态，反而使身心变得更疲惫不堪，不得安宁。所以，只要坐着就好，无须去管那些念头，也不要受它们牵引，只是放松地看着它们，当它们发现你不理它的时候，自然会无趣地离开。这说明，静坐最初只是要看清自己的念头，使心渐趋于静、定，不需有任何目的。因而，北宋哲学家程颢（1032～1085）言："要息思虑，便是不息思虑。"[1] 程颢的话多有禅宗的味道，告诉我们对待思虑要以不息之息为法门。既然如此，我们不妨顺便看一下禅学大师们是如何对待念头的。关于此，我们不妨参考明代禅师憨山德清（1546～1623）教导弟子时使用的修行方法。憨山大师告诉弟子用一个字"舍"——也就是"放下"来禅修。所谓的放下就是：一旦有念头生起，就马上抛下。抛下的意思，不是说去抵抗它或是试着把它丢掉，而是心一定要放松，然后无视这些念头。[2] 这实际与程颢所言的不息之息的做法相同。由此可知，如此对待念头的方法既简单又有效。

当我们在静坐了一段时间之后，不仅对我们的妄念了了分明，而且可以做到不再被一大堆妄念牵着鼻子到处走。这时，就可以再加上省察克治之功。为何还要再省察克治，又该如何省察克治呢？

---

[1] 程颢、程颐：《二程遗书》，上海古籍出版社，2011年版，第191页。

[2] 圣严法师：《圣严禅语》，世界图书出版公司北京公司，2013年版，第94～95页。

第一章 与自己的关系

对此,王阳明给出了我们很好的答案:

> 久之,俟其心意稍定。只悬空静守,如槁木死灰,亦无用,须教他省察克治。省察克治之功,则无时而可间。如去盗贼,须有个扫除廓清之意。无事时,将好色、好货、好名等私,逐一追究,搜寻出来,定要拔去病根,永不复起,方始为快。常如猫之捕鼠,一眼看着,一耳听着,才有一念萌动,即与克去,斩钉截铁,不可姑容与他方便,不可窝藏,不可放他出路,方是真实用功,方能扫除廓清。[1]

如果只是静坐守心,就像枯干的木头和火灭后的冷灰,也没有什么用处,所以必须进行省察克治。既然要省察克治,就要像剿灭盗贼一样,将它一网打尽,不留余党。因此,王阳明主张闲时将好色、好货、好名等私心妄念都找出来,连根拔除,让它不再生起。就像想要捉到老鼠的猫一样,集中视听,有了这样的念头萌动,就马上斩钉截铁地克治。只有这样,才能真正将私心斩草除根。

由以上王阳明的见解可知,他将省察克治之功视为连续的思维运作,强调要在省察到妄念之际立即加以清除。但是,私心妄念的消除不像连根拔掉一棵草那样容易,也不像猫捉老鼠那样简单。如上所言,如果你刻意想要消除、或者铲除念头,它会变本加厉地反弹,你越是想压制它,它就越是要为它的存在而反抗甚至反击。所以,在这段文字中,王阳明尽管运用了主观性、意识性的表达方式,其实从其思想整体来看,他是不主张用强硬、刻意的做法对待妄念的。例如,他言:"欲求宁静,欲念无生,此正是自私自利、将迎

---

[1] 萧无陂:《传习录校释·传习录上·陆澄录》,岳麓书社,2012年版,第25~26页。

意必之病，是以念愈生而愈不宁静。"[1]因此，王阳明在此讲的克治之功，除了要与省察连接到一起之外，还要跟戒惧之功连接到一起，方能全面理解。

何谓戒惧？就是警惕、畏惧。而所谓的"'戒惧克治'即是'常提不放'之功，即是'必有事焉'"[2]。"常提不放"是指佛教所讲的常提念头不放，即让修禅人时刻观照自己一念起时，是从何而起？这样不断努力思维，便得摄心而入禅定，可得智慧。"必有事焉"出自《孟子·公孙丑章句上》，全文是"必有事焉，而勿正，心勿忘，勿助长也。"[3]孟子认为必须把义看成心内之物，一定要培养它，但不要有特定的目的；时时刻刻的记住它，但是也不能违背规律地帮助它生长。在此，王阳明把它解释为戒惧克治的方法，实际是指戒惧克治之时不要有特定目的，也不要刻意去做它，而只是像常提念头不放那样，时刻观照它。因此，尽管说法不同，王阳明的用语与表达方式有引起误解之嫌，却是与以上提到对待念头的方法没有实质性的不同，均体现了要对念头持有警惕、畏惧之念。所以，我们可根据个人的情况和喜好，选择其中任何一种对待念头的方法，而不至于走错路。

此外，无论是静坐，还是省察克治、戒惧克治，都不是指你要特意腾出时间来做这些事。而是像王阳明说的那样"无时而可间"，日常生活中的每一时、每一刻都要自觉地去做。因而，所谓的静坐也不是仅指要刻意寻找一个安静的空间，让自己的身体安坐在那

---

[1] 萧无陂：《传习录校释·传习录中·答陆原静书》，岳麓书社，2012年版，第101~102页。

[2] 萧无陂：《传习录校释·传习录中·答陆原静书》，岳麓书社，2012年版，第102页。

[3] 杨伯峻：《孟子译注·公孙丑章句上》，中华书局，2012年版，第57页。

儿；还指让你的心无论何时何地都安坐在原来的位置，不再外驰。试想，如果我们的身体坐在那里，心却每天遨游四海，坐与不坐没有什么区别。所以，有静坐的空闲与空间固然好，没有也无妨，即使在公交车、地铁中等任何地方，任何时候我们都可以静坐，并进行省察克治。例如，从前，有一位老妇人问佛陀禅坐之法，佛陀告诉她，在从井里汲水的时候，手的每一个动作都要了了分明，如果做到这一点，就会很快发现自己处在清醒和旷达的宁静中。这意味着我们日常生活中的举止言行皆是禅修，皆是静坐。

当然，仅借助以上的修身方法，是不能马上完善我们自己的，除非有像六祖慧能大师那样能够顿悟的慧根，所以我们还需要掌握其他修身之法，例如诚敬与慎思、慎独。

三、诚敬·慎思·慎独

在上文曾言，曾子一日三省吾身的内容之一就是反省自己做人做事是否诚实。可见，在儒家看来，"诚"，是为人的根本。那么，何谓"诚"呢？根据《说文·言部》："诚，信也。从言，成声。"意为信实不欺、真心实意、不虚伪。另根据曾子的内省可知，"诚"实际包括两方面的内容，即对内之诚与对外之诚。也就是对内不欺己，对外不欺包括人在内的其他万物。所谓的不欺己，按照我的理解就是忠实于自己的生命与内心的声音，活出真正的自我。就像韩国法顶禅师那样，为了生命的清澈芬芳可以放弃所有，独自隐居在山中生活、修行。当然，我不是要劝大家都离开世俗去修行，而是想说要尊重自己的生命，不要不听从内心的声音，妄意而行。所谓的不欺人也就是真诚地对待他人，尊重他人以及万物的生命。

以上的话听起来感觉很简单，其实要真正落实到生活中，在今天的社会中很难。我有一位比我小十来岁的朋友，在一家公司上班。因某种因缘我们偶尔会见面，她曾经坦言告诉我她早已经忘记了什么是真诚。我听了不禁哑然，这么年轻竟然就已经忘记了做人的根本。并且，我想不仅仅是她一个人这样，可能很多人都这样，她才变成了这样。我之所以会这么说，是因为我的切身体会。在国外居住了九年之久，回到中国的第一个教训就是大大小小被骗了好几次，都是有关金钱的。由此感觉到因为真诚反而成为他人欺骗的对象，深深意识到人的不可信任，这个社会让人没有安全感。尽管为此失望、甚至绝望了好久，最终我还是拾起了对人的信任，对人的真诚之心。因为在我需要帮助的时候，曾经有一对素不相识的老夫妇无言地伸出了他们的援助之手,然后无言地离开。就此我相信这个社会善良、真诚的人还有很多。此外,我也相信那些已经忘记真诚的人其实比谁都渴望真诚。再又,我认为对人不真诚,等于用谎言、虚伪埋葬了真实的自己,同时切断了与宇宙、社会、人沟通的管道,并不意味着拯救、保护了自己。这也就是宋代理学大家二程所言的:"进学不诚则学杂,处事不诚则事败,自谋不诚则欺心而弃己,与人不诚则丧德而增怨。"[1]

可见,不诚无论对事物的运行发展,还是对自身都没有丝毫益处。之所以会如此,是因为"诚者,天之道也;诚之者,人之道也。"[2] 人活着就要践行"诚",对内对外的不诚是对天道、人道的违背。违背了天道、人道意味着我们将无以存活于世间。读到这儿,肯定很多人会反问,不是有很多欺天骗人的人还活在这个世上吗?并且,看上去还活得很风光。是的,也许有很多这样的人在这个世间活着,但是活着的只是他们的肉体,而不是灵魂。这样的活着,说得残酷点儿就是没有生命的死体。天,无有拣择,无有爱憎,无私地承载、生养万物,这是它的至诚。所以,人也要像天那样,无有分别地善待一切万物,成就他人。这也就是《中庸》所言的"诚者,非自成己而已也,所以成物也"[3] 的真实含义。只有这样,我们才"可以赞天地之化育"。[4] 即被天地宇宙接受,顺利地成为其中的一员。否则,我们将永远活在宇宙运行规则的轨道之外,即使富甲一方,大权在握,也无法真正体会到活着的幸福。此外,"至诚之道,

---

[1] 程颢、程颐:《二程集》,中华书局,2012年版,第1198页。

[2] 秦川:《四书五经·中庸》,北京燕山出版社,2007年版,第29页。

[3] 秦川:《四书五经·中庸》,北京燕山出版社,2007年版,第31页。

[4] 秦川:《四书五经·中庸》,北京燕山出版社,2007年版,第30页。

可以前知。"[1] 这告诉我们如果坚守至诚之道，就可以预知未来。可见，如果我们达到至诚，就不用再有任何担忧，因为我们可以看到自己的路将通往何方。由此可知，"诚"关乎到我们的幸福、我们的未来。既然如此，我们该如何至"诚"呢？

　　对此，《中庸》言："诚身有道，不明乎善，不诚乎身矣。"[2] 也就是说，使自己有诚心的方法就是要明了什么是善行。不明了什么是善行，自己就不会有诚心。可见，"诚"就是要知善、行善。所谓"善"就是对他人、他物是好的，而不是对自己是好的。因而，当我们判断自己的所思、所行对他人、他物是有助益的，选择它、坚守它就可以。所以，《中庸》又言："诚之者，择善而固执之者也。"[3] 这样，可能有的人不禁会问，对他人是好了，我自己吃亏、受到损害怎么办？也许按照眼前的利益来衡量，你是吃亏了，不过从事物的整个运行发展来看，最终受益的不是你曾经帮助过的人，而是你自己。日本江户末期的报德思想家二宫尊德（1787～1865）曾在其著作《二宫翁夜话》中，举过一个有趣的例子来说明施即是得的道理：他说如果你把浴桶的热水用两手推向自己身体的前方时，你会发现热水依然会返回到你身体这边。这说明你对别人的施予，从根本而言并没有让你损失什么。也就是说，真实做人、做事，一心成就、帮助他人其实就是在帮助、成就自己。只是这个道理需要践行很久才能切身体会到，所以需要我们一直坚持下去。

　　不过，我们不能抱着这样的期待与其他期待去至"诚"，去践行"诚"。因为如果你有所待就已经不是"诚"。你看天地只是无私地承载、生养着万物，从来没有期待我们的回报。所以，要想让自

---

[1] 秦川：《四书五经·中庸》，北京燕山出版社，2007年版，第31页。

[2] 秦川：《四书五经·中庸》，北京燕山出版社，2007年版，第31页。

[3] 秦川：《四书五经·中庸》，北京燕山出版社，2007年版，第31页。

己的心真正变"诚",也就是要如《皇帝阴符经》所讲的那样,"观天之道,执天之行",观察并尽量效仿天的所行就够了。这样,即使不通过书籍、不通过老师传授也可自然掌握。

说起来好像很容易做到,实际并不容易。在这个纷杂、喧嚣的世界,还有几个人会仰起头看天,看头顶的太阳和月亮。我们大家对雾霾天气的视而不见就是一个明证。况且,我们的心已经被世俗、物欲、名利习染太久,已失去了它的真实面貌,已看不到每天悬挂在天空中的太阳和月亮,所以需要我们借助去除成心、减少欲望等的实际修行(关于此点将在下节详细介绍)来转化我们的心。不过,我们也可以先从行为以及对待事物的态度上,来慢慢地转化我们的内心。这就是要"敬"。

根据《说文解字》解释,敬,肃也。本义为做事认真、恭敬、端肃,引申义有警惕、戒备、严肃、慎重之意。此外,根据李泽厚先生的研究,"敬"还有畏敬意,包括恐惧、崇拜、敬仰种种心理情感。[1] 因此,"敬"表现在行为、态度上就是恭谨、有所畏敬,是自孔子以来,儒家修身中的一个重要概念。例如,根据方朝晖先生研究,"敬"字在《论语》中至少出现过二十多次,有"居处恭,执事敬"(《论语·子路》),"貌思恭,事思敬"(《论语·季氏》)等,表现了孔子在不同场合与人交接的恭敬态度。[2] 并且,当子路询问孔子怎样才算是一个君子时,孔子直接回答"修己以敬"[3]。就是凡事要态度认真、恭敬,包括我们日常生活中的言行举止。就像《弟子规》中讲的,要尽量做到"步从容,立端正。揖深圆,拜恭敬。勿践阈,勿跛倚。勿箕踞,勿摇髀。缓揭帘,勿有声,宽转弯,勿

---

[1] 李泽厚:《说巫史传统》,上海译文出版社,2012年版,第28页。

[2] 方朝晖:《儒家修身九讲》,清华大学出版社,2011年版,第171页。

[3] 杨伯峻:《论语译注·宪问篇第十四》,中华书局,2012年版,第156页。

触棱。执虚器，如执盈。入虚室，如有人"，等等。当然，可能有人抗议说我们又不是生活在古代，有必要那样做吗？其实，越是在喧嚣、浮躁、物欲横流的现代社会，我们越需要好好修持自己，以防自己被世俗的尘嚣吞没。并且，当我们行止从容、威仪严整、接物恭谨的时候，你会发现自己散漫的心得到了些许收敛，气质也会逐渐变得高贵。

　　同时，以这样的态度待人接物，反过来别人也会更加尊重你。所谓的接物并不表示你在重大场合或特殊场合中的举止，或对待事物的态度，而是包括我们日常生活中的一切所行。例如，对待衣物、器皿等的态度。如果你在用餐后，认真、一心一意、怀着感谢的心情去刷洗、擦拭碗盘，你会发现它们也会变得更有光泽。并且，所有东西都是如此，它们会根据你对它的态度而散发出不同的光辉，这包括你的容颜、身体的各个部位。

　　更为重要的是，如果心中有所畏敬，所有的生命都会变得更加神圣、庄严。这样一来，我们的社会会变得更加有序、安定，国家也会随之变得神圣、庄严。在今天，之所以会有很多无差别的杀伤事件发生，是因为我们忘记了自身生命与他人生命的庄严、神圣，失去了对生命的畏敬。孔子曾言："君子有三畏：畏天命，畏大人，畏圣人之言。"[1] 此处的"畏"实际就是敬畏之意，同时还含有恐惧等心理情感在内。所以，朱子注释道："知其可畏，则其戒谨恐惧自有不能已者，而付畀之重可以不失矣"[2]。也就是说，天命是我们生命的个体在宇宙运行规则中的本然轨道，圣人是与天地合其德者，其行其言体现的是天地之德——诚，如果我们失去了对天命、

---

[1] 杨伯峻：《论语译注·季氏篇第十六》，中华书局，2012年版，第174～175页。

[2] 黄怀信：《论语汇校集释》，上海古籍出版社，2008年版，第1484页。

圣人、圣人之言的畏惧,将变得肆无忌惮,从而偏离我们本然的轨道,为自己、他人、社会制造出许多不幸。因而,韩国的法顶禅师语重心长地言:"我们恐惧的不应是衰老和死亡,而应是人生偏离轨道。如果人生脱离了轨道,一切都会崩毁。"[1] 可见在生活中有所畏敬甚是重要。那么,除了上述的要注意威仪、接物恭谨外,我们具体该如何做到"敬"呢?

对此,宋代理学家二程与朱熹多有议论。例如,二程言:"敬只是主一也。主一,则既不之东,又不之西,如是则只是中。""一者,无他,只是整齐严肃,则心便一,一则自是无非僻之奸。"[2] 在此,二程再次提醒我们,整齐严肃可以使心专注于一处,这就做到了敬。为什么呢?因为见乎外者,出乎中者。我们外在的衣冠整齐、严肃,说明我们的内心也是如此。同时,反过来外在的整齐严肃也可以规范我们的内心,时刻提醒我们要以与衣冠相符的言行待人接物,而不敢怠惰放肆,举止无礼傲慢。因而,朱熹又进一步强调:"只收敛身心,整齐纯一,不恁地放纵,便是敬。""敬,只是有所畏谨,不敢放纵。如此身心收敛,如有所畏。常常如此,气象自别。只是内无妄思,外无妄动。"[3] 很明显,朱熹告诉我们要让身心安于一处,不放纵自己。具体就是要做到不妄思,不妄动。所谓的不妄思也就是要慎思,不要胡思乱想,也不要按照胡思乱想来行动。综合言之,就是内要专一,无杂念,一心不二用;外要体态恭敬。二者互为表

---

[1] [韩]法顶禅师:《山中花开》,刘秋凤译,二十一世纪出版社,2008年版,第141页。

[2] 程颢、程颐:《二程遗书》,上海古籍出版社,2011年版,第195、197页。

[3] 黎靖德:《朱子语类》卷十二《学六·持守》,中华书局,2011年版,第208、211页。

里，以心专一、无杂念为主。

要想做到无杂念，就要慎思，知道自己该想什么，不该想什么，并对自己的所想了了分明。可见，慎思是对上节要息思虑的补充。息思虑是要息灭无用的思虑，即杂念，慎思主要着重于如何正确思考。如果学会正确思考，那么杂念自然会不生。又因为人的行为举止大抵根源于他的想法，如果他内心对这个世界充满爱，对万物充满感激之情，流露于外的举止大抵和善、恭敬；如果他的心有所愤懑，总是怨天尤人，对一切都充满了仇恨，那么他的神态、举止必然粗暴、恶劣。所以，人如何思考、思考什么至关重要，关乎到这个人的成长，关乎到其所处的环境是否和谐。

对此，我曾经有个切身的体验。许多年以前，我母亲刚去世不久，我正处于悲痛之中，恰巧在这时发生了一件小事，将我推至四面楚歌的境地。在这样的境地中，连我平常最尊敬、信赖的人都袖手旁观，没有对我伸出援助之手。于是，我把这件事的责任完全推到将这件小事到处乱讲的人身上，甚至诅咒她要遭厄运。可是事实上，无论我如何诅咒她，对她并没有造成多大伤害，这个人顺利拿到了博士学位，还找到了一份好工作。相反，它给我自身造成了很大的伤害，我对她的憎恶之情像毒素一样浸染了我的身心，使我更加面目可憎，内心不安。后来，冷静下来想，事情的根源其实在于我没有谨言慎行，而不在于她的四处散播，毕竟如何做，是她的自由，我没有权力阻止她不要乱讲，也没有权力将自己的不谨慎归咎于他人。但是，当时正处于丧母之痛中的我，无法冷静思考，认为包括那个人在内的周围的人都要陷害我。也就是说，我当时被受害的妄想所支配，所谓的四面楚歌完全是由这样的妄想造成的。当时如果我能做到对那个人的乱讲毫不在意，能做到不诅咒那个人，而是感谢她使我注意到以后言行要谨慎的话，那么我就不会受到任何伤害，也不会给所处的环境带来不和谐。因此，如何思考将会给我们的人生带来不同的境遇。所以,古谚说如果我们指责、诅咒他人,与此相同的报应也会波及自身。

这说明,正面、积极的思考更有助于协调我们自身及他人与周围的环境。如果我们立心于诚、善,用积极包容的态度去思考人和事,那么我们的人生将充满光明和幸福。也就是说,所谓的慎思,归根结底就是心有主宰的思,是立足于善心、诚心的思。所以,当有人问朱子如何制思虑的时候,朱子回答说:"只是觉得不当思虑底,便莫要思,便从脚下做将去。久久纯熟,自然无此等思虑矣。譬如人坐不定者,两脚常要行;但才要行时,便自少觉莫要行。久久纯熟,亦自然不要行而坐得定矣。"[1] 这告诉我们当思虑的时候,一意识到这个思虑不妥当,便要练习中断思虑。而所谓的不妥当或是于事无补,或是偏离了善意,不利于自身的成长,同时对他人没有助益。

由此可知,"敬"与"慎思"都与"诚"密切相关。如果我们学会"敬"与"慎思",便会存诚。所以,二程言:"敬是闲邪之道。闲邪存其诚,虽是两事,然亦只是一事。闲邪则诚自存矣。"[2] 同时,如果至"诚",则自然知"敬"与"慎思"。所以,说来说去最重要的还是要"诚"我们的心。要想让我们的心变"诚",除了"敬"与"慎思"外,还要学会"慎独"。

关于"慎独",在上节已有言及,其实独处中的省察克治即是慎独的一种做法。之所以在此又稍微言及,是因为慎独在修身的环节中非常重要,直接影响到至诚的速度与效果。何谓慎独?按照宋代陆九渊的说法就是不自欺。也就是说,一个人,在无人监视的情况

---

[1] 黎靖德:《朱子语类》卷一百一十三《朱子十·训门人》,中华书局,2011年版,第2746页。

[2] 程颢、程颐:《二程遗书》,上海古籍出版社,2011年版,233页。

下也要非常谨慎，不欺骗自己。此词可见于《大学》《中庸》等儒家著作。例如，《中庸》讲：

> 道也者，不可须臾离也，可离非道也。是故君子戒慎乎其所不睹，恐惧乎其所不闻。莫见乎隐，莫显乎微，故君子慎其独也。[1]

道，是不能片刻离开的。如果可以离开，那就不是道了。所以，君子在别人看不见他的地方也警惕谨慎，在别人听不到的地方也畏惧小心。再隐蔽的东西也没有不被发现的，再细微的东西也没有不显露出来的。所以，君子在独处的时候也非常谨慎。[2]

所谓的在独处时也要非常谨慎，不仅仅指你不要做坏事，也包括你的起心动念要不欺骗自己的本心。其实，如前所言，我们的言行举止的根源在于我们的内心，所以我们内心世界的想法会毫无遗漏地流露于我们的外在。尤其我们独处时的起心动念至关重要。因为，如果我们与知己、朋友或家人相处，我们可能会把我们的一些想法，尤其是不是很令人开心的想法诉诸他们。但是，如果我们是独处，又诉诸无门的情况下，我们想什么就至关重要了。

关于此点，我深有体会。因为我一直是一个人生活，工作又都是在家里，每天面对的就是书籍和自己。所以，如果我不时刻对自己的举止、起心动念保持警惕的话，那么我的生活可能就会一团糟。为何这么说呢？因为假如有一个负面的想法出现在我的脑中，我发现它存在，但它又无法马上消失的话，我就有可能受到这个负面想法的支配，几天无法自拔而陷入闷闷不乐的境地中。尽管我知道这

---

[1] 秦川：《四书五经·中庸》，北京燕山出版社，2007年版，第17页。

[2] 秦川：《四书五经·中庸》，北京燕山出版社，2007年版，第17页。

个念头是不真实的,我受它支配是在折磨、欺骗自己,但是一旦被它绑架的话,还是会影响我对与这个念头有关的人和事情的看法,甚至对人生的看法。从而让自己的身心健康受到损伤。并且,我相信不只我有过这样的经历,可能很多人都有过这样的经历,一个人陷入痛苦的境地无法自拔而又无法言说。因为有些事说了也白说,别人的安慰或倾听并不能真正解决什么,所有的一切都需要我们自己来面对、解决。这可能就是成人的世界。所以,对我们来说,一个人的时候不干坏事很容易,要做到不想一些乱七八糟、与人与己都没有助益的事情很难。这也是我在前面着重提到要慎思的目的所在。因此,我所讲的慎独其实也是对慎思的补充。

既然如此,我们在此就要把前面讲的独处、省察克治与慎思联系起来理解。只有这样理解,才明白慎独的重要。因为如果我们独处时不想一些乱七八糟的事情,不被负面的念头所支配,就会省去很多省察克治之功。所以,我们独处时心体光明很重要,"心体光明,暗室中有青天;念头暗昧,白日下有厉鬼"[1]。而要想做到心体光明,除了以上的修身方法外,我们还要学会寡欲、去掉私意、成心。如此,我们方可达到至诚通天、身心轻安、自由的境地。

---

[1] 洪应明:《菜根谭》,杨春俏评注,中华书局,2013年版,第154页。

四、寡欲·去掉私心

　　现在的社会是一个重视利益的社会，没有钱会被视为贫穷，受到一些有钱人的轻视。因此，许多不甘落入贫穷队伍中的人，拼尽所有精力去挣房产、汽车，还有更多的金钱。只有这样，才觉得自己生活得好，能在亲戚朋友面前抬起头，才觉得安全，自尊心才能得到满足。并且，这样的欲望，像一股洪流席卷了社会，将很多人卷入其中，即使没有能力在这个洪流中搏斗的人，也拼死挣扎、努力。于是，不知不觉中，有很多人被这股洪流吞噬，成为物质利益的牺牲品。现在，因过劳导致猝死的现象时有发生，就是我们为此付出的代价。不止如此，过剩的欲望，覆盖、支配了我们的心灵，让我们变得狭隘、自私、冷漠、麻木，不仅无法知道自己的真正所需，也丧失了对他人、万物的基本善意。很明显的例子就是我们为了自己的利益可以坑蒙拐骗，甚至不惜欺骗亲朋好友、弱小儿童。

　　但是，是否这样做我们就会幸福？难道我们来这个世间走一遭，只是为了成为欲望的奴隶，只是为了伤害他人？难道过度的欲望可以装点、满足我们的生命？很明显，根据古圣先贤的话语来看的话，并非如此。孔子言："饭疏食饮水，曲肱而枕之，乐亦在其中矣。不义而富且贵，于我如浮云。"[1]吃粗粮，喝冷水，弯着胳膊做枕头，也很有乐趣。干不正当的事得来的富贵，在孔子看来是浮云。这告诉我们，人可以求富贵，不过要求之有道，偏离了"义"而得到的富贵，不值得留恋。这就告诫我们欲望不能超越"义"这

---

[1] 杨伯峻：《论语译注·述而篇第七》，中华书局，2012年版，第69页。

一底线,也就是说不能为了满足自己的欲望而伤害他人的利益或者情感。如果超越了这一底线,莫若每天粗茶淡饭更为安然。所以,二程言:"圣人以义为利,义安处便为利。"[1]

此外,二程还指出了欲望的危害之甚:"甚矣,欲之害人也!人为不善,欲善诱之也。诱之而弗知,则至于灭天理而不知反。故目则欲色,耳则欲声,鼻则欲香,口则欲味,体则欲安,此皆有以使之也。"[2] 二程认为,人之所以变得不善,都是由欲望诱惑所致。并且,人还不知道受到了它的诱惑,使耳目口鼻陷溺于对色声香味的追求中,以至于丧失天理而不知返。其实,不止二程认识到欲望的存在是使人变得不善的原因,早在孟子的时候,就认识到修养善心的方法莫若寡欲:

> 养心莫善于寡欲。其为人也寡欲,虽有不存焉者,寡矣;其为人也多欲,虽有存焉者,寡矣。[3]

修养善心的方法没有比减少求利的欲望更好的了。一个人求利的欲望少,那么即使善心有些丧失,也是很少的;一个人求利的欲望多,那么即使善心有所保存,也一定是很少的。[4]

显然,求利之欲望的多少关系到我们善心的多少。为什么呢?因为利心说到底是私己之心,是自私自利之心,这样的心增强了,当然为他人着想的心就减少了。并且,不仅为他人着想的心减少了,而且还让自己本性不得显露,从而使我们失去感官先天的认知能

---

[1] 程颢、程颐:《二程遗书》,上海古籍出版社,2011年版,第220页。

[2] 程颢、程颐:《二程集》,上海古籍出版社,2011年版,第1260页。

[3] 杨伯峻:《孟子译注·尽心章句下》,中华书局,2012年版,第315页。

[4] 杨伯峻:《孟子译注·尽心章句下》,中华书局,2012年版,第315页。

力。因此，老子指出：

> 五色令人目盲，五音令人耳聋，五味令人口爽，驰骋田猎，令人心发狂，难得之货，令人行妨。[1]

贪淫好色，则伤精失明，不能视无色之色；好听五音，则和气去心，不能听无声之声；人嗜于五味，则口亡，言失于道也；人精神好安静，驰骋呼吸，精神散亡，故发狂也；心贪意欲金银珠玉，不知厌足，则行伤身辱也。[2]

不止老子，庄子也认为使人失本性者有五：

> 一曰五色乱目，使目不明；二曰五声乱耳，使耳不聪；三曰五臭薰鼻，困惾中颡；四曰五味浊口，使口厉爽；五曰趣舍滑心，使性飞扬。此五者皆生之害也。[3]

一是五色紊乱眼目，使得眼睛不明；二是五声扰乱听觉，使得耳朵不灵；三是五臭薰人嗅觉，使得鼻腔受刺扰；四是五味败坏口舌，使得味觉丧失；五是好恶迷乱心弦，使得性情浮动。这五种都是生命的祸害。[4]

由此可见，老庄比二程更透彻地认识到如果顺从感官欲望的支配，会使生命受到很大的损伤。因此，无论是儒家，还是道家、佛家都提倡寡欲甚至无欲。那么，身处物欲世界中的我们该如何做到

---

[1] 王卡：《老子道德经河上公章句》，中华书局，2014年版，第45页。
[2] 王卡：《老子道德经河上公章句》，中华书局，2014年版，第45页。
[3] 陈鼓应：《庄子今注今译·外篇·天地》，中华书局，2013年版，第359页。
[4] 陈鼓应：《庄子今注今译·外篇·天地》，中华书局，2013年版，第362页。

寡欲甚至无欲呢？

　　首先要明白欲望和必需的差异，在现实生活中我们往往混淆了这两个概念。朱熹曾言，维持我们生命需要的饮食是必需的，如果在此基础上再追求美味就是欲。也就是说，我们生命本身其实并不需要太多东西来维持，但是我们却认为吃好的、穿好的等也是生命本身的要求。所以，我们经常会把欲望误认为需要。例如，我以前为改变自己，曾为自己设计出一个淑女形象。然后，为打造这个形象，我开始购买与这个形象相称的衣服、鞋帽等。在购买时，我认为非常需要这些东西，如果当时不买的话，我就感觉自己像被钉在那儿一样，挪不动腿。可是，过了一段时间，我又想变成别的形象，发现以前的那些衣物不适合这个新的形象，于是我又去购买。如此折腾了一番，发现除了衣柜变得拥挤、我变得疲惫不堪之外，没有任何其他改变，我既没变成淑女，也没变成那个新形象。归根结底，我只是随着欲望转了个大圈，那些衣物至今我也没有穿，反而给我带来了如何处理它的烦恼。由此，我注意到认清欲望和必需的界限很重要，同时认识到如果我们自身不散发出温暖、祥和的光，即使用太多的衣物来装饰，也无法改变我们的形象。因为我们生命本身其实并不需要太多的装饰，素朴、单纯是它的本质。所以，我们所必需的可能就是一个简单的居所与几件足够换洗的衣物。除此之外，都是我们的欲望在作祟，而非生命本身的需要。

　　如果我们认清了这个道理，不仅生命本身因欲望的减少而变得自由、轻松，而且还能达到孟子所言的"无为其所不为，无欲其所不欲，如此而已矣"[1]的境界，我们的生活就会变得更加简单，对我们所拥有的东西就会做出正确的处理，不再让它们成为我们生命

---

[1] 杨伯峻：《孟子译注·尽心章句下》，中华书局，2012年版，第284页。

的负累。毕竟,"金玉满堂,莫之能守"[1]。何况,不管你愿不愿意,终有一天,我们会抛下所有身外之物离去。如此看来,现在我们所拥有的都没有任何意义,因而没必要过度重视我们拥有的财物,让我们沦为它的奴隶。当然,我们为了在现今的世界生存,也不可能真的让自己一无所有。这个世间,恐怕谁都知道没有钱寸步难行。我只是想说,我们除了要分清欲望和必需的界限以外,要尽量懂得知足。

对此,公元二世纪南印度的著名大乘佛教学者龙树在《劝诫王颂》中写道:"求财少欲最,人天师盛陈。若能修少欲,虽贫是富人。若人广求诸事者,还被尔许苦来加。智者若不修少欲,受恼还如众守蛇。"关于这段话,韩国的法顶禅师解释说:"知足的人,内心是丰足的。即使所有的财产都被偷光,仍然会认为自己很富有;反之,若是霸占了许多财物仍无法知足,这样的人,只是金钱与财产的奴隶。"[2]因此,懂得知足,就是满足于现在所拥有的一切,不再有过多的欲求。这样,我们的内心就能安稳、快乐。这其实就是最大的富有。所以,老子言"知足者富"[3]。并且,知足还可以远祸,可以避免被欲望的洪流吞噬而不自知。看今天许多锒铛入狱的贪官就可以明白这个道理。因而,老子指出:"祸莫大于不知足,咎莫大于欲得。故知足之足,常足矣。""知足不辱,知止不殆。"[4]这告诉我们,懂得知足少欲,可常足,不辱身,使身不陷于危险之中。

当然,知足不意味着我们要安于现状,不再有所追求。只是我

---

[1] 王卡:《老子道德经河上公章句》,中华书局,2014年版,第32页。

[2] [韩]法顶禅师:《山中花开》,刘秋凤译,二十一世纪出版社,2008年版,第37页。

[3] 王卡:《老子道德经河上公章句》,中华书局,2014年版,第134页。

[4] 王卡:《老子道德经河上公章句》,中华书局,2014年版,第182页。

们的追求不再是为了满足自身的欲望,而是为了实现我们生命的意义,为了与他人分享。我曾经在日本的网络上读到这样一篇文章,介绍说欧洲还是美国的一位有钱人自己生活很简朴,住在一个小公寓里,每天骑着自行车上班,把自己所赚的钱全都捐给了慈善机构。我想,这位有钱人不仅明了一个人的所需其实很有限,而且还懂得把与他人共享作为其存在的意义。因为只有懂得与人分享,才能真正体会到快乐、幸福。下面这则故事就很好地说明了这个道理:

> 很多年前,禅师在院子里种了一棵菊花,第三年的秋天,院子成了菊花园,香味一直传到了山下的村子里。凡是来寺院的人都忍不住赞叹:"好美的花儿呀!"一天,山下村里的乡民开口,向禅师要几棵花种在自家院子里,禅师答应了。他亲自挑选开得最鲜艳、枝叶最粗壮的几棵,挖出根须送到乡民家里。消息很快传开了,前来要花的人接连不断。在禅师眼里,这些人一个比一个知心,一个比一个亲近,都要给。不多日,院里的菊花就被送得一干二净。
>
> 没有了菊花,院子里顿时黯然失色。
>
> 弟子看到满院的凄凉,说道:"真可惜!这里本应该是满院花香的,现在一棵菊花也没有了。"
>
> 禅师笑着对弟子说:"你想想,这样岂不是更好,三年后一村菊香!"
>
> "一村菊香!"弟子不由心头一热。眼前浮现出一村菊花盛开的美好景象。
>
> 禅师说:"我们应该把美好的事与别人一起分享,让每个人都感受到这种幸福,即使自己一无所有了,心里也是幸福的!这时候我们才真正拥有幸福。"

人活着无须一定让自己一无所有，从而让他人、自己幸福，只要尽量减少利己之心，多为他人的幸福着想，把他人的幸福视为自己的幸福，自己、他人就都会幸福。但是，说起来似乎很简单，人要做到完全没有私心其实很难。中国俗语有言："人不为己，天诛地灭。"可见，自古以来，我们中国人就为私心存在的合理性找到了很好的理论支撑。尽管如此，我们的古圣先贤却始终没有放弃与私心的斗争，一直把它作为阻碍天理流行的障碍物，主张加以清除。例如，二程严厉指出："以私己为心者，枉道拂理，谄曲邪侫，无所不至，不仁孰甚焉！""只著一个私意，便是馁，便是缺了佗浩然之气处。"[1] 意思是说，有私心，就偏离了道、理，变成一个不仁之人。不止如此，还可以使人的正气减少，让人变得猥琐不堪。因而，二程以来的程朱理学一直提倡克己之私，存天理，灭人欲。继此之后的阳明心学也主张"必欲此心纯乎天理，而无一毫人欲之私"[2]。由此才可以致良知，恢复我们本心之诚善。看来，古圣先贤皆告诉我们对私心不能留情，否则我们将看不到真正的自己，永远活在满足私心的过程中，变得没有个人样。那么，将如何去掉私心，让我们的真性慢慢显露呢？

对此，王阳明提出"非防于未萌之先而可克于方萌之际不能也"[3]。意思说私心萌发之前就要加以防范，否则一旦萌发就难以扼制。因此要时常加强防范意识，防止私心萌发。并且，即便未萌发，王阳明也不认为私心就没有了，他认为：

> 虽未相著，然平日好色、好利、好名之心原未尝无，既未

---

[1] 程颢、程颐：《二程集》，上海古籍出版社，2011年版，第1256页。
[2] 高崖子：《王阳明箴言录》，中国画报出版社，2013年版，第18页。
[3] 高崖子：《王阳明箴言录》，中国画报出版社，2013年版，第18页。

尝无，即谓之有，既谓之有，则亦不可谓无偏倚。譬之病疟之人，虽有时不发，而病根原不曾除，则亦不得谓之无病之人矣。须是平日好色、好利、好名等项一应私心扫除荡涤，无复纤毫留滞，而此心全然廓然，纯是天理，方可谓之喜、怒、哀、乐未发之中，方是天下之大本。[1]

虽未显现，但平素好色、好利、好名之心原本并非没有。既然不是没有，就称作有，既然是有，就不能说没有偏倚。好比某人患了疟疾，虽有时不犯病，但病根并没有去除，这就不能说他没病。必须把平素的好色、好利、好名等私心全部清理干净，不得有纤毫遗留，使此心彻底纯净，完全合乎天理，才可以叫做喜怒哀乐未发之中，这才是天下的本源。[2]

看来，王阳明的要求很严格，他主张斩草除根，从根源上铲除私心。不过说起来似乎很容易，真正做起来很困难。因为我们的心不是电源开关，想关就能关。有时候，你越想舍弃某样东西，反而越想得到它。所以我们不能强制自己不去好色、好利，只能试着转变我们的观念，让我们的观念逐渐去转化我们的心。所谓转变观念无非是别把自己当回事，尝试将关注的焦点，即把关心的重心从自身转移到对他人、甚至这个世间的关心上，也就是培养利他心。回头想想，我们之所以沦为名、利、财、色等欲望的奴隶，无非是我们的那个"我"在作祟："我"想成名、当官，然后不惜把他人作为踏脚石；"我"讨厌这个人，然后就对他流露出厌恶之情；这些财宝都是"我"的，然后就死守不放，鄙吝不堪……但是，仔细观察，这些无非是我们想要这样、想要那样的念头在支配着我们。也

---

[1] 高崖子：《王阳明箴言录》，中国画报出版社，2013年版，第22页。
[2] 高崖子：《王阳明箴言录》，中国画报出版社，2013年版，第23页。

就是说，我们所认为的那个"我"只不过是连续不断的念头的组合，并不是真实的"我"。这说明，那个平常让我们做这做那的"我"其实是虚妄的存在。所以，佛家认为人的自性本空，道家认为人的自性本虚无，儒家认为人的自性应止于中。

况且，如前所言，生命的本质是素朴、单纯的。它本身并没有色、利等需求。因此，老子才言："见素抱朴，少私寡欲。"[1] 要求我们回归生命的本真。老子之所以如此主张，是因为我们生命的根源在于天、道。这也是无论儒家还是道家，都主张我们要恢复天心的缘由所在。特别是庄子明确指出了人生命的来源：

> 知天之所为，知人之所为者，至矣。知天之所为者，天而生也；知人之所为者，以其知之所知，以养其知之所不知，终其天年而不中道夭者，是知之盛也。[2]
>
> 不离于宗，谓之天人。不离于精，谓之神人。不离于真，谓之至人。以天为宗，以德为本，以道为门，兆于变化为之圣人。[3]

知道天是怎么做的，知道人该怎么做，这是认识上的极致。知道天是怎么做的，就会和天同生同灭；知道人该怎么做，就可以用你知道的知识养护你那无知的本性，使你活到该死的时候才死，不

---

[1] 王卡：《老子道德经河上公章句》，中华书局，2014年版，第76～77页。

[2] 陈鼓应：《庄子今注今译·内篇·大宗师》，中华书局，2013年版，第185～186页。

[3] 陈鼓应：《庄子今注今译·杂篇·天下》，中华书局，2013年版，第908页。

会中途死亡，这是知识达到的巅峰。[1]

不离宗本，称为天人。不离精纯，谓之神人。不离于真质，谓之至人。以天为宗，以德为根本，以道为门径，预见变化的征兆，称为圣人。[2]

这两段话语归根结底说明，庄子认为人即是天的产物，也就是天之子；人回到天是回家，返本、法天的生活是人应该有的真正生活。[3]

又，如前所述，天以无私承载、生养万物而不求回报为己任。所以，所谓法天的生活就是舍出自己所有，包括我们那个"我"。舍出自己的所有可理解为佛家的布施，包括财施、法施以及无财七施的身施、心施、和颜施、慈眼施、爱语施、房舍施、床座施。即在物质上、精神上帮助他人以及欢喜为他人做力所能及的事，为他人着想，与他人同喜同悲，希望他人幸福，对人和颜悦色，尽量不说伤害他人感情的话而说让人高兴的话，将房舍让与躲风避雨的人使用，给需要座位的乘客让座等。同时，舍出自己还可理解为儒家的舍生取义，仁民而爱物。总之，在日常生活中，如果我们时刻不忘自己的根源，尽量去践行布施、尽量去爱他人还有世界上的万物，将我们拥有的财物还有念头逐渐撕去"我"的标签，那个一直在支配我们的生命、使我们的生命躁动不安的"我"就会慢慢消失，几近于无。

当到达这个境地的时候，世俗所谓重要的东西包括名、利、财等对你已经没有任何吸引力，在做任何事情的时候，你会自然而然

---

[1] 陈鼓应：《庄子今注今译·内篇·大宗师》，中华书局，2013年版，第194页。

[2] 陈鼓应：《庄子今注今译·杂篇·天下》，中华书局，2013年版，第914页。

[3] 王博：《庄子哲学》，北京大学出版社，2013年版，第130页。

地把别人放在第一位，哪怕那个人是你曾经厌恶的人，你也会祝愿他幸福，你也会给予他所需要的。之所以会这样做，是因为在我们生命本真显露之时，爱就会升起。并且，这种爱不是狭隘的爱，而是超越所有局限的大爱。体现的是"天地不仁，以万物为刍狗"[1]的无有拣择，不求回报、一任自然的宇宙大爱。有了这种爱，生命本身会变得更加自由、圆满并充满生机与创造力。此外，还能发现这个世间真正的美，即使从微小的事物中也能体味到活着的幸福。例如，当你看到一株小草静静地活在路边的砖缝中，你也会露出会心的微笑，感谢它为没有任何色彩的灰色路面带来了生机活力，并祈愿它可以免遭路人践踏的厄运，安全地活在那里。

  其实生命本身就是这样简单而实在。因而，我们的生活也是在简单、平淡、真实中，充满由很多从微小的事物感受到的幸福编织而成的绚烂。所以如何在日复一日的生活中维持这样的绚烂，让生命与生活一直充满生机与爱是接下来我们要做的事情。

---

[1] 王卡：《老子道德经河上公章句》，中华书局，2014年版，第18页。

五、化掉成心·归于虚静

尽管我们发现舍弃了自我,爱就会出现,我们的生活也因此变得自由、绚烂。不过,在世俗中想一直保持这种状态并不简单。当我们要在实际生活中应对很多事情的时候,即使我们的私心消失了,但是"心",进一步说由我们活到现在积累起来的知识、经验,也就是成心并不会一同完全消失。它时常会像调皮的孩子一样溜出来,搅扰我们的生活。所以,虽然印度哲学家克里希那穆提(1895~1986)说:"如果有了爱与美,不论你做什么都是对的,都会带来秩序与和谐。只要你知道如何去爱,一切问题都将迎刃而解,你就能随心所欲而不逾矩了。"[1] 但是,实际上,即使我们知道如何去爱,由知识、经验而形成的我们对事情的看法——成心还是会时常在现实生活中阻碍我们的爱如空气般流动。例如,恐怕去过日本的人都知道,日本人近乎洁癖地爱干净、讲究卫生,在那里生活了九年的我不知何时也染上了爱干净的毛病。所以,回国之后,尽管我已经明白了该如何去爱世间万物的道理,但是当我每天早晨看到到处都是垃圾的街道时,就不禁流露出不满甚至痛苦的神色。偶尔还会偷偷批判那些不断制造垃圾的人,而不是无言地把躺在路上的矿泉水瓶等扔到近在咫尺的垃圾箱里。每当这时,我都会悄悄观察与我一起走在路上的行人的表情,但我发现他们的表情没有任何变化,好像街道上根本不存在什么垃圾一样,有的还边走边津津有味

---

[1] [印]克里希那穆提:《重新认识你自己》,若水译,深圳报业集团出版社,2010年版,第129页。

地吃着手中的早餐。而我之所以会不时有这样的反应，是因为在日本养成的爱干净、要对自己行为负责的观念，即成心依然存在着。这让我无法像一个跟在妈妈身后行走的日本六七岁的儿童那样，自然地弯腰拾起路上的垃圾，然后把它扔进垃圾箱；也让我无法不加任何评判地面对街道上充满了垃圾这一事实。成心，将我与中国现实世间区隔开来，使我无法将我心中的爱毫无保留地释放出去，无形中使我的生活偶尔会出现一抹不快的色调。

并且，可能有很多人都如我一样，拿着某个标准、价值观念去衡量、审视身边、甚至世间的人和事物，不断地在内心制造着矛盾和冲突，使生命本身、甚至身边的人一同陷入痛苦之中。不止如此，更有甚者如庄子所言每天以"我"即成心的方式活在勾心斗角、你我算计之中：

> 大知闲闲，小知间间，大言炎炎，小言詹詹。其寐也魂交，其觉也形开。与接为构，日以心斗。缦者、窖者、密者。小恐惴惴，大恐缦缦。其发若机栝，其司是非之谓也。其留若诅盟，其守胜之谓也。其杀如秋冬，以言其日消也。其溺之所为之，不可使复之也。其厌也如缄，以言其老洫也。近死之心，莫使之复阳也。[1]

大知广博、小知精细、大言淡淡，小言则辩论不休。他们睡觉的时候精神交错，醒来的时候形体不宁。和外界接触纠缠不清，整天勾心斗角。有的出语缓慢，有的发言设下圈套，有的用词机谨严密。小的恐惧垂头丧气，大的恐惧惊魂失魄。他们发言好像放出利

---

[1] 陈鼓应：《庄子今注今译·内篇·齐物论》，中华书局，2013年版，第48页。

箭一般，专心窥伺别人的是非来攻击。他们不发言的时候就好像咒过誓一样，只是默默不语等待制胜的机会。他们衰颓如秋冬景物凋零，这是说他们一天天地在消毁。他们沉溺在所作所为当中，无法使他们恢复生意。他们的心灵受缄縢束缚，这是说愈老愈不可自拔。走向死亡道路的心灵，再也没有办法使他们恢复活泼的生气了。[1]

庄子用简练的语言概括出成心的活跃，使我们真正的生命丧失生机、日渐凋零。因而，要想减少对生命本身与他人的伤害，保持生命的生机与活力，我们需要进一步化掉成心，拆掉围在自己身边以与这个世界相区隔的栅栏。毕竟，我们要活着。既然要活着，就要幸福。而如果在没有了私心的基础上，再少些成心，那么我们蕴积在心中的爱之能量，不仅会如太阳般无遗地照亮我们的生命，还会无阻地照亮我们身边的每个角落，甚至更宽阔的地方。那时，不仅我们的生命会因爱的无阻流行而变得圣洁、光亮、生机勃勃，我们生活的空间也会随之充满祥和、温暖。既然如此，我们该如何一点点化掉成心呢？

关于此，庄子也给出了我们想要的答案，他说：

> 物无非彼，物无非使。自彼则不见，自是则知之。故曰彼出于是，是亦因彼。彼是方生之说也，虽然，方生方死，方死方生；方可方不可，方不可方可。因是因非，因非因是。是以圣人不由，而照之于天，亦因是也。
>
> 是亦彼也，彼亦是也。彼亦一是非，此亦一是非。果且有彼是乎哉？果且无彼是乎哉？彼是莫得其偶，谓之道枢。枢始得其环中，以应无穷。是亦一无穷，非亦一无穷也。故曰莫若

---

[1] 陈鼓应：《庄子今注今译·内篇·齐物论》，中华书局，2013年版，第52~53页。

以明。[1]

世界上的事物没有不是"彼"的,也没有不是"此"的。从他物那方面就看不见这方面,从自己这方面来了解就知道了。所以说彼方是出于此方对待而来的,此方也因着彼方对待而成的。彼和此是相对而生的,虽然这样,但是任何事物随起随灭,随灭随起;刚说可就转向不可,刚说不可就转向可了。有因而认为是的就有因而认为非的,有因而认为非的就有因而认为是的。所以圣人不走这条路子,而观照于事物的本然,这也是因任自然的道理。

"此"也就是"彼","彼"也就是"此"。彼有它的是非,此也有它的是非。果真有彼此的分别吗?果真没有彼此的分别吗?彼此不相对待,就是道的枢纽。合于道枢才像得入环的中心,以顺应无穷的流变。"是"的变化是没有穷尽的,"非"的变化也是没有穷尽的。所以说不如用明静的心境去观照事物的实况。[2]

在这两段话中,庄子告诉我们万物从自己角度来看,都是此,而他物为彼。[3] 并且,即使存在这样的"彼此",万物相转又相生,生灭不断;所以,所谓的"可"与"不可"也是生灭不断,转换无常的;所谓的"是"与"非"也只是"彼"与"此"存在之下的相对判断。但是,世上真的有彼此、是非的分别吗?很明显,如果我们执着于彼此之间的分别,而看不到我们之间的相通,并执着于各自的立场、观点,而不知道从我们的生命本源——天这一相通的角

---

[1] 陈鼓应:《庄子今注今译·内篇·齐物论》,中华书局,2013年版,第62页。

[2] 陈鼓应:《庄子今注今译·内篇·齐物论》,中华书局,2013年版,第65~66页。

[3] 王博:《庄子哲学》,北京大学出版社,2013年版,第106页。

度来看待事物，就存在彼此、是非的分别。所以，如果我们回归生命的本源，就能顺应这彼此、是非之间的无穷变化，而不被是或非、是非或非是所支配、禁锢。因而，庄子最后指出，用明静如水的心境去观照事物的实况是最好的选择。

心，明静如水，就能观照到事物的本来面目。庄子从照之于天，即从回归生命本源的角度为我们指出了一条如何化掉成心的路。佛家的禅学则为我们找到了另一条可以到达的路。对此，台湾著名禅师圣严法师（1930~2009）给我们举了一个例子，他说宋朝时，有位大慧宗杲禅师，有一天他派一位尚未开悟的弟子名叫道谦，从浙江的径山，送一封信到湖南长沙，去给一位张居士。这位弟子相当苦恼，便发牢骚给很多人听，他说："师父不成就我好好用功修行，我已经出家二十年，至今连门都没摸到，却叫我去送信，荒废了道业！"另一位名叫宗元的开了悟的弟子，听到这位弟子发牢骚，就安慰他说："你放心，我陪你一起去。在路上的一切，我都可以帮你做，只有五件事需要你自己料理，那就是穿衣、吃饭、屙屎、撒尿、驮一个死尸路上行。"道谦听了，不禁高兴得手舞足蹈，欣然上路，后来也不用宗元陪他去了。

显然，那位笨弟子开悟了。他为何可以开悟呢？圣严法师回答说：

> 出差前，他为追求开悟，并不知道开悟是什么；在路上，他什么也不管，什么也不想，只顾他自己个人生活里最单纯的事情，穿衣、吃饭、上厕所，驮着死尸似的身体走，心中不再受任何妄念所干扰，不想过去，不想未来，也不想现在发生什么事，只是很清楚地知道他在做着什么。在这样的情况下，烦恼愈来愈少，而情绪不会再波动。所以，他也见到了真实的世界是什么了。他以前所见到的世界，都是以自己的知识和错误

的感觉来做判断的。现在，放弃了自我主观的判断，直接来体验生活，所以才能看到真实的世界。[1]

圣严法师的上述话语说明：当我们持有某种目的去做事情的时候，我们往往成为目的本身的俘虏，而无法达到目的。如果我们只是单纯地去做，不做他想，我们曾经追求的目的往往会不期而至。并且，真实的世界也会在这时自然呈现。而以知识和错误的感觉、也就是我们的成心，来生活、做事的时候，其实我们并没有真正的活着，我们只是活在被成心所构筑的假象中。所以，圣严法师告诉我们活在当下，专注于此刻我们手中的事，直接体验生活，是放弃自我主观判断即成心的最好办法。只有如此，我们才能看到真实的世界，让我们的生命在真实的世界里飞翔，并盛开美丽的花朵，释放它的清澈芳香，让所有走近我们生命的人变得幸福、安详。

以上，我列举了道、佛两家如何化掉成心的办法。认为佛、道两家的办法不适合自己的读者，不妨参照一下北宋儒者张载（1020～1077）对这个问题的看法。张载在其著作《正蒙·大心篇》中如下言道：

> 大其心则能体天下之物，物有未体，则心为有外。世人之心，止于闻见之狭。圣人尽性，不以见闻梏其心，其视天下无一物非我，孟子谓尽心则知性知天以此。天大无外，故有外之心不足以合天心。见闻之知，乃物交所知，非德性所知；德性

---

[1] 圣严法师：《禅的世界》，华东师范大学出版社，2014年版，第82～83页。

所知,不萌于见闻。[1]

心,宽容博大就能体察天下之物。如有一物没体察到,则你的心与物有隔,还有内外之分。世俗人之心,局限于狭隘的闻见。圣人将性发挥到极致,不用闻见禁锢其心,视天下之物与己同体,孟子说尽心知性知天的原因就在于此。天大了就没有外物可言,所以如果还有外物的想法,那就不足以合于天心了。见闻之知,是由感官与外界事物接触而获得的知见,不是德性所知;德性所知,不来源于见闻。

何谓大其心,我们可以暂时不管。继续读下去的话可知,我们世俗人的人心大多囿于见闻,而圣人的心却视天下万物与己同体。为何世俗人的心会与圣人的心有如此区别呢?是因为如孟子所言圣人达到了尽心尽性知天、也就是其心与天心合一,达到了天心的境地,所以能体察万物而无遗。由此可知,张载句首所言的大其心也就是让心达致天心的境地。所谓的天心无非是与成心相对的无心。因无其心而以天地之心为心,所以会如承载、生养万物的天地那样无偏无私、无有拣择地与万物相感、相通、相合。感觉到万物与自己无有分别,同为天地之子。同时,所谓的"我"也就是成心消融于万物之中,与万物同归于天地。此时,万物与"我"互融互化,息息一体,没有"我",也没有"万物",彼此的生命合为一。这即是张载所言的"体物"。

可见,张载所言大其心实际是心中之仁即爱的扩充。通过尽心尽性的方法将心中的爱一点点儿扩充到无限大,达致如天地般广阔无垠,并用像天地般的爱含摄万物于一怀,而同归于天地。所以,

---

[1] 张载:《张载集·正蒙·大心篇第七》,章锡琛点校,中华书局,2012年版,第24页。

在张载这里，所谓的成心不是舍弃掉的，也不是像割掉物体的一部分那样割掉的，而是"化"掉的。因此，张载言："化则无成心矣。"[1]所谓化，就是自然而然地融化、消失，就像冰雪遇到温暖的阳光一样，是感爱而化。这样的"化"实际上来源于天力。"成吾身者，天之神也。不知以性成身而自谓因身发智，贪天功为己力，吾不知其知也。民何知哉？因物同异相形，万变之感，耳目内外之合，贪天功而自谓己知尔。"[2]张载此言告诉我们，不仅我们的生命来源于天，我们的智识也皆是天功的显现。因此，作为个体生命应对天持有敬畏、谦卑之情。当我们对天的敬畏、谦卑之情足以与天相感之时，天的爱就会降临到我们的生命。同时，我们的成心在爱降临的那一刻融化、消失。因此，如想化掉成心，就要对天持有足够的敬畏与谦卑之情。只有这样，我们的个体生命才可以超越、飞升，享受到广阔的天地之爱。只有这样，我们的个体生命才能不再被寂寞、空虚包围，前面所言的独处才不会感觉痛苦。因为我们与天地、万物同在，它们的爱温暖、充塞着我们的生命。

至此，我们所谓的自己已不存在，存在的只是与天地、万物一体的大我。那么，实现了这样的大我的我们将在现实生活中如何安顿生命？毕竟，我们的大多数生命依然要活在红尘中，不可能全都离群索居，也不可能全都远走深山，闭门修行。对于此，可能各人自有各人的活法。有的人虽不隐于山却隐于市，有的人则如东方朔般大隐于朝，有的人则想践道于红尘，有的人或许正在摸索将生命安顿在红尘中的办法。如果是这样的话，不妨参考一下古圣先贤的

---

[1] 张载：《张载集·正蒙·大心篇第七》，章锡琛点校，中华书局，2012年版，第25页。

[2] 张载：《张载集·正蒙·大心篇第七》，章锡琛点校，中华书局，2012年版，第25页。

做法，或许对正在寻找人生之路的你有用。为此，让我们来先看一下孟子的建议。

孟子说："古之人，得志，泽加于民；不得志，修身见于世。穷则独善其身，达则兼善天下。"[1] 在此，孟子为我们指出了两条路：济世与修身。如果我们穷困、不得志，就完善我们自己；如果我们得志，就要惠泽于民。这说明，自我完善，即修身是需要用我们的一生来做的事。但是，如果条件允许我们做些事情，我们就要尽力服务于天下之人。这里所谓的条件，不仅包括我们是否得志、是否达志，还包括天下是否有道。如果"天下有道，以道殉身"；如果"天下无道，以身殉道"[2]。天下清明，我们就要以身践道；天下黑暗，我们就要不惜为道而死，也就是要把一生奉献于对道的追求。那么，孟子所言的道是什么？

孟子说："仁也者，人也。合而言之，道也。"[3] 这告诉我们人与仁成为一体就是道。何谓仁呢？孟子说："人皆有所不忍，达之于其所忍，仁也。"[4] 如在路上看到一位陌生老人不慎跌倒，我们就会不由伸出手去搀扶，这就是我们的不忍。但是，如果这位老人是曾经陷害或者欺骗过我们的人，我们不是暗自叫好，而是还能伸出援助之手的话，这就是仁，也就是孟子所说的："仁者以其所爱及其所不爱。"[5] 因此，能如此做的人所体现的就是道。这样的人，如前所言，是与天地万物一体之人；这样的爱，是广阔的天地之爱，是张载如下所言的爱：

---

[1] 杨伯峻：《孟子译注·尽心章句上》，中华书局，2012年版，第281页。

[2] 杨伯峻：《孟子译注·尽心章句上》，中华书局，2012年版，第297页。

[3] 杨伯峻：《孟子译注·尽心章句下》，中华书局，2012年版，第305页。

[4] 杨伯峻：《孟子译注·尽心章句下》，中华书局，2012年版，第313页。

[5] 杨伯峻：《孟子译注·尽心章句下》，中华书局，2012年版，第300页。

乾称父,坤称母;予兹藐焉,乃混然中处。故天地之塞,吾其体;天地之帅,吾其性。民吾同胞,物吾与也。大君者,吾父母宗子;其大臣,宗子之家相也。尊高年,所以长其长;慈孤弱,所以幼其幼。圣其合德,贤其秀也。凡天下疲癃残疾、茕独鳏寡,皆吾兄弟之颠连而无告者。[1]

阳刚健处上位称为父,坤阴柔顺处下位称为母;我如此藐小,混合乾坤之气秉承天地之性而处在中位为子。所以乾坤阴阳之气充塞天地,此气就是我的身体;统帅着阴阳之气的天地之意志,就是我的秉性。天下之人皆是我的同胞手足,天下万物和我皆是同辈。人间君主,是我父母的长子;他的大臣,是长子的家相。尊奉天下年高的长者,就是将他人的长辈看作自己的长辈;慈爱天下年幼的孩子,就是将他人的孩子看作自己的孩子。圣人是兄弟中与上天之德相合的,贤人是兄弟中才德超过常人的。凡是天下身患残疾行动不便的人,或失去兄弟的,或失去父母的,或失去妻子的,或失去丈夫的,皆是生活困苦而申述无门的我的兄弟。[2]

位于天地之间,秉承天地阴阳二气所生的我们是天地之子。因此,同为天地之子的同类皆是我们的同胞手足,其他万物皆是我们的同辈;我们尊奉长辈,慈爱幼孤,帮助孤苦无依之人,就是人之道,就是事天。所以,如果条件允许的话,我们就要像日本江户时期的学者贝原益轩(1630~1714)那样,把侍奉天地视为自己的职

---

[1] 张载:《张载集·正蒙·乾称篇第十七》,章锡琛点校,中华书局,2012年版,第62页。

[2] 译文参考周赟:《张载天人关系新说—论作为宗教哲学的理学》,中华书局,2015年版,第224页。

第一章　与自己的关系

责,视为人生中最重要的事,把毕生的精力用于回报天恩。[1]

当然,如果我们没有机缘去践道,只能独善其身的话也是很好的事天行为。也就是孟子所主张的"存其心,养其性,所以事天也"[2]。归根结底,无论是孟子还是张载,都建议我们事天以终其生。由此可知,事天行为不完全是我们对待天命的方法,而应该是为人之道,应该是我们的职责。所以,它是一种积极的生命态度,而非消极地随顺天命。这也是孟子主张"夭寿不二,修身以俟之,所以立命也"[3]的原因,同时也是孟子主张独善其身的目的。也就是说独善其身之所以是很好的事天行为,是因为我们时刻在做事天的准备。这样的准备使我们的生命找到它的方向,从而得以安顿。在安顿中,我们的生命又得以提升,逐渐接近于道。

以上是儒家为我们提出的在红尘中安顿生命的方法。接下来我们再看一下道家老子、庄子的看法。

老子云:

> 天长地久,天所以能长且久者,以其不自生,故能长生。是以圣人,后其身而身先,外其身而身存。不以其无私邪?故能成其私。[4]

---

[1] 日本江户时期的学者贝原益轩可以说是孟子、张载事天思想的忠实践行者。他把一生用于儒学向民间的普及,以求有益于民生日用,并以此回报天地之恩。关于贝原益轩的事天思想可参见[日]贝原益轩:《大和俗训》,石川谦校订,岩波书店,1993年版,第39~47页。

[2] 杨伯峻:《孟子译注·尽心章句上》,中华书局,2012年版,第278页。

[3] 杨伯峻:《孟子译注·尽心章句上》,中华书局,2012年版,第278页。

[4] 王卡:《老子道德经河上公章句》,中华书局,2014年版,第25~26页。

吾所以有大患者，为吾有身；及吾无身，吾有何患？[1]

　　关于这两段，参照河上公的注释可理解为天地因其安静，施不求报，不求生，故能长生不终。所以，圣人先人后己，而天下敬之，先以为官长；薄己而厚人，故身常存。这难道不是他公正无私才达到的吗？圣人无私而己自厚，所以能其私。我之所以有大患，是因为我有身体；如果我没有身体，得道自然，又有何患呢？

　　老子的上述话语告诉我们要想如天地般长生就要彻底舍弃自我以及身体，完全将自己无化，然后归于天道。这个过程其实就是老子提倡的"致虚极，守静笃，归根复命"[2]的过程。让我们的心致于虚静，以返回生命的本源——天地宇宙、道而获得新生，即如天地般长而不终。所以，这里所言的新生是与天道同体之生。这说明我们要想在这个尘世间长生久存就要将自己融入宇宙的大化流行中，以无生求有生。这样的方法是道教提倡的养生法，也是我们如何安顿自己生命的方法。不过，相较老子而言，更注重养生的庄子所提倡的安顿生命之法可能更完善、详细。

　　首先庄子主张安时处顺：

　　且夫得者，时也；失者，顺也。安时而处顺，哀乐不能入也。此古之所谓悬解也。而不能自解者，物有结之。且夫物不胜天久矣，吾又何恶焉？[3]

---

[1] 王弼：《老子道德经注校释》，楼宇烈校释，中华书局，2014年版，第29页。

[2] 王卡：《老子道德经河上公章句》，中华书局，2014年版，第62～63页。

[3] 陈鼓应：《庄子今注今译·内篇·大宗师》，中华书局，2013年版，第208页。

再说人的得生，乃是适时；死去，乃是顺应。能够安心适时而顺应变化的人，哀乐的情绪就不会侵入到心中，这就是古来所说的解除束缚。那些不能自求解脱的人，是被外物束缚住的。人力不能胜天由来已久，我又有什么嫌恶的呢？[1]

这段话，也就是如王博先生所说："得是由于时，失是由于顺，一切都不由自己，因此自己也就不能也不必好得而恶失。得亦安，失亦安；失亦处，得亦处。有这样的理解和态度也就不会有哀乐之感。这也就是悬的状态的解除。只有解悬，才可以找到安身立命之地。"[2] 这实际告诉我们要懂得随顺天命，得失随缘的道理，只有这样我们才能在尘世间找到一席之地。况且，即使你不这样做，也只是自找没趣。人，在天面前是无能为力的。唯一能做的只有顺应，唯有归入天，同于大通、与道融通为一[3]，在纷扰中保持宁静，也就是：

杀生者不死，生生者不生。其为物，无不将迎也，无不毁也，无不成也。其名为撄宁。撄宁也者，撄而后成者也。[4]

---

[1] 陈鼓应：《庄子今注今译·内篇·大宗师》，中华书局，2013年版，第211页。

[2] 王博：《庄子哲学》，北京大学出版社，2013年版，第146页。

[3] 陈鼓应：《庄子今注今译·内篇·大宗师》，中华书局，2013年版，第226页。

[4] 陈鼓应：《庄子今注今译·内篇·大宗师》，中华书局，2013年版，第202页。

大道流行能使万物生息死灭，而它自身是不死不生的。道之为物，无不一面有所送，无不一面有所迎；无不一面有所毁，无不一面有所成，这就叫做"撄宁"。"撄宁"的意思，就是在万物生死成毁的纷纭烦乱中保持宁静的心境。[1]

可见，这个世界无时不处在生灭、毁成的变化之中，没有一刻安宁。但是，对道本身而言，并不存在杀生、送迎，这一切只是自然地在变化着。因而，它始终是宁静的。所以，如果我们能与道融通为一，就会在这个始终纷纭变幻、烦躁不安的世界中保持宁静，让心如明镜般"不将不迎，应而不藏，能胜物而不伤"[2]。

我们大部分人在现实世界中，之所以无法释放心中全部的爱于我们的同类，大多是因为怕受到伤害。因此，宁愿将心中无法释放的爱给予自己所养的宠物，将它们视为自己的儿女，或者孙子、孙女。例如，我认识的一位日本女士离婚后就与她的一条狗相依为命，甚至为了陪伴心爱的狗将职业换成了可以在家工作的按摩师。等她的狗因病去世后，她还为它举办了盛大的葬礼，并一直伤心了很久。按照张载的话，狗作为万物中的一员，是我们的同辈，我们爱它，无可厚非。但是，如果我们把同样的爱倾注于我们的同类，那么这个世间可能会变得更加温暖。所以，如果我们能做到让物在我们的心中来去自由，只是如实映照它，而不有所隐藏的话，那么我们就会成为物的主宰而不被物所伤害。这样的话，就没有东西可以伤到我们，我们就可以尽情地释放我们的爱给万物，给这个世间。

如果你认为无法做到"不将不迎，应而不藏"，反而为其所困

---

[1] 陈鼓应：《庄子今注今译·内篇·大宗师》，中华书局，2013年版，第207页。

[2] 陈鼓应：《庄子今注今译·内篇·应帝王》，中华书局，2013年版，第248页。

的话，不妨先学会如何在这个世间护养自己的生命，然后再一步步达至最高境界，就像老子告诉南荣趎如何做的那样：

> 南荣趎曰：里人有病，里人问之，病者能言其病，然其病病者，犹未病也。若趎之闻大道，譬犹饮药以加病也，趎愿闻卫生之经而已矣。
> 老子曰：卫生之经，能抱一乎？能勿失乎？能无卜筮而知吉凶乎？能止乎？能已乎？能舍诸人而求诸己乎？能翛然乎？能侗然乎？能儿子乎？儿子终日嗥而嗌不嗄，和之至也；终日握而手不掜，共其德也；终日视而目不瞚，偏不在外也。行不知所之，居不知所为，与物委蛇，而同其波。是卫生之经已。
> 南荣趎曰：然则是至人之德已乎？
> 曰：非也。是乃所谓冰解冻释者，能乎？夫至人者，相与交食乎地而交乐乎天，不以人物利害相撄，不相与为怪，不相与为谋，不相与为事，翛然而往，侗然而来。是谓卫生之经已。
> 曰：然则是至乎？
> 曰：未也。吾固告汝曰：能儿子乎？儿子动不知所为，行不知所之，身若槁木之枝而心若死灰。若是者，祸亦不至，福亦不来。祸福无有，恶有人灾也！[1]

南荣趎说：村里的人有病，邻里的人去问候他，病人能说出自己的病状，他能把病当作病，那就不足病了。像我听到大道，好比吃药加重了病，我只希望能听听护养生命的道理就够了。

老子说：护养生命的道理，能使精神和形体合一吗？能不分离

---

[1] 陈鼓应：《庄子今注今译·杂篇·庚桑楚》，中华书局，2013年版，第641～642页。

吗？能不占卜便知吉凶吗？能不求分外吗？能适可而止吗？能舍弃外求而反身自求吗？能无拘无束吗？能纯真无知吗？能像婴儿吗？婴儿整天号哭而喉咙却不沙哑，这是和气纯厚的缘故；整天紧握而不拳曲，这是拱守本性的缘故；整天瞪眼而目不转动，这是不驰心向外的缘故。行动时自由自在，安居时无挂无碍，顺物自然，同波共流。这就是护养生命的道理了。

南荣趎说：那么这就是至人的境界了吗？

答说：不是的。这只是执滞之心的消释，够得上吗？要是至人，求食于地而与天同乐，不以人物利害而受搅扰，不立怪异，不图谋虑，不务俗事，无拘无束而去，纯真无知而来。这就是护养生命的道理了。

问说：要是这样就达到最高点了吗？

答说：还没有。我原来告诉你说：能像婴儿吗？婴儿的举动无意无识，行动自由自在，身体像枯木而心灵像死灰。像这样，祸既不到，福也不来。祸福都没有，哪里还有人为的灾害呢！[1]

行居无挂碍，顺应事物的发展而行，无思无虑，不为世俗人事牵绊，又不标新立异，来去自由，与天同乐，这是消释执着之心而达于至人的境界。能做到此，就可以养护生命而不被外物侵害。但是，却还不能躲避所有的灾祸。只有返璞归真，像婴儿那样无知无识，心如死灰，才可以无祸无福，躲避人为的灾害。也就是说，返璞归真，一任于自然，与天同乐才是在这个多灾多难，相互倾轧的世界安身立命的办法。

归根结底，无论是儒家还是道家，都主张立足于人世间，在"道"中安顿我们的生命。只是儒家更倾向于在人世间中践道，道家则更

---

[1] 陈鼓应：《庄子今注今译·杂篇·庚桑楚》，中华书局，2013年版，第647页。

倾向于如何在人世间全生、长生。但是，无一不将天、道视为我们生命的根源，认为人类在立足于人世间的同时，要将生命的根扎入于天、道。将生命的根扎入于天、道就意味着我们无论是起心动念，还是行为举止都不能偏离它。如果偏离了它，就偏离了轨道，我们的人生就会出现各种问题。要想让人生不出现问题，我们就要学会佛家所言的活在当下。为何活在当下就不会出现问题呢？因为如果我们时刻专注于此刻正在做的事等，并全心全意认真去接纳、投入、体验这一切的话，我们就会时刻保持清醒的觉察，对自己的所做所思了了分明。并且，这样的我们在这一刻是真实的、质朴的、简单的。所以，活在当下实际上就是安住于天、道中的人生。那么该如何在现实的生活中真正做到活在当下呢？

六、活在当下

所谓当下，如前所言就是我们当前这一时刻正在做的事，所处的地方与所面对的人。活在当下也就是让自己全心全意投入到此时此刻正在做的事、正在待的地方、正在面对的人。例如，如果你正在读书，就全心全意读书；如果你正在公园漫步，就全心全意地融入自然；如果你正与同事或朋友聊天，就全心全意地倾听他们的话语……总之，把现在这一刻当作人生的全部来珍惜它、创造它、欣赏它、享受它、感恩它。简言之，就是让人生的每一瞬间都活出它的精彩，既不懊悔过去，也不担忧将来。因为，如石屋禅师偈子言："过去事已过去了，未来不必预思量；只今便道即今句，梅子熟时栀子香。"过去的事与还没来到的事想也没用，去的不复再来，该来的自会来，梅子到了成熟的时候自然会成熟，没到成熟的时候你做什么都不能让它成熟。所以，前思后量都枉然，只会消耗我们的能量，让我们的人生偏离它的轨道、根源。例如下面这个例子就告诉我们追悔过去有害无益：

有一天，佛陀刚刚用完午餐，一位商人走来请求佛陀为他除惑解疑，指点方向。佛陀将他带入了一间静室中，十分耐心地听商人诉说自己的苦恼和疑惑。

商人诉说了很久，对往事的追悔搅扰得他终日不安。最后，佛陀示意他停下来，问他："你可吃过午餐？"

商人点头说："已吃过。"

佛陀又问："炊具和餐具可都收拾得干净完好了？"

商人忙说:"是啊,都已收拾得很完好了。"

接着商人急切地问佛陀:"您怎么只问我不相关的事呢?请您给我的问题一个正确答案吧!"

但是,佛陀只对他微微一笑,说:"你的问题你自己已经回答过了。"接着就让他离开静室。

过了几天,那位商人终于领悟了佛陀的道理,来向佛陀致谢。佛陀这才对他及众弟子说:"谁若对昨天的事念念不忘,追悔烦恼,他将成为一颗枯草!"

    佛陀告诉我们活在昨天,意味着生命的死亡。生命已经死亡,存在于世间还有何意义。但是,实际上我们中有多少人,即使做到无私无欲,即使懂得爱人爱己,却还是放不下过去的情、过去的恨,时常让这些陈年往事冒出来搅乱我们宁静如水的心。可是,这又有什么用呢?这只会让我们的生命逐渐枯萎。尽管明白这个道理,我们还是有时让生命穿越过去的时光隧道,陷入黑暗中。这又是为什么呢?因为我们忘记了人生是一个不断死亡的过程,以为自己的人生一直在延续,甚至是重复的延续,殊不知我们每时每刻都在死亡。这一刻,我们在活着,到了下一刻,这一刻的我们就已经死去,不复存在。因而,生命既是瞬间的、无常的,同时又是永恒的,只要我们时时刻刻扎根于天、道。所以,不要以为我们在永远地活着,死亡不会来临。不论我们愿不愿意,死亡与活着都是同步的。只是,对过去的追悔会加速物质生命、精神生命的死亡。

并且,扎根于天、道其实就已经意味着我们所谓的那个"我"的死亡,意味着生命已全部融入、委顺于天、道。因而,在明白这个道理基础上的对过去的追悔,是对天、道的背离。背离了天、道,我们就亲自切断了生命的根源,没有了给养的生命当然会如一棵枯草存于世间,名存实亡。我想,这其实也是佛陀上述话语的真正含义所在。记得前年我去泉州开会时,与一位韩国老师和当地的一位老师一起拜访了泉州少林寺的住持。当我与这位年轻的住持一起合影时,这位住持不经意地说了一句:"放下你的包袱!"听完后,我随即把挎在肩上的包放在了地上。但同时我也明白,这位住持想告诉我的不仅仅是要放下挎在肩上的包,还要把心里的包袱一同放下,以完全放松、专注于当下的精神投入到合影这个瞬间。只有这样,那一刻的我才是活着的。所以,我们也要时时刻刻记得放下我们的包袱,轻松活在当下这个瞬间。物体完全没有了重量,可能会飘起来。但是,如果背着对过去的追悔这个垃圾一起前行的话,只能让我们举步维艰,并如垃圾一般逐渐腐臭、变形、消亡。同理,对未来的担忧也是如此,有害而无益,同样会影响我们的身心健康,让我们的生命处于死亡状态。例如:

> 一个商人的妻子不停地劝慰着她那在床上翻来覆去,折腾了足有几百次的丈夫:"睡吧,别胡思乱想了。"
> "嗨,老婆子啊,"丈夫说,"你是没遇上我现在的罪啊!几个月前,我借了一笔钱,明天就到还钱的日子了。可你知道,咱家哪儿有钱啊!你也知道,借给我钱的那些邻居们比蝎子还毒,我要是还不上钱,他们能饶得了我吗?为了这个,我能睡得着吗?"他接着又在床上继续翻来覆去。
> 妻子试图劝他,让他宽心:"睡吧,等到明天,总会有办法的,我们说不定能弄到钱还债的。"
> "不行了,一点儿办法都没有啦!"丈夫喊叫着。
> 最后,妻子忍耐不住了,她爬上房顶,对着邻居家高声喊道:"你们知道,我丈夫欠你们的债明天就要到期了。现在我告诉你们:我丈夫明天没有钱还债!"她跑回卧室,对丈夫说:"这回睡不着觉的不是你,而是他们了!"

当我们处于那位商人的处境，不论我们如何懂得安时处顺，可能还会担忧明天还不上债的现状。可是，当时的事实已经说明无论那位商人如何担忧，也改变不了明天还不上债的现实。尽管如此，我们还不禁会担忧，担忧明天那个时刻的到来，以至于今天辗转难眠。虽然辗转难眠只能对我们的身体造成伤害，而不能改变明天要面临的事实，但是我们还是要用这样的方式来惩罚自己，给自己戴上痛苦的枷锁，而忘记当下生命的鲜活。我们为何会这样呢？

这是由我们思维的惯性造成的。例如，我们从小就被灌输读书不是为了成为圣贤，而是为了将来有个好的工作。于是，我们知道自己活着就是为了将来。等到工作了，为了将来要结婚生子，我们开始筹划如何赚钱买房。等我们结了婚、有了孩子，我们把自己的将来变成孩子的将来，开始筹划如何让孩子接受好的教育，比我们有一个更好的将来……总之，我们每天所做的一切，都有了一个堂而皇之的理由，那就是为了将来。可是，事物都在变化中，将来又怎么会按照我们的计划、预想呈现呢？既然是这样，我们为何不把还没到来的将来交付给事物本身的变化，将我们的关注放在当下这一刻呢？当下这一刻你都没有掌握好，将来又怎么会好呢？当下这一刻该做的事情，你都没有做好，将来又怎么会顺利呢？

再说，你不好好慢慢品味、享受当下这一刻的人生，总是加速度地为创造将来而奔忙、担忧，这难道不是无意中在加速我们物质生命走向完结的步伐吗？例如，下面这个例子就很好地说明了这一点：

从前，有个优秀的青年人，他聪明勇敢，有着宏伟的志向，可他却性子非常急躁，迫不及待地想要实现那些梦想。一天，他对着天空叹息："我究竟还有多久才能获得成功呢？为什么所有事情都需要漫长的等待呢？如果我能够有一个加快时间向前走的小钟该多好啊，我就可以不用再辛苦等待了，成功也会离我更近了。"

正在这时，天神出现，给了他一个钟表，说："这就是你想要的能够让时间变快的小钟，从此你可以得偿所愿。但是你要记住，这个时钟只能帮助你快速向前，不能后退。"

小伙子高兴极了，他把钟表向前拨动了一个小格，他就长大了许多，并且拥有了一官半职。他高兴地想："如果我现在能够有一个美丽的妻子就好了。"于是他又拨动了钟表，他的婚礼正在隆重举行，悠扬的音乐和醉人的美酒都出现了，他美丽的妻子正对着他甜蜜地微笑。

他又想："那快看看我什么时候能够当上大官吧。"于是他再次拨动钟表，此时他已成为达官贵人，府邸豪华，家仆簇拥。

此时，他心中的愿望层出不穷，于是不停地拨动钟表，得到了更多东西，也实现了人生的理想……在拥有了这些东西的同时，他的生命也走到了尽头。在弥留之际，他开始后悔自己以前做任何事都那么急切，还没有认真享受生活，生命已经走到了尽头。如果可以重新来过，他一定可以等待的，但是后悔已晚了，因为那个钟表只能向前转不能向后退，他感到伤心极了。等到他哭着醒来时，发现原来只是一场梦。喜极而泣的他向天神祈祷："原来，我的宝藏就是人生的经历，慢慢体会人生才是一种幸福。"

这个小伙子的急躁其实就是对将来的迫切期待。可是，如果我们真的像这个小伙子一样迫不及待地追赶将来的话，其实就是急切地向死亡迈进，就是对当下人生的亵渎。我们每一个人的人生，都如那个只能前行而不能后退的钟表那般转得飞快的话，意味着你在这个世间该做的事情提前完成了,你可以早点儿下班去你该去的地方了。同时还意味着我们枉对了上天、父母赐予我们的生命。生命因为经历而丰富、丰满、有趣味。如果我们像戏剧演员一样只是不断变换角色,而不过真正的人生,那就是对生命的不恭不敬。生活在四百年前的日本江户时期的学者贝原益轩的惜时论告诉我们该如何慢慢享受人生。他说:"人如果有闲,要让心处在沉稳、宁静中,将日子变长,不可慌张。特别是老了以后,因为剩下的残年日少,时节的消逝也变得非常快,所以要珍惜每一时刻,最好把一日当成十日、把一月当成一年、把一年当成十年来享受。即使不享受,虚度日月,过后也不要后悔。"[1]把一日当成十日,把一月当成一年,无非是告诉我们不要忙着迈向将来,不要把活着当成一个需要急速完成的任务,而是要尽量慢慢享受当下的人生,让今生无悔,日月悠长而芳香。

为何益轩不主张像我们这样拼命往前赶,而是尽量用悠闲、缓慢的节奏感将日月变长呢?这是因为他强烈地意识到了生命的短暂与有限。他说:"人的生命有限,并且无法人为地把寿命变长。所以,最好是珍惜有限的生命,快乐的度过每一天。一点儿也不能做无益、错误的事,也不能不享受白白度过。"[2]那么,享受什么呢?他告诉我们是清福。何谓清福呢?"虽然贫贱,没有得到世人的认可,但是轻松、宁静,心里没有忧愁,这就是清福。"[3]具体而言,就是闲时安坐读书,与良友论道,欣赏山水花月等。[4]并且,只要你愿意,

---

[1] [日]松原道雄:《贝原益轩·乐训》,中央公社论,1969年版,第250页。

[2] [日]松原道雄:《贝原益轩·乐训》,中央公社论,1969年版,第252页。

[3] [日]松原道雄:《贝原益轩·乐训》,中央公社论,1969年版,第250页。

[4] [日]松原道雄:《贝原益轩·乐训》,中央公社论,1969年版,第254页。

也没有求人的必要，不用花一分钱就可以成为山水花月的主人。[1]

这说明，生活可以很简单，很轻松。只要你愿意珍惜当下的每一刻，像益轩那样真正懂得享受清福，你就可以活得很自在，很幸福，很洒脱。即使有时你感觉痛苦，那也仅是对你偏离了生命根源的提醒：只要接受它，面对它，然后放下它，痛苦就会自然消失。相反，如果我们习惯受控于痛苦，就不仅错过了当下的美好，还让它成了明日的负担。这样，我们就会离我们生命的根源愈来愈远。所以，当痛苦来访的时候，我们最好马上全力以赴地面对、解决，而不是逃避或者身陷其中。对此，印度哲学家克里希那穆提忠告我们："如果我们全神贯注于一个问题，并且立刻加以解决，而不是把它拖延到下一分钟，甚至第二天，就能尝到空寂的滋味。"[2] 克氏所言的空寂的滋味，其实就是清空自我还有痛苦后，重新回到生命根源的感受。

而我们之所以无法真正活在当下，着急、拼命地往前赶，担忧将来，是因为我们内心缺乏安全感。尽管我们能做到与天、道同体，能够爱人、爱己，但是道却无象无形，既看不见，也摸不着。所以，虽然我们在精神上已做到与之同体，能获得某种程度的安心感，但真正遇到大事情的时候，还是需要我们自己来处理。即使我们在心里念叨把这一切交给上天来处理吧，这样会更好！天、道也只会给予我们某种处理它的启示或智慧。况且，天、道不会言语，我们尽管拼命祈祷，它也只能无言倾听，不会用有声的话语来鼓励或安慰你。所以，这一切看起来都很没底，谁也不知道天、道是否真的愿意帮助你。因此，我们的不安全感，通过与天、道的交流或许能够

---

[1] [日] 松原道雄：《贝原益轩·乐训》，中央公社论，1969年版，第249页。

[2] [印] 克里希那穆提：《重新认识你自己》，若水译，深圳报业集团出版社，2010年版，第166页。

减轻,到问题解决之前却无法完全消除。再说,人生中不如意的事十有八九,问题接连不断、层出不穷。因而,我们的不安全感也是紧跟其后,似乎永无止境。

况且,现在这个社会,人与人之间建立真正的信任很难。即便亲人之间的关系也大不如从前那般纯粹、紧密,兄弟之间也可以为争家产反目成仇。家人以外的人际关系更不用说,很多都是以利益为前提。甚至很多朋友关系也仅是利益关系的结合,没有几个能真正说心里话的人。不仅如此,素不相识的陌生人也想通过各种手段从你碗中分得一杯羹,让你防不胜防。所以我们每天就活在提防与被提防中,神经紧绷,时刻不敢放松。出门要防扒手,小心碰瓷的,还要小心在工作中不能被利用、算计等。

如果我们无缘无故地去帮助谁,或者像菩萨那样无私地去关爱我们不太亲近的人或路人,可能他就会认为我们有企图。遇到这种情况,素不相识的人可能会转身逃离,没有深交、不懂得你的人,可能会因害怕你有所图,而对你敬而远之。很明显,我们都患上了爱与被爱的恐惧症,害怕付出,更害怕被索取。尽管我们渴望爱与被爱,却紧闭心门,为自己套上了多层保护铠甲。遇到认为不能相信的人,我们紧握防卫的武器,随时准备保卫自己;遇到稍微可以相信的人,我们可以扔掉武器,假装轻松;再遇到能进一步相信的人,我们可以脱掉一层铠甲;遇到可以称得上朋友的人,我们或许可以慢慢做到脱掉多层铠甲,却绝对不会打开心门。心门,对我们很多人来说犹如防卫外敌入侵的城门,如果打开,可能觉得自己会全军覆没,会束手就擒。所以,我们宁愿生活在恐惧中,也坚决不会轻易打开心门。尽管我们可以向天、道、神、佛打开心门,却不能向我们的同类,按照宋代张载的说法,向我们的兄弟们打开心门。但是,无法改变的事实是,我们的精神可以与天地神佛同在,却要活在我们的同类之间,朝夕与他们相处。朝夕相处,却无法信任,这对我们人类来说是莫大的悲哀与不幸。因此，在现实中，有时无私大爱就像被云层包裹的太阳，无法普照万物。而那云层，不是别的，就是我们的提防之心，我们裹在身上的层层保护铠甲，我们对他人的不信任。

因为我们无法信任他人，也无法被信任；无法真正爱别人，也无法真正被爱。这造成了我们内心的极度匮乏。这种匮乏转而变为恐惧，不断侵袭着我们的身心与生活。所以，我们有意无意中试图通过其他方式加以弥补。而我们采用最多的方式通常就是不断获取或达成一些什么，例如金钱、功名。也就是上面所讲的让我们拼命往前赶，汲汲追求的那些东西。以为有这些东西的包围，我们会感觉更安全一些。但是，根据克里希那穆提的观点，拼命奋斗的态度是人生的最大绊脚石。[1]并且他说："我们的教育从小就训练我们去争取成功，我们的脑细胞也跟着制造出成功的模式，来取得肉体上的安全感，然而成就并不能带给我们心理上的安全感。"[2]显然，克氏说得没错，成功并没有给我们带来安全感，事实上我们依然生活在担忧之中。既然如此，难道不存在安全感这回事吗？

是的，克氏认为所谓的安全感根本就不存在，即使在我们所有的人际关系、态度和行为中，也不存在。[3]那么，为何不存在呢？对此，克氏解释说："因为从心理的角度来看，没有一件东西是永恒不变的，所以没有任何关系能带给人安全感。如果你能看透这点，

---

[1] ［印］克里希那穆提:《重新认识你自己》，若水译，深圳报业集团出版社，2010年版，第167页。

[2] ［印］克里希那穆提:《重新认识你自己》，若水译，深圳报业集团出版社，2010年版，第167页。

[3] ［印］克里希那穆提:《重新认识你自己》，若水译，深圳报业集团出版社，2010年版，第167页。

生活态度就会完全改变。当然，我们需要房子、食物这些外在的保障，可是心理上对安全感的执着，反而使你无法享受到所拥有的外在保障。"[1] 克氏的话进一步告诉我们，世间所有的一切都处在不断变化中，在不断变化中寻找固定不变的东西是枉费心机。所以，如果我们希求在各种关系中，比如物质性财富中，社会地位中，还有对未来的追求中，寻找安全感的话，我们就无法享受到当下所拥有的东西带来的愉悦和幸福。因而，急切拥有未来，拥有一切能让我们感觉到安全的东西，无法信任与被信任、无法爱与被爱所形成的恐惧，归根结底都来源于我们被心中寻求安全感的潜意识所支配，没有活在当下。

基于此，当我们知道不存在安全感这种东西后，我们就无须再恐惧未来，也无须再去提防什么人或事，更无须恐惧不被信任与爱。因为，一切都在变化中，即使你拥有万贯家财，也可能顷刻间灰飞烟灭；即使你处处、时时小心翼翼，该发生的总会发生；即使你不被信任与爱，只要我们拿出一颗真心去爱这个世界，阳光终会穿破云层，那些离你而去、对你敬而远之的人总有一天会感觉到你的温度。所以，一切都无须担忧、恐惧，一切都无须揣测、琢磨，只管观照当下的一切，无论是喜是忧；只管顺天而行，广施大爱，怀着感恩的心情接受并欣赏当下的所有，我们的生命就会丰盈、自在、无忧。毕竟，我们没有什么好失去的，即使拥有的也非永恒，包括我们的身心和一切有形、无形的东西，没有哪一个是我或者我的，所有都在无常流转之中。既然如此，何苦要错过当下的风景。你看，日光正在洒满枝头，白云正在悠闲游走，鸟儿正在婉转啼鸣，花儿正在绽放它的芬芳……为何我们不停下不断前行的脚步，驻足享受

---

[1] ［印］克里希那穆提：《重新认识你自己》，若水译，深圳报业集团出版社，2010年版，第168页。

天地宇宙赐予我们的美好，感谢当下的享有，让我们自己为生命本身而绽放。

因此，无论我们的人生中发生了什么事，都要全神贯注于当下这一刻。即使不幸来临，我们也无须担忧、恐惧，只要轻轻告诉自己："一切都是最好的安排！"然后去接受它、面对它、处理它。老子有言："祸兮福之所倚，福兮祸之所伏。"[1] 一切都在变化之中，是祸是福，谁也不知道。以下这个例子就很好地说明了这一点：

一天，国王到森林打猎，一箭射倒一只花豹。国王下马检视花豹。谁想到，花豹使出最后的力气，扑向国王，将国王的小指咬掉一截。

国王叫宰相来饮酒解愁，谁知宰相却微笑着说："大王啊，想开一点，一切都是最好的安排！"国王听了很愤怒，"如果寡人把你关进监狱，这也是最好的安排？"宰相微笑说："如果是这样，我也深信这是最好的安排。"国王大怒，派人将宰相押入监狱。

一个月后，国王养好伤，独自出游。他来到一个偏远的山林，忽然从山上冲下一队土著，把他五花大绑，带回部落！

山上的原始部落每逢月圆之日就会下山寻找祭祀满月女神的牺牲品，土著人准备将国王烧死。

正当国王绝望之际，祭祀忽然大惊失色，他发现国王的小指头少了小半截，是个并不完美的祭品，收到这样的祭品满月女神会发怒，于是土著人将国王放了。

国王大喜若狂，回宫后叫人释放宰相，摆酒宴请，国王向

---

[1] 王弼：《老子道德经注校释》，楼宇烈校释，中华书局，2014年版，第151页。

宰相敬酒说:"你说的真是一点儿没错,果然,一切都是最好的安排!如果不被花豹咬一口,今天连命都没了。"

国王忽然想到什么,问宰相:"可是你无缘无故在监狱里蹲了一个多月,这又怎么说呢?"宰相慢条斯理喝下一口酒,才说:"如果我不是在监狱里,那么陪伴您微服私巡的人一定是我,当土著人发现国王您不适合祭祀,那岂不是就轮到我了?"

国王忍不住哈哈大笑,说:"果然没错,一切都是最好的安排!"

这个故事说明,我们无须为当下发生的事情懊恼、担忧、欣喜若狂,只是相信一切都是最好的安排就好。同时还说明任何事情发生都有它的理由,只是我们或许不能马上看到它的理由。但总有一天你会知道所有发生的都是该发生的,所有的事情都是构成、塑造我们生命不可或缺的元素。因此,我们对当下发生的一切都应欣然接受。这还暗示我们:真正地活在当下就是不拒绝一切,相信一切都有它发生、存在的理由;关于它的理由无须深究苦索,只要专注于当下我们该做的事情就好。当然,这意味着我们不要有任何期待、依赖心理,只是全心全意活在那一刻。这样的感觉,就像独自站在空旷无人的悬崖边上一样,寂然而独立,即使脚下是万丈深渊也无所恐惧。所以,真正的活在当下就是真正的无所求。只有你真正无所求的时候,才不会有拒绝,才会坦然接受所谓的好与坏,而没有任何恐惧。因为,这对你来说一切都是无不可,一切都是真正意义上的最好的安排。而这样的境地其实又是我们真正回归到生命根源的最本真状态。因此,活在当下,又是真正的身心皆空,融入生命本源的状态。

在这样的状态中,你会感觉一切都是那么美好,所有的是非恩怨、个人得失都是那么无关紧要；你会让事物随着事物本身的变化而变化，而不再焦灼、忧虑；你还会发现一切都是那么生动活泼，变化无穷；你会委身其中而不担心变化给你带来不可预知的祸或福。同时，你可能还会对一切的缘都不执不留，任它来去自由，曾经日思夜想，难以放下的那个人也在此刻随风飘走，你不会再用妄想去挽留。如果你还未婚，你可能不再期待有一个人能让你老有所倚，老有所终；如果你已婚，你可能不再期待或者依赖自己的丈夫或妻子对自己付出什么。因为，一切都在我们自己的手中，任何人都无须把生命的筹码押在他人手中。只要你愿意活在当下，你在这一刻就可以活得洒脱、自在，你在这一刻就可以绽放生命的璀璨光芒，而无须等到迟暮，也无须借助他手。这就是活在当下的魅力，同时也是我们生命本身的魅力。至此，我们的修身之旅已告一个段落。但仅是刚刚开始，我们还需要在现实生活中的各种关系中磨炼，进一步完善自己。毕竟，我们是社会中的一员，我们要处在各种关系中，所以我们只有真正处理好与他人、自然等的关系，才真正做到了修身，而非仅是境界之谈。

第二章　与他人的关系

　　庄周可以是蝴蝶，我可以是你，你也可以是他。同时，你、我、他又都是物。因而，在存在的根本上，你、我无二无别，我即是你……

第二章　与他人的关系

一、以物待物，不以私意度人

　　只要我们存在于这个世间，我们就要生活在与他人的关系中。即使你远离红尘，出家为僧，也依然要与其他出家人相处。即便不同其他出家人共处，如韩国法顶禅师那般在深山中独自修行，也要通过文章等形式与世间沟通。这意味着人不能切断与他人的关系，独自生存。这里所谓的他人，既包括自己的儿女、父母、爱人及兄弟姐妹等，也包括家人以外的亲戚、朋友、单位的同事、学校的同学以及在某些地方遇到的不同的陌生人等。

　　既然我们生活在与他人的关系中，就都想与他人和谐相处，让自己过得舒心一些。但是，世间之事纷繁复杂，每个人又各不相同，在相处中难免会出现矛盾、问题。小的矛盾、问题还无大碍，大的矛盾与问题不仅会危害到我们的身心健康与生活，甚至还会夺去我们的生命。最为亲密的夫妻关系亦然，与至亲之外的他人相处亦是如此。尤其是未成年人，心智还不是很成熟，没有与人相处的经验，承受问题的能力也很弱，比成年人更容易受到人际关系的伤害。

　　在中国，我至今还没有听到很多中小学生因受同学欺压而自杀的新闻。在日本，经常有这样的新闻见诸报端，大多是一些中小学生因受到同班同学的团体欺压而跳楼或用其他方式自杀的事件。例如，2010年10月23日，日本群马县桐生市的一名小学六年级的女生，因忍受不了同班同学长达一年的集体欺压而自杀；2011年10月11日，日本滋贺县大津市中学的一名二年级的男生，因忍受不了同班同学的集体欺压，在家中跳楼自杀，等等。这些自杀的孩子并不是有什么生理缺陷，而是性格看起来有些软弱，不太擅长与他人相处，就成了他人欺压的对象，最终因无法承受而亲自结束了才刚刚开始的生命。那些加害者固然罪大恶极，但是如果受害者足够坚强，知道怎样面对这样的困境，处理好自己与加害者的关系，那么也许就没有必要非得用自杀这一方式来解决问题。

当然，你不要以为欺压这类事情只存在于未成年人的世界。在我们成人的世界，它也荒唐地存在着。这类事情在日本的各大公司及企事业单位都时有发生。并且，不止高度发达的日本有这类荒唐的事情，在我们中国也有。例如，我认识的一位朋友，她在一家外资企业工作，工作不是很繁忙，时间也不是很受限制，应该说是一份很好的工作。但是，她却几次向我提起她想辞职，原因是与上司的关系不融洽。我听了后劝她："你在那里才工作了三年，再忍耐一下，努力把工作干好不就可以了吗？"她回答说："上司不喜欢我不是因为我工作干得不好，而是不喜欢我这个人，所以就给我冷脸色看。而且不止上司一人，与上司一伙的人也都如此待我。"很显然，这个事例与上面提到的事例在本质上并无二致，只不过我们成人更聪明一些，不会采用孩子那样拙劣的欺压方式，仅是在精神上无视对方的存在。不过，这种冷暴力有时比武力上的欺压杀伤力更大。武力上的欺压，可能会逼得你不得不还手。只要你还手，就意味着你有可能成为胜者，将不对等的关系扭转为对等。冷暴力有时却让你不知该如何还手，尤其对方是关系到自己前途的上司之时。而我在这段文字中，之所以使用了荒唐这个字眼，是因为我认为如果一个成年人能做出这样的事情，说明他在精神上还不是成年人。一个精神上没有成年的人加入成年人的行列，还掌握了公司的生死大权，难道还有比这更荒唐的吗？

可笑的是，这种荒唐的事在现实世界中却比比皆是。最明显的例子可能要算是夫妻关系了。我本人还没有结婚，也许对夫妻关系问题没有发言权。但是，我身边却都是一些结婚的人。生活在她们身边，身为旁观者的我可能比她们更了解婚姻。许多夫妻关系之所以不和谐，大多是因为不能互相信任，或者源于一方想控制、甚至操纵另一方。例如，我的一位朋友已婚多年，育有一女，生活过得也算不错，有房产和车，女儿也很乖巧。尽管如此，我的那位朋友却总是对她的老公不满，说她老公不听她的，什么事都不跟她说，而且还怀疑她老公有外遇。所以，她的家经常是炮火连天，争吵声不断。我听了她的哭诉后说："你老公是活生生的一个有自己意志的人，他又不是机器人，为何要总听你指挥。即使你们是夫妻，也不意味着他凡事要向你报告，要服从你的想法与看法。再说，你说他有外遇，你亲眼见到了吗？如果你没有亲眼见到，你就不要怀疑，并用怀疑来折磨自己，从而破坏你们的感情。而且，如果你还想跟他生活下去，就接受他，而不是控制他。如果你不想跟他生活下去，也没必要每天用争吵互相伤害，干脆分手对双方更为有益。"你看，这个事例是不是很荒唐，两个人既然因某种因缘已经成为夫妻，却无法接受成为夫妻的事实，还要像仇人似的每天刀兵相见。可能有些人说夫妻本是冤家，如果本是冤家的话，让你们在此世相遇结为连理的目的，就可能是为了化冤解仇，而不是为了冤冤相报。写到这儿，我仿佛听到一些已婚的朋友抗议说："你又没结婚，你懂啥？"所以，我还是就此打住为好。不过，关于如何处理家庭关系问题，在本系列的第二本书中有详细论及，有兴趣的朋友可参阅。

以上这些事例说明，当我们因某种因缘，不得不遇见一些人的时候，如果处理不好彼此的关系，就会给对方甚至双方都带来伤害。我想，以上事例中的受伤害者都不仅仅是一方。所有的事物都是双刃剑，它割伤一方，必然也会割伤另一方。就像我朋友的那位上司，你不要以为他向我朋友实施冷暴力，他是舒服的，其实他可能更不舒服。因为他一见到我朋友就心堵。他心堵，其他人也跟着心堵，负面能量的浸染力总是比正面能量强大，并且更容易操控一个人，甚至整个环境。不过，你也不能就此建议我朋友用巴结、阿谀奉承的方式去改善她与上司之间的关系。尽管我朋友曾经向我提及她的上司就喜欢会阿谀奉承的人，但关键是我的朋友不是一个喜欢阿谀奉承的人。你建议一个人做他不喜欢的事，有时可能比欺压他更让他感到痛苦。我想，我能从我父亲的身上感受到这种痛苦有多痛，有多苦。

　　我的父亲是一位没有很多文化却头脑很聪明的人，在改革开放之初，他就瞅准商机在离家乡不远的地方开始了承包工程的工作。在人生地不熟的异地开展自己的事业，艰难程度可想而知。尽管如此，父亲为了家庭，为了抚养我们四个孩子，还是坚持忍受着许多他不愿意忍受的事情。对此，不知道如何排遣心中苦闷的父亲选择了喝酒解闷的方式。但是，光喝酒，他的苦闷似乎还是得不到排遣，于是转而把它发向了家人。因此，只要知道父亲今天去喝酒了，我们就知道家里一会儿肯定会雷霆震天、暴雨倾盆，不知道谁将成为受害者。所以，那时的我，只要父亲在家，就战战兢兢。可能不止我如此，母亲还有哥哥姐姐们也是如此。只因父亲在外工作不顺心，我们就要蒙受如此灾难。

　　父亲的不顺心、苦闷，在父亲去世后的多年，我从他临死前对我说的一句话中找到了答案。他很无奈地说："我这一辈子净向人低头了。"所谓向人低头无非是并不甘心低头，但是为了让工作顺利，又不得不扔掉自尊、委曲求全、违心地低头，向那些人点头哈腰，说违心的奉承话。这些事情，对懂得处事哲学的人来说，也许不算什么，可能认为只要保持住内心的尊严，达到我的目的，关系就是对等的，所以即使向人低头也无所谓。可是，对没有多少文化、性格耿直的父亲来说，可能认为这就是向他人低头讨生活，是对他自尊的极大伤害。因此，他在临死前还念念不忘曾经受到的伤害。由此可知，违背自己的良心与性格，违心地去逢迎他人并不是改善人与人之间关系的良药。

　　无论是人与人之间的相互欺压，还是违心讨好自己并不喜欢的人，都是因憎而生厌，继而伤人伤己。还有一些关系的存在恰好与此相反，是因爱而伤人。在现实生活中最常见的是母子之爱、夫妻之爱。我经常看到我身边的父母们担心教育不好孩子，让孩子学习各种知识、技能，当孩子反抗时，就说："我这么做，还不是为了你好！"这是否真的是为孩子好呢？还是仅仅想让孩子成为自己意志的牺牲品？如果真的是为了孩子好，是否就要尊重孩子的想法，尽量让他发挥自己的天性来选择自己想要做的事情呢？我想这是需要我们每一位父母深思的问题。

　　父母如此对待孩子还可以理解。但是，也有一些人如此对待自己的爱人。例如，有这样一对年轻夫妻，丈夫很爱自己的妻子。一次，妻子吃鱼时不小心被鱼刺卡住了喉咙，怎么也取不出那根刺来，丈夫急得不行，最后只好开车带妻子去医院将鱼刺取了出来。这原本是一个偶然事件，但是此后，丈夫为了妻子的安全，不再让她吃任何海鲜和鱼，甚至与骨头有关的食物也都小心翼翼。妻子最后忍受不了丈夫，提出了离婚。显然，这位丈夫是出于爱才这样做的，但是他的妻子已经是成年人，她有权利选择自己该如何生活，而无须任何人不经她的同意来安排她的生活，即便是以爱的名义。所以，这位妻子最终选择离婚来逃避由专制的爱所带来的伤害。这告诉我们，并不是爱就没有伤害。有时又岂止是伤害，甚至还可以夺去对方的生命。下面的两则寓言故事就深刻地说明了这点：

　　　　南海之帝为儵，北海之帝为忽，中央之帝为混沌。儵与忽时相遇于混沌之地，混沌待之甚善。儵与忽谋报混沌之德，曰："人皆有七窍以视听食息，此独无有，尝试凿之。"日凿一窍，七日而混沌死。[1]

南海的帝王名叫倏，北海的帝王名叫忽，中央的帝王名叫混沌。倏和忽常常到混沌的境地里相会，混沌待他们很好。倏和忽商量报答混沌的美意，说："人都有七窍，用来看、听、饮食、呼吸，唯独他没有，我们试着替他凿开。"一天凿一窍，到了第七天混沌就死了。[2]

昔者海鸟止于鲁郊，鲁侯御而觞之于庙，奏九韶以为乐，具太牢以为膳。鸟乃眩视忧悲，不敢食一脔，不敢饮一杯，三日而死。此以己养鸟也，非以鸟养鸟也。夫以鸟养鸟者，宜栖之深林，游之坛陆，浮之江湖，食之鳅鲦，随行列而止，委蛇而处。彼唯人言之恶闻，奚以夫譊譊为乎！咸池九韶之乐，张之洞庭之野，鸟闻之而飞，兽闻之而走，鱼闻之而下入，人卒闻之，相与还而观之。鱼处水而生，人处水而死，彼必相与异，其好恶故异也。[3]

从前有只海鸟飞落在鲁国的郊外，鲁侯把它迎进太庙，送酒给它饮，奏九韶的音乐取乐它，宰牛羊喂它。海鸟目眩心悲，不敢吃一块肉，不敢饮一杯酒，三天就死了。这是用养人的方法去养鸟，

---

[1] 陈鼓应：《庄子今注今译·内篇·应帝王》，中华书局，2013年版，第249页。

[2] 陈鼓应：《庄子今注今译·内篇·应帝王》，中华书局，2013年版，第250页。

[3] 陈鼓应：《庄子今注今译·外篇·至乐》，中华书局，2013年版，第490页。

不是用养鸟的方法去养鸟。用养鸟的方法去养鸟，就应该让鸟在深林里栖息，在沙滩上漫游，在江湖中漂浮，啄食小鱼，随鸟群行列而止息，自由自在的生活。鸟最怕听到人的声音，为什么还要弄得这般喧杂呢！如果在洞庭的野外演奏咸池九韶的音乐，鸟听了会飞去，兽听了会逃走，鱼听了会沉下，然而人们听了，却会围过来观赏。鱼在水里才能得生，人在水里就会淹死，人和鱼禀性各别，所以好恶也就不同了。[1]

在第一则寓言故事中，儵、忽二帝本着为混沌好的善意，未征得混沌的同意，也未考虑这样做是否对混沌真的好，就妄自为混沌凿开了七窍，致使混沌七日而亡。读到这里，我想很多人会明白以善意的名义来决定、主宰他人的生命，其实有时会夺去他人的生命。当然，有时未必是肉体上的死亡。但是，精神上的死亡可能更可怕，因为那已经不是有灵性的生命体，而仅仅是一具活着的尸体。同时我们还会注意到，儵、忽二帝的做法是极其粗暴的，"凿"这个字眼让我们联想到儵忽二帝拿着尖锐的铁器，在混沌身体的各个部位肆意妄为的画面。因为有为混沌好的善意在支撑，所以他们"凿"的行为是极其迫切、用力的。带来的结果却是他们的好意成了杀害混沌的武器。尽管他们原本是想帮助混沌，但是自我本位的善意，有时对他者来说就是杀害。

另外，像鲁侯那般不以鸟养鸟，而以人养鸟，那么带给海鸟的就不是爱，而是折磨与死亡。对海鸟来说，鲁侯的爱不是爱，而是枷锁，是夺去它生命的武器。所以，鲁侯对海鸟的爱，仅是自我本位的爱，不是真正的爱。如果他真的爱海鸟，就会尊重海鸟喜欢栖息深林，与同伴相居的物性，给它自由，让它回到它该居住的地方。

---

[1] 陈鼓应：《庄子今注今译·外篇·至乐》，中华书局，2013年版，第492页。

同理，如果倏、忽二帝真的想报答混沌的善意，就应该先了解混沌的喜好，而不是肆意妄为。这都告诉我们，对他者的真正善意与爱是尊重他者的喜好，让他者以自己喜欢的方式生活，并尊重他者的生活方式与为人处世的风格，而不是以自己的意志支配、甚至改造他者的生命与生活。

在日常的实际交往中，除了经常会发生诸如此类的事情外，还有一点也需要我们特别注意，那就是我在上一章已经稍做提及的以先入观与人相处的可怕性。在此，我之所以使用了可怕这个让人感到不安的字眼，是因为以先入观待人处事有时候会将事物的发展完全引向错误的方向。我接下来要对大家讲述的这个事例，可以帮助我们对这个问题进行思考。前几天，我的一位好友从加拿大回来了，住在离北京不远的燕郊，她希望我尽快去看她。她的妹妹在前一天晚上把具体路线发到了我的手机。临行前，我还特意看了一遍发到我手机上的路线信息。但是，当我从国贸地铁站出来，想乘坐去燕郊的812时，却怎么也找不到812。然后我就问交警去燕郊的812在哪儿坐，交警告诉我812不在国贸地铁站附近，而在国贸站的下一站大望路站附近。于是，我边原路返回，边重新看了一遍朋友的妹妹给我发过来的路线信息。一看，原来写的也是在大望路地铁站附近坐812。但是因为我没有好好看，我用不知何时储存在大脑的信息遮蔽了朋友妹妹发过来的新信息。

这在日常生活中是不值一提的小事，不过小事却反映了大道理。它告诉我们，先入观会带领我们偏离事物的正确方向。由此我意识到任何人或者事物，可能都不是我们肉眼看到或想象的那样。我们对某个人或事物所做出的结论或判断，都有可能阻碍我们看到真相，并将我们与他人的关系引向被我们的判断所左右的发展方向。当然，我们有时候需要做出某种判断，但是这种判断应只是瞬时性的，不应转化成我们的经验，成为我们下次判断的依据。因为人与事物无时无刻不在变化之中，我们上次见到的他，其实已经不是我们这次见到的他。就像我与那位从加拿大回来的朋友相隔五年之后再见面，彼此说的尽管是你没有怎么变之类的话语，实际上彼此都发生了很大的变化，都已经不是从前的我与她。所以，尽管可以叙旧，我却不能用从前对她的印象、感觉来衡量、对待现在的她。如果我还用以前对她的认识对待她，可能就看不到这个当下坐在我面前的她。看不到当下的她，就意味着我与她的朋友关系无法朝着正确的方向发展，只能停留在过去。停留在过去就意味着我们朋友关系的死亡。这在朋友关系上出现这样的问题还不算太可怕，如果出现在一般的人与人的交往中，会有些可怕，这会严重阻碍我们与他人关系的正常发展。原本他并不是你认为的那么自私、可耻，然而，因为你给他贴上了自私的标签，致使你无论何时见到他都觉得他自私。这就阻碍了你看到真实的他，而使你们的关系完全朝着另一个方向奔驰而去。因此，我们在与人相处的过程中，最好扔掉这些，与人自然相处。

上述这些问题之所以会不断发生，归根结底是因为我们在与他人的相处中有"我"，以及存在于这个"我"背后的观点与期待。我们的自尊，我们的不喜欢，我们不满意身边的人，就是"我"以及"我"背后的观点与期待在捣鬼。因为我们有"我"，有某种标准、观念，我们会不由自主地用它们来对待、安排他人的生命与生活。但可能没有谁会喜欢别人用粗暴、自以为是的方式来支配自己的生活，所以才会用死来抗议对方的安排。又因为我们对爱与不爱的人都有某种标准与期待，而我们的标准与期待又常常得不到想要的回应，所以我们总是不能圆满地处理好与他人的关系。对此，如果你还心存疑虑的话，不妨坐下静静回想一下，你有没有过这样的时候，当你初次见到一个人时，互相还没有交谈，你就在心里嘀咕："这个人怎么这样，真令人讨厌！"究竟他哪样，也许你无法马上用准确的字眼概括出来，总之你知道他不是你期待的那样，他不符合你的审美标准或者其他标准。尽管，也许他不是你所看到的那样，但是你已经在心里把他划入了不喜欢的行列。所以，即使在以后的交往中，你对他的看法也许会有所改变，但是你的先入观、你的标准实际上已为将来关系的不圆满埋下了种子，这粒种子总有一天会因某种机缘发芽，阻碍你们之间关系的正常发展。就像我在上面提到的欺压事件，也许并没有什么特殊的原因，只是我们的观念、标准让我们看着这个人不顺眼。于是，在某一天我们终于忍无可忍，开始了把眼前这个障碍物排除掉的行动。也许开始的时候并没有想很多，只是想让这个人在自己的眼前消失而已。但是事实上，仅是这样的观念与标准就可以成为杀人的利器，可以轻易地夺去他人的生命。同理，粗暴、独断、自以为是的爱同样有如此效果。

由此可见，我们通常不是根据对方的禀性、喜好来对待他人，而是以自我为中心点，即由我们的一堆先入观念、标准、期待所形成的成见、意念，来对待他人。在这样的关系中，实际上真实的他者与真实的我们已不存在，存在的只是我们的一些意念。这样的关系，其实是对他者存在的抹杀，是对他者的不尊重，是对生命的不尊重，同时也是对自己的不尊重。这样的做法，按照北宋学者邵雍的说法是以我观物的方法。"以我观物，情也。"[1]这里的情无非是我们的喜好，也就是我们的观念与标准所形成的意念。"情偏而暗"[2]，这就意味着带着主观意念来观察、对待他者势必会有失中正、客观，用王国维在《人间词话》中的话来说，是使物皆着"我"之

---

[1] 邵雍：《邵雍集·观物外篇下之中》，郭彧整理，中华书局，2014年版，第152页。

[2] 邵雍：《邵雍集·观物外篇下之中》，郭彧整理，中华书局，2014年版，第152页。

色彩，建立在此基础上的关系形成的必然是冲突与伤害。但是，如果我们一心想着要消除这些冲突与伤害，又会造成新的冲突与伤害。因此，最好的做法是不要先想着用强力去解决它，而是先养成"以物观物"的态度。"以物观物"中的第二个"物"字既包括人，也包括人以外的其他万物及事物。"以物观物"，简单地说就是站在他者、事物本身的角度去观察他者及事物。那么，该怎么观呢？

对此，邵雍言："夫所以谓之观物者，非以目观之也。非观之以目而观之心也，非观之以心而观之以理也。"[1] 其意是说："所以称谓观物的，不是以眼睛去观察。不是用眼睛去观察而是用心去观察，不是用心去观察而是以理去观察。"为什么不用眼、心，而用理去观察呢？因为，用眼睛看到的往往是人或事物的表象，用心看到的往往是意念的折射，看到的均不是人或事物本然的样子，所以要观之理。又何谓理呢？邵雍解释道："天使我有是之谓命，命之在我之谓性，性之在物之谓理。"[2] 是说"理"是性在物上的体现，而这个性的根源是天。所以邵雍又言："万物受性于天而各为其性也。在人则为人之性，在禽兽则为禽兽之性，在草木则为草木之性。"[3] 还言："生者性，天也；成者形，地也。"[4] 可见，人、物之性均由天所赋予，是天性的表现。这样的天之所性在物可称为物性，

---

[1] 邵雍：《邵雍集·观物外篇下之中》，郭彧整理，中华书局，2014年版，第49页。

[2] 邵雍：《邵雍集·观物外篇下之中》，郭彧整理，中华书局，2014年版，第163页。

[3] 邵雍：《邵雍集·观物外篇下之中》，郭彧整理，中华书局，2014年版，第149页。

[4] 邵雍：《邵雍集·观物外篇下之中》，郭彧整理，中华书局，2014年版，第150页。

又可称为理，在人可称为人性，穷理尽性又可至于命。因而，穷究其源，理、性、命实为一，人与物从天的角度而言同为物。因而，"天下之物，莫不有理焉，莫不有性焉，莫不有命焉"[1]。也就是说，同为天下之物的人与物都同具理、性、命，人性同于物性。

　　人性既然同于物性，就意味着人不仅与他人，而且与其他万物也不是分裂的，是一而不是二，同为物。不过，要注意的是，这里所言同为物不是从我的角度去观物时的体验，而是从物，即以物观物的角度去观察时的体验。在这种状态下，我是不存在的。因此，邵雍言："既能以物观物，又安有我于其间哉！是知我亦人也，人亦我也，我与人皆物也。"[2] 这句话该怎么理解呢？我想，下面这个例子会有助于我们的理解。据说中国古代有一位艺术家，他在画树之前，一定要坐在那棵树前看上好几回、好几个月，甚至好几年，不论多久，总要看到他自己变成那棵树为止。当然，这里不是说那位画家真的变成那棵树了，而是像印度哲学家克里希那穆提所说的那样，这表示他与那棵树之间，观察者与被观察者之间，已经毫无时空隔阂，没有那个经验的主体在那里感受树的美、活动、树阴、叶质以及色泽。[3] 这意味着观察者与被观察者的同时消失，并同化于物。这样的感觉，可以用庄周化蝶的寓言故事来形容：

　　　　昔者庄周梦为蝴蝶，栩栩然蝴蝶也，自喻适志与！不知周

---

[1] 邵雍：《邵雍集·观物内篇》，郭彧整理，中华书局，2014年版，第49页。

[2] 邵雍：《邵雍集·观物内篇》，郭彧整理，中华书局，2014年版，第49页。

[3] [印] 克里希那穆提：《重新认识你自己》，若水译，深圳报业集团出版社，2010年版，第150～151页。

也。俄然觉，遽遽然周也。不知周之梦为蝴蝶与，蝴蝶之为周与？周与蝴蝶，则必有分矣。此之谓物化。[1]

从前庄周梦见自己变成蝴蝶，翩翩飞舞的一只蝴蝶，遨游各处悠然自在，根本不知道自己原来是庄周。忽然醒过来，自己分明是庄周。不知道是庄周做梦化为蝴蝶呢？还是蝴蝶做梦化为庄周呢？庄周与蝴蝶必定是有所分别的。这种就叫作物化。[2]

没错，原本庄周是庄周，蝴蝶是蝴蝶，两者是有区别的，然而这一区别在梦境中被打破，融为一体，这一过程被庄子称为物化。所谓物化，也就是物之间的相互转化，庄周可以是蝴蝶，我可以是你，你也可以是他，同时你、我、他又都是物。实现这种转化的关键是从内心深处，从存在的根本去了解对方，领悟到观察者与被观察者不二的真理，即明白自己原来与对方无二无别，我即是你。我既然是你，那么也就无所谓喜欢不喜欢，这样一来由对立产生的冲突就会消失，也就是我的消失。[3]

我的消失，其实也是对方的消失，由此才可以一归于物。因此，"以物观物"中的第一个物字不是指某个特定的人或者事物，而是天、道或者天理。因为邵雍前面所言的我与人皆物也，实际是指我与物同化入天、道。只有如此，人我、物我之间的界限、区隔才会消失；只有如此，我们才会真正感受到观察者与被观察者不二的

---

[1] 陈鼓应：《庄子今注今译·内篇·齐物论》，中华书局，2013年版，第101～102页。

[2] 陈鼓应：《庄子今注今译·内篇·齐物论》，中华书局，2013年版，第102页。

[3] [印]克里希那穆提：《重新认识你自己》，若水译，深圳报业集团出版社，2010年版，第151～152页。

真理；只有如此，我们才能观之以理，而非观之以一己之眼、心。所以，邵雍所言的"以物观物"是让我们归根返源于天、道来对待天下之人及天下之事。这样做，人或者事物的本来状态才会自动呈现于我们面前，我们也才能看到自己的本真面目，如与邵雍同称为北宋五子的张载所言：

> 人当常平物我，合内外，如是以身鉴物便偏见，以天理中鉴则人与己皆见，犹持镜在此，但可鉴彼，于己莫能见也，以镜居中则尽照。只为天理常在，身与物均见，则自不私，己亦是一物，人常脱去己身则自明。[1]

此段大概是说：物我相平，内外相合，以己意看人或者事物则容易落于偏见。如手里拿着镜子照一样，只能看见对方，却看不见自己，如果把镜子放在中间则都能照到。只因为天理常在，己与物就均能照见，这样就自然不会自私了。把自己也看成是物中之一，人如果能常常无己反而会更能看见真实的自己。实际上，张载是告诉我们只有舍己从天才能人己皆见，才能视己为物，无内无外，真我自现，做到与物、人平等、无私相处。唯有这样，彼此的相处才不会被偏见左右，而圆满、自然、真实、和谐。

并且，"以物喜物，以物悲物，此发而中节也"[2]。依据天、理或者道表现出来的对人或者物的喜、悲会合乎节度。此处的"发而中节"原出自《中庸》第一章。原文是"喜怒哀乐之未发，谓

---

[1] 张载：《张载集·经学理窟·学大原下》，章锡琛点校，中华书局，2012年版，第285页。

[2] 邵雍：《邵雍集·观物外篇下之中》，郭彧整理，中华书局，2014年版，第152页。

之中；发而皆中节，谓之和"。由此可知，从"以物喜物，以物悲物"的角度表现出来的喜悲等情绪会自然达致和谐，不会过度而有所偏至。这种和谐既是内外的和谐，也是合于天、道律动的无内无外的和谐。在这样的和谐中，因"不我物"，故"能物物"[1]。"能物物"不是说我们可以掌握、掌控他人或者事物，而是说我们能看到人或者事物的真实面目。这再次告诉我们，在与人交往或者对待事物的过程中，扔掉那个所谓的"我"，立足于"物"去交往、去相处、去处理，无须你竭思苦虑，真实的一切会自然呈现于眼前。

但是，要想达到这样的境界，需要在现实生活中不断打磨，从各个方面去提升我们的修养，从细微、点滴处入手去建立与他人的良好关系。因此，我们还要继续学习。

---

[1] 邵雍：《邵雍集·观物外篇下之中》，郭彧整理，中华书局，2014年版，第152页。

二、己所不欲，勿施于人

  这部分内容实际上是上节的补充，之所以又设一节，从不同的角度来阐述相近的问题，是因为我认为作为一个人，从什么角度与人相处很重要，这决定了关系是否和谐、圆满。如果以个体为单位的每个人的关系都和谐、圆满了，则我们所处的社会必定会更加和谐、圆满。此外，"不识庐山真面目，只缘身在此山中"。可能一直身在中国的人，无法清楚地看到中国人际交往的本相。但是，如果像我一样，在国外待了很长时间，再回到中国，可能会以外来者的视角去重新审视、接受中国的人际交往。由此就能更清楚地认识中国人际交往的特点，明白该如何去交往，才会彼此欢喜、自在、圆满。这里所谓的外来者不是从身份意识角度否定我是中国人，而是从心理角度的疏离，让我感觉自己是个外来者。

  不过，这种疏离在我回国后不久，即被强制性地缩短。许多认识或者陌生的人在接触之初，就把我简单的个人生活挖了个底朝天，这是我在日本从来没有过的经历。那种感觉虽然也让人温暖，但更多的是尴尬，仿佛自己的家门被强行撬开一样，让人无法高兴。要命的是许多人并没有意识到这一点，依然不依不饶地要撬开我的家门，让人无法保持住那一点点可怜的隐私。这样的人际交往实际上是一种基于私心的捆绑，也就是说对方完全没有考虑我的立场与感受，只是出于自己的好奇或者其他目的，将我强行拉入他的思维范围领域，同时涉及我的私生活领域。并且，这样的交往模式不仅存在于素昧平生的陌生人之间，也存在于亲人、朋友之间，可以说是具有中国特色的交往模式。不能否认这样的交往模式体现了中国人情的浓厚，但同时也体现了在中国隐私即非隐私。说了这么多，或许有的读者还不能理解我要表达的意思。如果是这样的话，可以参考下面这个我亲身经历的例子：

  回国不久，我回故乡参加侄女的婚礼，遇到了一位远房亲戚。我对她没有什么印象，我想是初次见面。不过她却好像已经认识我好久了一样，从坐在我身边起就显得特亲近。开口就问我多大了。出于礼节，我无奈地如实回答了。但是，她显然没有注意到我的无奈，马上接着问我结婚没。我又只好有些不高兴地回答说："没有。"显然，她也没注意到我的不高兴。又接着问了第三个问题："那咋还不结婚呢，你咋想的？"此时，我的心里已经是火冒三丈。不是因为我认为女大还没嫁是一件丢脸的事情，是因为我深深感觉到我的私人生活空间受到了侵袭，结不结婚、为何还没结婚的问题，完全是我私人的问题，我没有向任何人解释、说明的理由。但是，那位远房亲戚显然没意识到，或者不明白这一点。不知者不怪，对此我并不恼火。我恼火的是，我露出不高兴的神色，实际是在暗示她不要再接着问了。谁知她还不知罢休，继续问个不停。到了这个程度，就说明她关心的不是我这个人，而是她的好奇心怎样才能得到满足的问题。而且，如果你仔细观察，会发现很多人都像她一样，真正关心的不是她面前的你，而是她自己。

  有些人读到这儿，可能会说这在中国是常事，没有什么大不了。确实不是什么大不了的事情，我举这个例子是想让大家意识到与人相处，不要只顾满足自己的好奇心、利益、愿望，首先要顾及他人的存在、尊严、学识、性格、想法。因为与人相处不能是一厢情愿的、粗暴无度的。一厢情愿的，有来无往；粗暴无度的，是相割相刃，根本不会建立友好、和谐的关系。所以，我们要充分考虑他人的感受、立场，然后再说话、行动，不能想说什么就说什么，想做什么就做什么。这样做的后果只能让人认为你是一个自私、不懂得尊重他人、没有任何教养的人。我刚到日本的时候，还不懂得这点。有一次与不太熟悉的几个日本人一起去旅行，晚上与同行的两位日本女士同住。就寝之后，那两位日本女士也不关灯。灯一直开着，我实在是睡不着。于是，我不假思索，一言不发地站起来把灯给关了。其中的一位日本女士马上很不高兴的抛出了一个单词：らんぼう（乱暴）！乱且暴，不用问就知道不是一个好词。是的，这个词的意思之一是粗鲁。大家想想看，用粗鲁这个词来形容一个女孩子，说明了什么？只能说明她极端没有教养。那么，她的极端没有教养表现在哪儿呢？很简单，我未征求她们的意见，就把灯关了，在她们看来就是没有教养。而我的行为确实也是没有教养的表现，如果我是她，说不定也会说出同样的字眼。

其实很多有国外生活经验的人都有过与我相似的经历。我曾经在哪个网站读到过一篇名为《第二身份》的文章。在这篇文章中讲述了一个从英国留学回来的男孩原来住在英国一对夫妇家的经历。他刚开始入住的时候，那对英国夫妇都很高兴，像对待自己的儿子一样对待他。过了一段时间之后，男主人开始流露出想对他说什么的神色。过了不久，忍无可忍的男主人找他谈话，告诉他以后晚上回来的时候声音轻一点儿，因为女主人神经衰弱，声音太大，会让女主人睡不好觉。这位男孩想，他在家的时候也这样，可是父母也没说过什么，心里有些不高兴。又过了一段时间，男主人又找他谈话，问他是不是小便的时候，有时不掀起马桶坐垫。他回答说："是。"男主人告诉他不仅学历很重要，一个人的教养也很重要，这是一个人的第二身份。这位男孩经历了这些后，觉得那对夫妇不喜欢他，决定搬家。可是，附近没有一个家庭愿意收留他。因为他们都知道这个男孩小便的时候经常不掀起马桶坐垫，是个没有教养的中国人。

也许，一个人在自己国家的时候，没有意识到教养有多重要，但是当你身在异国他乡的时候，是否有教养决定了你能否被别人接纳，同时还影响到你的同胞是否顺利被接纳。因为往往有时候你代表的不是你自己，而是整个国家。尽管你不这样想，那些外国人却这样想。我留学期间曾经接受过米山国际奖学金的资助，这个奖学会每年都举办圣诞晚会。奖学会中有一位资助者会弹日本古琴，她想教我弹古琴，希望在圣诞晚会的时候我能同她登台演奏。因盛情难却，我就不假思索地答应了。但是，我当时正拼命写博士论文，根本没太多心思，也没太多时间练琴。虽然那位女士还让我把琴带回家练习，但是我只花了很少的时间去练习。于是，有一天她很严厉地对我说："我这么努力教你，你都不认真学，以后你让我怎么善待其他留学生。"我一听，顿时感觉身上担子重了，原来在她眼里我代表的不仅仅是我自己，而是所有留学生。如果我不认真去做，会影响到她对其他留学生的看法，甚至对中国人的看法。因此，我希望将要因工作、学习、游玩等踏出国门的朋友们一定要注意，在国外，你的言行举止代表的往往不是你自己。你不可以不尊重当地的习俗、大声喧哗、随地吐痰、乱扔垃圾、用手随便抓试品吃，甚至搞小聪明、贪小便宜。因为你损害的不仅仅是你的形象，还有整个中国人的形象。

在那些外国人眼中，所谓你是否有教养，归根结底是看你言行的出发点是否站在他人的立场之上。那位曾经在英国留学的男孩，如果想到能让自己的存在不给盛情款待的房东添更多的麻烦的话，他也就不会做出上述行为。如果我能站在那位每天开车接送我学琴的女士的立场来考虑的话，肯定会尽最大努力练琴，以报答她的厚爱。但是，那时的我只能看见我自己。当你只能看见你自己的时候，别人当然也看不到你。别人看不到你，又怎么会想到帮助你，提拔你，事事想到你呢？你或许会说，没有别人的帮助，我照样可以活在这个世界上。是的，人最终依靠的只能是自己，你完全可以不依靠别人活在这个世界上。但是，独木不成林，人只有互相扶持、支撑才会活得更加自如、幸福。如果你像一棵孤单地立在山顶的树，狂风暴雨、大雪来临时，你是否会马上孤单地倒下呢？我想，即使不会倒下去，没有其他树木的遮风蔽雨，恐怕也会陷入危险的境地。但是，事实上现在我们很多的人，虽然生活在人群中，却像孤立于山顶的树，湮没于自己的各种欲望与焦虑中，不仅已经看不到真实的自己，更看不到别人，也看不到这个世界。岂止如此，甚至肆意地伤害着他人还有这个世界。把自己不想承受的让无辜的他人还有这个世界来承受，以换得自己的保全与一时的快意。

就拿那些在交通事故中逃离现场的肇事者来说，他们的逃离给受害者及其家人带来的伤痛是无法言说的。如果不选择马上逃离，而是把受害者马上送医院抢救的话，或许很多生命会得到挽救，或许很多生命不会承受那么多精神上的伤痛。我朋友的儿子每天骑自行车上下学，一天在放学回家的路上被一个骑摩托车的撞倒后，肇事者逃离了现场。万幸的是，朋友儿子的生命无碍，只是造成了右边胳膊的骨折。但是却给朋友及她的儿子带来了很大的精神伤害，朋友一直在责怪自己没有照顾好她的儿子，而她儿子的幼小心灵也受到了重创，至今还在接受精神方面的治疗。我想，那位肇事者要是能稍微想到如果自己的家人遇到这样的交通事故，会有多痛心的话，他还会逃离吗？是否他也曾想过要承担自己的责任呢？也许他内心有过这样的挣扎。但是，最终还是没有看到受害者悲伤、痛苦的眼神，只想到了自己的利益如何不受到损害。

像这样的事例，在当今的社会数不胜数。我们不禁要问，中国人怎么了？为何会沦落到如此地步？难道我们都忘记了"己所不欲，勿施于人"这句古训的真正含义了吗？孔子当时为教导自己的弟子，曾经不止一次说过"己所不欲，勿施于人"这句话。

仲弓问仁。子曰："出门如见大宾，使民如承大祭。己所不欲，勿施于人。在邦无怨，在家无怨。"仲弓曰："雍虽不敏，请事斯语矣！"[1]

仲弓问仁德。孔子道："出门（工作）好像去接待贵宾，役使百姓好像去承担大祀典（都得严肃认真，小心谨慎），自己所不喜欢的事物，就不强加于别人。在工作岗位上不对工作有怨恨，就是不在工作岗位上也没有怨恨。"仲弓道："我虽然迟钝，也要实行您这话。"[2]

子贡问曰："有一言而可以终身行之者乎？"子曰："其恕乎。己所不欲，勿施于人。"[3]

子贡问道："有没有一句可以终身奉行的话呢？"孔子道："大概是'恕'吧！自己不想要的任何事物，就不要施加给别人。"[4]

---

[1] 杨伯峻：《论语译注·颜渊篇第十二》，中华书局，2011年版，第121页。

[2] 杨伯峻：《论语译注·颜渊篇第十二》，中华书局，2011年版，第122页。

[3] 杨伯峻：《论语译注·卫灵公篇第十五》，中华书局，2011年版，第164页。

[4] 杨伯峻：《论语译注·卫灵公篇第十五》，中华书局，2011年版，第164页。

第一段话中的仲弓即冉雍，是孔门三贤之一，以德性著称。他询问孔子什么是仁，孔子告诉他出门见到任何人，无论是对达官贵族，还是平民百姓，都要像对待贵宾、承担大祀典一样严肃认真、小心谨慎。这说明仁表现在态度上是对他人及事物的敬重，并且这种敬重没有高低贵贱之分，体现的是与人交往的平等意识。明白什么是自己所不喜欢的，由此考虑到别人可能也不喜欢，于是就不强加给别人。第二段话中的子贡即端木赐，是孔门十哲之一，他利口巧辞，善于雄辩，且办事通达，曾任鲁国、卫国之相。此外还善于经商之道，曾经经商于曹、鲁两国之间，富致千金，为孔子弟子中首富，被后人称为中华儒商的始祖。当有经商与治国之才的他向孔子询问终生奉行之言时，孔子简洁地回答是"恕"！什么是恕呢？孔子之语的后半句——"自己不想要的任何事物，就不要施加给别人"，似乎是对"恕"的进一步解释。由此可知，"恕"可以理解为南宗朱熹所注释的"推己"。所谓的推己无疑是以"己"的心意为出发点去推想别人的心意。因此，这就需要我们每个人对一己的心意是什么时刻保持清醒、觉知的状态。换言之，如果不明了自己的心意是什么，就无法正确体察到别人的心意。那么，"己所不欲，勿施于人"的内容就会相应发生改变。下面这个例子就说明了这一点。

据说这是一个真实的故事，故事发生在非洲某个国家。那个国家白人政府实施"种族隔离"政策，不允许黑皮肤人进入白人专用的公共场所。白人也不喜欢与黑人来往，认为他们是低贱的种族，避之唯恐不及。

有一天，有个长发的白人姑娘在沙滩上日光浴，由于过度疲劳，她睡着了。当她醒来时，太阳已经下山了。此时她觉得肚子饿，便走进沙滩附近的一家餐馆。她推门而入，选了张靠窗的椅子坐下。她坐了约15分钟没有侍者前来招待她。她看着那些招待员都忙着侍候比她来得还迟的顾客,对她则不屑一顾。她顿时怒气满腔,想走向前去责问那些招待员。当她站起身来,正想向前时,眼前有一面大镜子。她看着镜中的自己,眼泪不由夺眶而出。原来她已被太阳晒黑了。此时她才真正体会到黑人被白人歧视的滋味!

这个事例说明奉行"种族隔离"政策的白人们,从未认真想过对不同种族自己真正该做的是什么,也没认真想过如果自己受到其他种族的歧视会是什么滋味,因而才会认为黑人应该被歧视。但是,当某些白人因某种因缘亲自尝受到被种族歧视的滋味时,就会真正意识到自己对黑人做了什么,被歧视又是什么滋味。这同时也表明如果你认为可以肆无忌惮地给他人制造痛苦,伤害他人,那么相同的痛苦与伤害,总有一天会回到你自己的身上。所以,奉行"己所不欲,勿施于人"的行事态度,不仅仅意味着不让他人承受你不想承受的痛苦,还意味着双方的圆满。为此,修得"己所不欲,勿施于人"的心态,会让我们处处顺利,时时圆满、和谐。那么,该如何修得呢?这首先需要明心、正己,用儒家的话说就是要归仁。只有我们有了一颗仁心,我们才会知道自己真正需要的是什么,别人真正需要的又是什么。关于何谓仁,在前面的章节虽已稍有言及,在此我们还需要进一步理解。

根据《说文·人部》:"仁,亲也。从人,从二。"意为二人相亲爱之意。当然,不是指男女间的相亲爱,而是指普遍意义上的自者和他者的相亲爱。如《礼记·经解》:"上下相亲谓之仁。"《国语·周语》:"爱人能仁。"可见,"仁"的基本内涵是爱。并且这种爱超越了亲族等关系范畴成为一种对人普遍意义上的爱。这一思想在孔子的思想中得到进一步深化与扩展,构成了孔子的核心思想。

例如，在《论语·颜渊》中有：

> 颜渊问仁。子曰："克己复礼为仁。一日克己复礼，天下归仁焉。为仁由己，而由人乎哉？"颜渊曰："请问其目。"子曰："非礼勿视，非礼勿听，非礼勿言，非礼勿动。"颜渊曰："回虽不敏，请事斯语矣。"[1]

颜渊问仁德。孔子道："抑制自己，使言语行动合于礼，就是仁。一旦这样做到了，天下的人都会称许你是仁人。实践仁德，全凭自己，还凭别人吗？"颜渊道："请问行动的纲领。"孔子道："不合礼的事不看，不合礼的话不听，不合礼的话不说，不合礼的事不做。"颜渊道："我虽然迟钝，也要实行您的话。"[2]

> 司马牛问仁。子曰："仁者，其言也讱。"曰："其言也讱，斯谓之仁已乎？"子曰："为之难，言之得无讱乎？"[3]

司马牛问仁德。孔子道："仁人，他的言语迟钝。"司马牛道："言语迟钝，这就叫做仁了吗？"孔子道："做起来不容易，说话能

---

[1] 杨伯峻：《论语译注·颜渊篇第十二》，中华书局，2011年版，第121页。

[2] 杨伯峻：《论语译注·颜渊篇第十二》，中华书局，2011年版，第121页。

[3] 杨伯峻：《论语译注·颜渊篇第十二》，中华书局，2011年版，第122页。

够不迟钝吗？"[1]

　　　　樊迟问仁。子曰："爱人。"[2]

　　在上述三段对话中，孔子针对不同的人的相同提问，给出了不同的回答。一个是克制自己，使自己的言行合于礼；另两个是言语迟钝以及爱人。这三个回答从表面看似乎各不相干，细追究起来实则相连。爱人二字说起来简单，如孔子所言，做起来很难，因而对我们很难做到的事情，当然亦不能轻易说出口，要仔细斟酌。记得我很久以前看过一部电影，名字忘记了，当中的一个情节却一直不曾忘记，一位男生喜欢上了他年轻的女班主任，于是向女班主任告白说："我爱你！"那位漂亮的女班主任冷静地回答说："爱，是一个神圣的字眼，不是轻易可以说出口的！"其实，确实如此。真正的爱，超越了喜怒哀乐等情感，是具有神性的无私奉献。因而承载它的语言不可能是不假思索，所有关乎它的语言都很难轻易说出口。如果要说出口，就要合乎行。如果不合乎行，爱就成为一个没有任何意义的空洞字眼。就如孔子在《论语·学而篇》中所说："巧言令色，鲜矣仁！"一个心中有爱的人，是不会花言巧语，摆出一副伪善的面貌的。

　　无论言行都要合乎礼。如果言行不合乎礼，所谓的爱就成为对爱的亵渎，对他人情感的不敬。因此，无论是对异性的爱，还是对亲人、朋友以及其他人的爱，最终都要合乎礼。如果没有礼的约束，

---

[1] 杨伯峻：《论语译注·颜渊篇第十二》，中华书局，2011年版，第122页。

[2] 杨伯峻：《论语译注·颜渊篇第十二》，中华书局，2011年版，第129页。

爱就丧失了它的神圣性，成为一个泛滥的廉价品。就像今天的很多人一样，借着爱的名义，大肆挥霍自己的欲望。同时，如果没有礼的约束，对他人的爱也容易失去限度。就像很多家长对自己儿女的溺爱一样，忘记了与儿女的关系也需要礼来平衡、制约。当然，对亲人以外的其他人就更需要言行合乎礼。因为如果你的言行不合礼，表达的就不是对对方的关爱，而是冒犯，甚至是伤害。所以，当樊迟再次问什么是仁时，孔子回答："居处恭，执事敬，与人忠。虽之夷狄，不可弃也。"[1]意思是说："平日容貌态度端正庄严，工作严肃认真，与别人相处要忠心诚意。这几种品德，即使到外国去，也是不能废弃的。"[2]你看，无论是容貌态度的端正庄严，还是对待工作的严肃认真，说的其实都是你的内心在外在的折射。这说明，只有在内心对他人以及事物、甚至万物有由衷的尊重之情，才会在外表上表现出恭敬。同时，这种恭敬是合乎礼的至上表现。因此，如果一个人真的有仁爱之心，那么无论是他的仪表，还是行事、做人必定诚敬合乎礼。并且，应该注意的是，所谓的合乎礼不是牵强自己的言行符合礼，而是说心如有爱，其言行自然符合礼。所以，孔子在《论语·八佾》中强调："人而不仁，如礼何？人而不仁，如乐何？"再次告诉我们礼是仁爱之心的外在显现，就如《礼记·入行》所言："礼节者，仁之貌也。"

　　究竟何谓礼，一个人又该如何知礼、守礼呢？这些将会在其他章节详谈，在此暂不赘述。在此，还是让我们来继续关注孔子及其弟子如何讲仁的吧。在《论语·学而》篇中：

---

[1] 杨伯峻：《论语译注·子路篇第十三》，中华书局，2011年版，第138页。

[2] 杨伯峻：《论语译注·子路篇第十三》，中华书局，2011年版，第138页。

第二章　与他人的关系

有子曰："其为人也孝悌，而好犯上者，鲜矣。不好犯上，而好作乱者，未之有也。君子务本，本立而道生。孝悌也者，其为仁之本与！"[1]

有子说："为人孝顺爹娘、敬爱兄长，却喜欢犯上的人很少。不喜欢犯上，却喜欢造反，这种人从来没有过。君子致力于根本的事务，根本建立了，'道'就会产生。孝顺爹娘、敬爱兄长，这就是为仁的根本啊！"[2]

子曰："弟子入则孝，出则悌，谨而信，泛爱众，而亲仁。行有余力，则以学文。"[3]

孔子说："后生小子在父母跟前，就孝顺父母；离开自己房间，便敬爱兄长；寡言少语，说则诚实可信，博爱大众，如此才算接近了仁德。这样躬行实践之后，有剩余的力量，就再去学习文献。"[4]

一个人如果孝顺爹娘、敬爱兄长，那么他就不可能与上级作对或造反，从而说明"孝悌"是为仁的根本。由此进一步凸显出"仁"主要通过与他人的关系来体现。"他人"首先是指自己的父母、兄弟，而与他们的关系主要是孝顺与敬爱，也就是通过爱来连接彼此的存在。并且，这种爱是由自者指向他者，也就是说"仁"是爱他

---

[1] 杨伯峻：《论语译注·学而篇第一》，中华书局，2011年版，第2页。
[2] 杨伯峻：《论语译注·学而篇第一》，中华书局，2011年版，第2页。
[3] 杨伯峻：《论语译注·学而篇第一》，中华书局，2011年版，第4页。
[4] 杨伯峻：《论语译注·学而篇第一》，中华书局，2011年版，第4～5页。

人，而不是爱自己。这说明对他人的爱不是有条件的，不是因为被爱才去爱，而是因为爱而爱。另外，这样的爱是有序的，不是杂乱无章的。首先是对父母，其次是对兄弟，然后才是"众"即普遍人类，只有这样才算接近了仁德。这意味着仅把爱停留在家庭范围内，还没有接近仁德，仅仅达到了为仁之本。只有我们把爱从家庭中扩展开去，遍及上司、同事以及其他人身上，我们才真正接近了仁德。这些都做好之后，我们才应该向书本学习。可见，仁德的培养主要在洒扫应对的琐碎生活中，而不是书本中。如果我们仅从书本上获得相关知识，不去躬行实践，不仅啃老，还不孝顺父母，那就没有任何用处。

但是，在现在的社会中，许多人既不通过读书修养德性，也不在实际生活中孝顺父母，敬爱兄弟。有多少人置年迈的父母于不顾，又有多少人为了争夺家产兄弟反目成仇，更不用说爱无亲无故的他人了。即使有些家庭子孝兄贤，家庭和睦，但是那爱却具有明显的局限性，仅停留在一家范围内，没有让爱升华为"泛爱众"的无私之爱。因此，我们首先需要学会无条件、无期待的爱父母、兄弟以及众亲友，然后在此基础上要学会无条件、无期待的爱他人。什么是无条件的？前面已经提到了。什么是无期待？就是付出了爱，不要期待回报或者有任何其他功利性的想法。爱只是爱，纯粹而没有任何杂质。只有这样才是真正的仁爱，才不会在得不到回报的时候有挫折感和嗔恨心，从而将爱演变成失望或者怨恨，制造出更多的矛盾与混乱。由此可说，墨子说天下混乱的原因来源于不相爱也不是没有道理的：

> 当察乱何自起？起不相爱。臣子之不孝君父，所谓乱也。子自爱不爱父，故亏父而自利；弟自爱不爱兄，故亏兄而自利；臣自爱不爱君，故亏君而自利，此所谓乱也。虽父之不慈

子，兄之不慈弟，君之不慈臣，此亦天下之所谓乱也。父自爱也不爱子，故亏子而自利；兄自爱也不爱弟，故亏弟而自利；君自爱也不爱臣，故亏臣而自利。是何也？皆起不相爱。虽至天下之为盗贼者，亦然。盗爱其室不爱其异室，故窃异室以利其室；贼爱其身不爱人，故贼人以利其身。此何也？皆起不相爱。虽至大夫之相乱家、诸侯之相攻国者，亦然。大夫各爱其家，不爱异家，故乱异家以利其家；诸侯各爱其国，不爱异国，故攻异国以利其国，天下之乱物具此而已矣。察此何自起？皆起不相爱。[1]

尝试考察混乱是由什么引起的呢？是由人与人不相爱引起的。臣下不孝顺君王和父亲，这就是所说的混乱。儿子只爱自己而不爱父亲，所以损害父亲的利益而使自己得利；弟弟只爱自己而不爱兄长，所以损害兄长的利益而使自己得利；臣下只爱自己而不爱君王，所以损害君王的利益而使自己得利，这就是所谓的混乱。即使父亲对儿子不慈爱，兄长对弟弟不慈爱，君王对臣下不慈爱，这也是天下所说的混乱。父亲只爱自己而不爱儿子，所以损害儿子的利益而使自己得利；兄长只爱自己而不爱弟弟，所以损害弟弟的利益而使自己得利；君王只爱自己而不爱臣下，所以损害臣下的利益而使自己得利。这是为什么呢？都是由人与人不相爱引起的。即使是天下做盗贼的人也都是这样。小偷爱他自己的家而不爱别人的家，所以偷窃别人的家来使自己的家得利；强盗爱惜自己而不爱惜别人，所以抢劫别人来使自己得利。这是为什么呢？都是因为人不相爱而引起的。以至于大夫相互扰乱封地、诸侯互相攻占国家也是这样。大夫各自爱他们自己的封地，而不爱别人的封地，所以扰乱别人的封

---

[1] 方勇：《墨子·兼爱上》，中华书局，2015年版，第120~121页。

地来使自己的封地得利；诸侯各自爱他们自己的国家，而不爱别人的国家，所以攻打别的国家来使自己的国家得利。天下的混乱，全部都在这里了。考察这是由什么引起的？都是因为人和人不相爱引起的。[1]

很明显，墨子不像以孔子为代表的儒家那么乐观，认为人可以无条件、无期待的爱父母、兄弟以及他人，而是认为爱是相互的。这也就是说在墨子看来爱是有条件的，是要有回应的，臣下要爱君王，君王也要爱臣下；父要爱子，子也要爱父；兄要爱弟，弟也要爱兄。只有如此，心才会相通，利才会均衡，混乱才不会发生。同时，墨子所谓的相爱不是像儒家那样有次序的爱，而是没有差等、不分亲疏远近的爱。由此可知，爱这个字眼在墨子这里尽管有条件，却像一轮太阳，平等地照耀万物。这样的爱实与大乘佛教的慈悲含义相近。无论是墨子的相爱，还是佛家的慈悲，虽与孔子讲的仁爱不尽相同，在某种意义上却可理解为对孔子之仁爱的超越与升华。所以，尽管孟子言："墨氏兼爱，是无父也。无父无君，是禽兽也。"[2] 从当今这个充满功利的社会来看，我们每个人都去无条件、无期待地爱父母或许可以做到，如果要我们马上无条件、无期待地去爱兄弟以及其他的人，也许有些困难。像墨子这样，把爱看成是相互的也许更让我们在心理上容易接受。

不过，一旦有了某种期待，心就不会完全清澈、透明。因此，像墨子所讲的相爱事实上很难让我们做到设身处地的为他人着想。除非我们能像明代儒学者王阳明那样达到万物一体之仁的境界：

> 夫圣人之心，以天地万物为一体，其视天下之人，无外内

---

[1] 方勇：《墨子·兼爱上》，中华书局，2015年版，第121～122页。

[2] 杨伯峻：《孟子译注·滕文公章句下》，中华书局，2012年版，第141页。

> 远近，凡有血气，皆其昆弟赤子之亲，莫不欲安全而教养之，以遂其万物一体之念。[1]

圣人之心，视天地万物为一体，他看待天下的人，不分内外远近，凡是血肉之躯，皆看做是兄弟儿女般的亲人，然后都想让他们安定美满并教养他们，以实现自己视万物为一体的心愿。

> 夫人者，天地之心。天地万物，本吾一体者也。生民之困苦荼毒，孰非疾痛之切于吾身者乎？[2]

人即天地之心。天地万物与我原本是一体。平民百姓遭受的困苦荼毒，又有哪一件不是自己的切肤之痛？

无论是圣人还是世人，本来与万物都是一体相连，息息相通，无内外远近之分的。因而，对他们的疾苦、伤痛能够感同身受。不过，因为世人的心虽然最初与圣人之心没有什么差别，却被自我的私心所间隔，被物质的欲望所蒙蔽，所以世人与万物的连接被私心、物欲阻断了。[3] 因此，王阳明言：

> 不知吾身之疾痛，无是非之心者也。是非之心，不虑而知，不学而能，所谓"良知"也。良知之在人心，无间于圣愚，天

---

[1] 萧无陂：《传习录校释·传习录中·答顾东桥书》，岳麓书社，2012年版，第84页。

[2] 萧无陂：《传习录校释·传习录中·答聂文蔚书》，岳麓书社，2012年版，第118页。

[3] 萧无陂：《传习录校释·传习录中·答顾东桥书》，岳麓书社，2012年版，第84页。

下古今之所同也。世之君子惟务致其良知，则自能公是非，同好恶，视人犹己，视国犹家，而以天地万物为一体，求天下无治，不可得矣。[1]

不知道自身的疼痛，是没有是非之心的人。人的是非之心，不须考虑就能知道，不须学习就能具备，这就是所谓的良知。良知存在于人心之内，没有圣贤和愚笨的区别，古今天下都是一样的。世上的君子，只要一心致其良知，就自然能辨别是非，具有共同的好善厌恶之心。待人若待己，爱国如爱家，从而与天地万物融为一体。若能如此，想让国家治理不好也办不到。

在此，王阳明道出只有我们具有是非之心，才能感知到自身的疼痛。而这个是非之心就是良知，它就存在于我们每个人的心中，不分贤愚。只要我们寻回了它，就会感知到自己与这世上的每一个人都不是没有关联的，我们和他人同气相连，在本质上是一体的。当我们在内心真正感觉到这点的时候，他人就已经不是他人，而是自体。由此，我们和曾经与己相对的他者相融为一体，进而感受到他人的悲苦就是我们自己的悲苦。所以，王阳明所言的"不知吾身之疾痛"，不是私己之身的疼痛，而是内含了与己相融的他者的疼痛。只有这样，才能真正知道如何对待他人，才能真正做到"己所不欲，勿施于人"。因为他人就是自己，自己不想承受的，当然也就是他人不想承受的。而我们之所以能够做到，是因为心中的仁德本来就是如此：

大人者，以天地万物为一体者也，其视天下犹一家，中国

---

[1] 萧无陂：《传习录校释·传习录中·答聂文蔚书》，岳麓书社，2012年版，第118页。

犹一人焉。若夫间形骸而分尔我者,小人矣。大人之能以天地万物为一体也,非意之也,其心之仁本若是,其于天地万物为一也。[1]

所谓的"大人",把天地万物视为一个整体。他们把普天之下的人看成是一家人,把全体中国人看作一个人。如果有人按照形体来区分你和我,这类人就是所谓的"小人"。大人能够把天地万物当作一个整体,并不是他们有意去那么做,而是他们心中的仁德本来就是这样,这种仁德跟天地万物是一个整体。

在重视自我的现代,恐怕我们很难做到不区分你我,如我们还没做到,可能就要被王阳明视为"小人"。之所以是"小人",是因为我们活在一己躯壳之内,一己痛苦之内,没有舍弃"小我"即自私自利之心,把自己融入宇宙万物中,与天地万物成为一体,将一己之私爱扩展为视天下犹一家,视中国犹一人的大爱即仁。但是,原本我们不是"小人",原本我们也具有如此的仁心、大爱,只是我们的心被私心、私欲所分隔,进而障蔽。因此,王阳明说:

> 小人之心既已分隔隘陋矣,而其一体之仁犹能不昧若此者,是其未动于欲,而未蔽于私之时也。及其动于欲,蔽于私,而利害相攻,忿怒相激,则将戕物圮类,无所不为,其甚至有骨肉相残者,而一体之仁亡矣。是故无私欲之蔽,则虽小人之心,而其一体之仁犹大人也;一有私欲之蔽,则虽大人之心,

---

[1] 王守仁:《王阳明全集》卷二十六《续编一·大学问》,吴光等编校,上海古籍出版社,2012年版,第1066页。

而其分隔隘陋犹小人矣。[1]

  小人的心已经被分隔而变得狭隘卑陋了，然而他那万物一体的仁德还能像这样正常显露而不黯然失色，这是因为他的心还处于没有被欲望所驱使、没有被私利所蒙蔽的时候。等到他的心被欲望所驱使、被私利所蒙蔽，当因利害产生冲突、愤怒溢于言表时，他就会损物害人，无所不为，甚至自己的亲人也互相残害，到了这时，他那内心本具的万物一体的仁德就彻底消亡了。所以说在没有私欲障蔽的时候，虽然是小人的心，它那万物一体的仁德跟大人也是一样的；一旦有了私欲的障蔽，即使是大人的心，也会像小人之心那样被分隔而变得狭隘卑陋。

  看来当我们受到私欲支配的时候很可怕。尽管我们无事时或许心澄意清，没有什么私心萌动。可是，一旦涉及我们自身利益的事情发生时，我们大多数人可能还是会不由自主地把自己的得失放在首位，并有可能失去正确辨别是非的力量，甚至与他人发生矛盾、冲突。我想，这样的事，无论是在家庭、单位或者其他公共场所都时有发生。只是有时我们身陷其中，没有觉察到而已。与他人发生矛盾、冲突，在王阳明看来我们原本具有的仁德——良知还没完全丧失。如果到了伤害无辜的物及人，无所不用其极，甚至骨肉相残的地步，我们那一点仁德——良知就完全丧失了。到此，尽管我们在形体上还是人，而人之所以为人的根据却已经失去了。因为，如孟子在《孟子·告子上》言："仁，人心也。"我们把自己的心给弄丢了，就成了概念上的人，徒具其名，而无其实。当我们成为仅仅是概念上的人，仅仅是肉体上的存在，其实在这个世间的存在意义

---

[1] 王守仁：《王阳明全集》卷二十六《续编一·大学问》，吴光等编校，上海古籍出版社，2012年版，第1066页。

就没有了。所以，无论孔子、孟子，还有宋代的二程、朱熹以及明代的王阳明等都无不提倡仁德，把恢复人本具有的仁德之心放在修身、治学的首位。尤其王阳明的思想内核就是良知之学，告诉我们该如何致良知。

何谓良知？对此，根据王阳明在不同时段对良知的体认有所不同。例如，在《传习录中·答顾东桥书》中言："心者，身之主也，而心之虚灵明觉，即所谓本然之良知也。"在《传习录中·答欧阳崇一书》中言："良知是天理之昭明灵觉处，故良知即是天理。"在上面所引《传习录中·答聂文蔚书》中言："是非之心，不虑而知，不学而能，所谓良知也"，等等。在此，我们没有必要细究，只需明白良知是人的本心表现，是我们每一个人都有的，是我们内心的良善即仁、光明。据此能判断什么是善，什么是恶。因此，所谓的致良知就是首先要认识到良知才是我们心之本体，是我们本来就具有的。当我们认识到此点后，让它表露出来，推及到我们日常生活中的事物上就是致良知。

我们无法做到"己所不欲，勿施于人"，是因为我们私心私意在作祟，让我们只能看见自己。并且，看见的还不是由良知做主的本来、本真的自己，而是私心私意的化身。所以王阳明才使用"大人"与"小人"两个概念来区分万物一体之仁即良知的有无。而在其中起枢纽性作用的就是我们的私欲。当我们完全成了私欲的俘虏就成为"小人"，当我们恢复了自己的良知，完全没有了私欲，我们就成了"大人"。所以，致良知的过程就是通过省察克治等的一系列功夫，去除私欲的过程。关于如何去除私欲，我们在第一章已经探讨过了，在此不再重复。同时，我们还应注意到所谓"大人"与"小人"的区隔不是固定的，它是流动的。"大人"也有转化为"小人"的可能性，"小人"通过自己的努力修行，更可以完全转化为"大人"。所以，无论我们的心现在处于什么层次都不重要，重要的是我们不能间断我们的修行,要时时刻刻保持清醒与积极精进的心态,不断提升自己或保持住自己的良知不受任何物欲的诱惑。当然,把实在的现实生活当作修行,走一步退十步是常有之事,遇此无须气馁,只须继续前行,终有一日我们会沐浴在透明、光亮、温暖如太阳的良知的光辉中。我想,也许这是我们每一个人来此世间走一遭的使命——为重返光明。

话有点偏了,让我们继续返回到本节的中心话题。王阳明提出通过致良知的方法恢复万物一体之仁。那么,他所言的万物一体是否有亲疏贵贱的差别,与前面墨子所主张的兼爱思想有相同之处呢?这个问题对我们如何在生活中处理与不同人的关系很重要,需要弄清楚。当有人问王阳明如何"亲民"时,他说了下面这段话:

> 明明德者,立其天地万物一体之体也。亲民者,达其天地万物一体之用也。故明明德必在于亲民,而亲民乃所以明其德也。是故亲吾之父,以及人之父,以及天下人之父,而后吾之仁实与吾之父、人之父与天下人之父而为一体矣;实与之为一体,而后孝之明德始明矣!亲吾之兄、以及人之兄,以及天下人之兄,而后吾之仁实与吾之兄、人之兄与天下人之兄而为一体矣;实与之为一体、而后弟之明德始明矣!君臣也,夫妇也,朋友也,以至于山川鬼神鸟兽草木也,莫不实有以亲之,以达吾一体之仁,然后吾之明德始无不明,而真能以天地万物为一体矣。[1]

彰显与生俱来的光明德性,是立天地万物一体的本体。亲民,

---

[1] 王守仁:《王阳明全集》卷二十六《续编一·大学问》,吴光等编校,上海古籍出版社,2012年版,第1067页。

是天地万物一体本体的运用。所以明明德必然体现在亲民上，如此亲民才能彰显出光明的德性。所以爱我父亲的同时，也兼爱及他人的父亲，还有天下所有人的父亲，做到此点后，我心中的仁德才能真实地同我父亲、他人的父亲以及天下所有人的父亲成为一体。真实地成为一体后，孝敬父母（孝）的光明德性才开始彰显出来。爱我的兄弟，也爱别人的兄弟，还有天下所有人的兄弟，做到此点后，我心中的仁德才能真实地同我兄弟、他兄弟以及天下所有人的兄弟成为一体。真实地成为一体后，尊兄爱弟（悌）的光明德性才开始彰显出来。

上面这段话中的"明明德"与"亲民"是《大学》三纲领其中的两个，原文是："大学之道，在明明德，在亲民，在止于至善。"王阳明认为明明德是立天地万物一体的本体，而亲民是其运用。也就是说，只有把与生俱来的光明德性完全呈现在亲民的行为中，才意味着与生俱来的光明德性真正实现。那么，具体何谓亲民呢？对此，王阳明解释说：

> 亲民犹孟子"亲亲仁民"之谓，亲之即仁之也。百姓不亲，舜使契为司徒，敬敷五教，所以亲之。《尧典》"克明峻德"便是"明明德"；"以亲九族"至"平章协和"，便是"亲民"，便是"明德于天下"。又如孔子言"修己以安百姓"，"修己"便是"明明德"，"安百姓"便是"亲民"。说"亲民"便是兼教养意，说"新民"便觉偏了。[1]

亲民犹如孟子所言的"亲亲仁民"，亲近就是仁爱。百姓不能

---

[1] 萧无陂：《传习录校释·传习录上·徐爱录》，岳麓书社，2012年版，第3页。

彼此亲近，虞舜就任命契作司徒，尽心竭力地推行伦理教化，借此加深他们的感情。《尧典》中的"克明峻德"就是"明明德"，"以亲九族"到"平章""协和"就是"亲民"，也就是"明明德于天下"。再如孔子所言的"修己以安百姓"，"修己"就是"明明德"，"安百姓"就是"亲民"。说"亲民"，就包涵了教化养育的意思，说"新民"就有些偏离正道了。

  王阳明用具体例子告诉我们亲民除了包括仁爱民众外，还包括教化养育民众。由此可知，"是故亲吾之父，以及人之父"一段中，除了要爱自己之父兄、他人之父兄以及天下人之父兄外，还要教化养育他们，使之能安。同时，虽然对爱的推及有次第的不同，首先由己父己兄，再推及到他人的父兄，然后推及到天下之父兄；但是如众溪归海一般，最终要用爱的方式将天下之人纳入一己之爱中，使自己与己之父兄、他人之父兄以及天下人之父兄成为一体。既然成为一体，就意味着自己与包括己之父兄在内的所有他人之间界限的消失，我与他之间区别的消失。这时，存在的只有充满光明的爱，其他的一切都消融于爱的光明中，整个世界只是一片光明。所以，王阳明所言的兼爱虽然在次第上有先后，但是爱无有薄厚，是把对己之父兄的爱无有差别、无有薄厚地施予了己之父兄以外的其他人。因此，在这种意义上说与墨子所言的兼爱虽有不同，却也有相近之处。

  说了这么多，无非是想让大家知道我们单纯的去爱他人，不意味着我们有什么损失，我们会陷入黑暗之中，而是意味着我、他人都将沐浴在爱的光明中。只有在这样的光明中，你才会在他人中看到你自己，你才会在万物中看到你自己。当你能从他人、万物中看到你自己的时候，你就会知道别人真正需要的是什么，你能给予什么。之所以想到给予并能毫不犹豫地给予，是因为他人、万物就是你自己。这时，你作为爱，无所不在，无所不有。尽管你永远给予，你也永远不会匮乏，因为他人、万物的丰盛即是你的丰盛。所以，"己所不欲，勿施于人"实际是暗示我们要把他人需要的，我们所有的，毫不犹豫地给予他人，从而成全他人、幸福他人。就像印度伟人甘地那样，当他坐火车时，一只鞋子掉下车去，捡不回来的时候，能迅速将另一只鞋也脱下扔出去，以让捡到鞋的人凑成一双，可以利用。

在这个人心惟危的时代，上述所言也许让我们感觉做起来有些难。但是，正是因为这样的时代，我们才更需要找回我们内心的光明，照亮自己，同时也照亮别人。也许你还想不到要照亮别人，那也没有关系，当你自身变成光明时，自然会照亮一隅。所以，关键是我们先要试着找回我们内心的光明，只有这样我们才会安然、幸福，不再恐惧。为此，我们还需要在现实生活中不断磨炼、提升自己。下一步我们要一起学习的就是如何从其他角度去与他人交往、相处。

三、重义轻利，真诚待人

当今社会是个速食时代，无论什么都追求快捷。因而人们对经济利益的追求也渴望快捷，希望能一日千金，迅速发大财，赚大钱，以便跟得上我们不断增加的欲望。但是，春播、夏长、秋收，一粒种子在春天播种萌芽，不断吸收天地的阳光雨露后，要到秋天才会成熟，结出丰硕的果实，这是天地自然的运行法则。人生活在天地的怀抱中，只有遵循它的法则，才能幸福、平安。但是现在有多少人忘记了天在我们头上，地在我们脚下，置天地自然法则于不顾，给黄瓜、白菜等蔬菜喷洒增长剂，加速其生长，以便缩短获得经济利益的周期。又有多少人为了追求利益，制造地沟油、瘦肉精等欺害自己的同类。更有一些利欲熏心者，为了钱，不惜用自己拙劣的医术伤害无辜人的生命。根据2004年9月2日央视"焦点访谈"报道，一些年轻人在大连一家医疗美容外科诊所花了一万多元做了增高手术后，结果不仅没有达到诊所承诺增加的高度，连正常的走路也成了问题。除此之外，又有多少人为了自身的利益不惜欺骗身边的亲人、朋友、生意伙伴。昨天我看新闻报道，一名男子因为不还生意伙伴的钱，致使生意伙伴将其绑架，以胁迫其父母替其还钱。

以上这些，归根结底都是现在的一些人太过重利轻义，失去了做人应该真诚的道德准则。虽然我对上述事例做出了如此总结，但是恐怕我们都已经忘记了何谓"利"，何谓"义"，更忘记了我们到底应该以何为生活准则。既然如此，我们不妨先从学习"利""义"的基本含义开始。

《说文·刀部》："利，铦也。从刀。和然后利，从和省。"《易传·乾文言》曰:"利者,义之和也。"其意是说,利,锋利。从刀。和顺协调然后有利,所以从和省。在此我们要注意的是解释"利"的语序是先"和"后"利",这意味着得"利"的前提是人和人、人和物的和顺协调。而"利者,义之和也"一句,可谓是对"利"的进一步解释。其意是说,人与人之间、人与物之间要和谐相处,才能得到真正的利。这告诉我们损人利己所得之利,其实是一把锋利的刀,割伤的不仅仅是他人,还有自己。尽管我们当时会因所得之利狂喜,但是迟早有一天它会以不同的方式割伤我们。因此,只有合于"义"之"利"才是真正的"利",才会为我们的人生带来真正意义上的收获。由此可见,《墨子·经上》所言"义,利也"可谓是对"利"的恰当解释。即义是利之本,利要建立在义的基础之上。这说明如果我们在为人处世中,把"利"与"义"置于对立的状态,我们就得不到真正的利;如果让"利"与"义"处于统一的状态,我们就能得到真正的利。

不仅如此,偏离了"义"之轨道的"利",还会将我们带离立身之道。如中国明清之际思想家王夫之(1619~1692)在《尚书引义·禹贡》中所言:"立人之道曰义,生人之用曰利。出义入利,人道不立,出利入害,人用不生。"其意是说,人的立身之道就是义,满足人生活需要的是利。离开义,进入利益之中,人就没有了立身之道;离开利,进入危害之中,就不能满足人的生活需要。在此,王夫之认为利是用来满足人的生活需要的,如果人背离了义,只顾追求生活的需要,那么就会失去立身之道。没有了立身之道,当然在这个世间也就没有了生存的空间。为什么呢?因为如北宋理学家程颐所言:

《程氏易传·益卦》:理者天下之至公,利者众人所同欲。苟公其心,不失其正理,则与众同利;无侵于人,人亦欲与之。

> 若切于好利，蔽于自私，求自益以损于人，则人亦与之力争，故莫肯益之，而有击夺之者矣。[1]

理是天下的至公大道，利是众人都想要的。如果其心公正，没有失去正理，那么就会与众人同利，不会伤害到他人，人也会给他想要的。如果太过好利，被自私之心所障蔽，寻求通过损害他人的利益来增加自己的利益，那么人就会与他奋力争夺，所以不会有人给他想要的，只会有人攻击、夺取他的利。

当我们为了自身利益与众为敌的时候，就意味着我们已经丧失了自己的生存空间，而成为私利的囚徒。这说明，很多时候不是他人或者环境夺取了我们的生存空间，而是我们自己夺取了自己的生存空间。在这一点上，古人远远比我们聪明、有智慧。孔子很早就言："放于利而行，多怨。"[2] 其意也就如朱熹在《四书章句集注·论语集注卷二·里仁第四》中所引二程的"欲利于己，必害于人，故多怨"，如果只想让自己获得利益，必然会伤害别人，所以会招致很多的怨恨。

很显然，古圣先贤们认识到一心逐私利，无论是对自己还是对他人都会造成伤害。所以他们大都主张轻利重义。例如孟子与梁惠王之间的一段对话，就是很好的例子：

> 王曰："叟！不远千里而来，亦将有以利吾国乎？"
> 孟子对曰："王！何必曰利？亦有仁义而已矣。王曰'何以利吾国？'大夫曰'何以利吾家？'士庶人曰'何以利吾身？'上下交征利而国危矣。万乘之国，弑其君者，必千乘之家；千乘

---

[1] 程颢、程颐：《二程集》，中华书局，2012年版，第917～918页。

[2] 杨伯峻：《论语译注·里仁篇第四》，中华书局，2011年版，第37页。

之国,弑其君者,必百乘之家。万取千焉,千取百焉,不为不多矣。苟为后义而先利,不夺不餍。未有仁而遗其亲者也,未有义而后其君者也。王亦曰仁义而已矣,何必曰利?"[1]

梁惠王说:"老先生,你不远千里而来,一定是有什么对我的国家有利的建议吧?"

孟子回答说:"大王!何必说利呢?只要说仁义就可以了。大王说'怎样使我的国家有利?'大夫说,'怎样使我的家庭有利?'一般人士和老百姓说,'怎样使我自己有利?'结果是上上下下互相争夺利益,国家就危险了啊!在拥有万辆兵车的国家,杀掉国君的,必定是国内拥有千辆兵车的大夫;在拥有千辆兵车的国家,杀掉国君的,必定是国内拥有百辆兵车的大夫。在拥有万辆兵车的国家里,这些大夫拥有千辆兵车;在拥有千辆兵车的国家里,这些大夫拥有百辆兵车,不算是不多了。如果轻义而重利,他们不夺取国君的地位和利益是绝对不会满足的。没有讲仁的人会遗弃自己父母的,没有行义的人会不顾自己君主的。大王只要讲仁义就行了,何必谈利呢?"[2]

如果人人争相夺利,国家就会陷入危险;如果只重仁义,父有子养,君有臣护,国家、人民的生活就会平安无事。可能是基于这样的考虑,儒家的很多圣贤都把利心视为有害之物,把一心求利视为"小人"的品性,盗跖的行径。例如,《二程遗书》卷十九言:"盖只以利为心则有害。"《论语·里仁篇第四》言:"君子喻于义,小人喻于利。"《荀子·不苟篇第三》言:"唯利所在,无所不倾,若是则可谓小人矣。"《孟子·尽心上》言:"欲知舜与跖之分,无他,

---

[1] 杨伯峻:《孟子译注·梁惠王章句上》,中华书局,2012年版,第1～2页。
[2] 杨伯峻:《孟子译注·梁惠王章句上》,中华书局,2012年版,第2页。

利与善之间也。"《荀子·修身篇第二》言："保利弃义，谓之至贼。"

"义"与"利"成为区分君子与小人、圣人与盗贼的标准。很明显，在他们眼里，"义"是善的，"利"是需要被扬弃的。当然，这样的标准对今天的我们来说未免有些残酷，可能也不完全适用于我们现在的为人处世。不过，自古至今，人们喜欢与重义轻利的人交往，这一点是没有变的。尽管我们自己也许看重利，却还是愿意和重义的人交往。但是，我们也许对他人看得更清楚一些，对自己却不甚了解，往往会说某人自利心太重，却并不知道自己也有这样的利心，也不知道自己为何会有重利轻义之心。如果是这样的话，不妨让我们先看一下下面这个小故事，顺便放松一下神经。

在大西洋的加那利群岛中，有一个叫帕帕斯蒂的小岛，两个名叫拉米多和费尔斯的西班牙人，是做防盗门和防盗锁生意的，在途经帕帕斯蒂岛的时候遭遇了飓风，他们那装满防盗门和防盗锁的船只在那里抛锚了。

为了寻求帮助，他们将船上的羊肉贡献给那些土著居民，并向那些土著居民推销防盗门和防盗锁。见没人感兴趣，拉米多和费尔斯决定给一家人免费赠送一扇防盗门和一把防盗锁，可是他们却遭到了那家人的无情驱逐。原来这个岛上的居民家里都没有门，更没有锁，他们的食物都是平均分配的。家家都一样，还要什么门和锁？

拉米多和费尔斯只得摇头叹息着回到了船上。晚上，睡到半夜，拉米多突然从床上跳下来说，"有办法了"。

第二天天一亮，拉米多和费尔斯便分别向岛上的居民发放了羊肉，拉米多向站在自己面前的土著居民每人发放4条羊腿，而让费尔斯向站在自己面前的土著居民每人发放一条羊腿。

第一天岛上居民风平浪静，第二天岛上的居民还是没有什么变化,第三天依然在平静中度过,第四天,终于有人来向拉米多和费尔斯问起防盗门和防盗锁的事情了。第五天,他们的防盗门和防盗锁已经被岛上的土著居民抢购一空。

费尔斯不解,问拉米多原因,拉米多说:"首先要在他们心里装上一把锁,然后才能让他们主动地来购买我们的防盗门和防盗锁。他们心里那把锁的名字就叫贪欲。开始时,他们之所以能和平共处,是因为他们拥有相同的食物,但后来他们发现每个人所得的食物分量不同时,便有了不愿与他人分享的想法了,这便是我多给一部分人羊肉和少给一部分人羊肉的结果。"

这是在西班牙流传了很久的一个故事。后人只要说起那些重利轻义的人,便会说,他的心里一定装有"帕帕斯蒂岛上的锁"。(引自《青年文摘》2007年12月)

读完之后,大家可以自省一下,自己的内心是否也装有"帕帕斯蒂岛上的锁"。如果有,我们就要试着找到打开它的钥匙。毕竟心如有锁,晦暗无光,身心沉重,没有轻松的感觉。而打开这把锁的钥匙也许不止一把,但是与"利"相对的"义"无疑是其中的一把。所以,我们要修得"义",然后借助它的力量打开那把贪欲之锁,让我们的心灵重获自由。当我们心灵自由的时候,他人也会受到我们的感染,也会慢慢打开禁锢心灵的贪欲之锁,从而彼此的心灵会在没有贪欲的自由海洋中遨游。这时,尽管你无所求,所谓的"利"也会受到"义"的召唤,不请自来。为什么呢?因为如上面所引程颐在《周易程氏传·益卦》中所言:"苟公其心,不失其正理,则与众同利;无侵于人,人亦欲与之。"由此可见,如果从得失的观点看,修得"义"对我们来说没有任何损失,有百益而无一害,并且还不需要你劳心费神去争、去夺,属于你的收获会在适当的时候来到你身边。既然如此，让我们赶快去了解一下义的含义吧。

《中庸》曰："义者宜也。"《说文解字·宀部》："宜，所安也。"意为宜，令人心安的地方。朱子解："宜者，分别事理，各有所宜也。"[1] 可见，"义"指向的是他人，还有自己。自己的思想行为如果合于"义"，不仅自己，还会令他人获得某种安心感。因而，"义"常与礼连用。例如，《国语·周语上·内史兴论晋文公必霸》言："行礼不疚，义也。"意为行礼不为人诟病，叫做义。又常与上节所言的"仁"并举。例如，当齐王之子垫问孟子士干什么事时，孟子回答说士是要使自己的志行高尚。王子又问怎样才算使自己的志行高尚？孟子又回答说：

仁义而已矣。杀一无罪非仁也，非其有而取之非义也。居恶在？仁是也；路恶在？义是也。居仁由义，大人之事备矣。[2]

杀一个无罪的人是不仁，不是自己所有的却夺取过来是不义。所居住之处在哪里呢？仁便是；所行之路在哪里呢？义便是。居住于仁，行走由义，做大人的条件便具备了。[3]

可见，在孟子看来，仁是人的居所，义是不夺非己所有者，是人所应行之路。但是，只有心定下来，我们才会清楚地知道自己该走何路。因而，安仁与行义是不可分离的一体关系。如果从体用的关系来理解的话，可以认为仁为体，义为其用。只有我们的心安于仁，我们与他人相处之时，才不会失于义。这也是我们习得仁之后要进一步习得义的原因所在。

---

[1]　朱熹：《四书章句集注·中庸章句》，中华书局，2011年版，第30页。

[2]　杨伯峻：《孟子译注·尽心章句上》，中华书局，2012年版，第292页。

[3]　杨伯峻：《孟子译注·尽心章句上》，中华书局，2012年版，第292页。

荀子认为："贵贵、尊尊、贤贤、老老、长长，义之伦也。"[1]其意是说尊崇身份贵重的人、尊敬官爵显赫的人、尊重有德的人、尊重年老的人、敬重年长的人，都是义之理的体现。在此荀子把义具体落实到了对不同身份、不同年龄的人的尊重上。由此我们可以认为义不是抽象的，是可以落实到具体行为上的。在日常的交往中，如果我们能尊重我们的老师、上司、老人以及比我们年长的人，我们就在行义了。可见，这并不是什么难事。但是，在荀子看来，我们不是这样做了就可以了。无论是仁还是义，都要适度合礼，要果断地落实到具体的行动上才算真正意义上的义：

  仁，爱也，故亲。义，理也，故行。礼，节也，故成。仁有里，义有门。仁非其里而虚之，非礼也。义非其门而由之，非义也。推恩而不理，不成仁；遂理而不敢，不成义；审节而不知，不成礼；和而不发，不成乐。故曰：仁、义、礼、乐，其致一也。君子处仁以义，然后仁也；行义以礼，然后义也；制礼反本成末，然后礼也。三者皆通，然后道也。[2]

  仁，就是爱人，所以能互相亲近。义，就是合乎道理，所以能够实行。礼，就是适度，所以成功。仁有安居之处，义有进出之门。仁，如果不是它应该安居的地方却去居住在那里，就不是仁；义，如果不是它应该进出的门户而从那里进出，就不是义。施行恩惠而不合乎道理，就不成为仁；通达道理而不敢遵行，就不成为义；明

---

[1] 王先谦：《荀子集解》卷十九《下略篇第二十七》，沈啸寰、王星贤整理，中华书局，2012年版，第475页。

[2] 王先谦：《荀子集解》卷十九《下略篇第二十七》，沈啸寰、王星贤整理，中华书局，2012年版，第475～476页。

白制度而不能使人们和睦协调，就不成为礼；和睦协调了而不抒发出来，就不成为乐。所以说，仁、义、礼、乐四者的目标是一致的（都要同归于得中）。君子根据义来处置仁，然后为仁；根据礼来奉行义，然后为义；制定礼时根据它的根本原则来完成它的具体细节，然后为礼。同明三者，然后为道。

仁、义如果不用礼作为节制，就不称为仁、义。因而既要能行之，又要能不违于礼，才称其为义。同时，仁的落实要依据义体现出来，才为仁。也就是说，在日常生活中，我们不要认为仁、义是善的、是好的，就可以没有节度地推施于人，而是要合乎礼，只有这样我们的义行才会令人心安、愉悦，彼此的关系才会愈加协调、和睦。而上述荀子所言的贵贵、尊尊等，即是义合乎礼的体现。这意味着义体现的是对伦理秩序的尊重。

以上是儒家对义的理解。可以看出，儒家通常是把仁、义、礼联系起来理解，追求的是仁、义、礼的适度。并且还会把仁、义、礼以及智、信，视为君子或者大人应具备的德性。对儒家的知识没有多少了解的人，可能会觉得比较繁杂。相较之下，墨子对义的定义可能更直接，便于我们理解与接受。墨子直截了当地说：

> 义者正也。何以知义之为正也？天下有义则治，无义则乱。我以此知义之为正也。然而正者，无自下正上者，必自上正下。是故庶人不得次己而为正，有士正之；士不得次己而为正，有大夫正之；大夫不得次己而为正，有诸侯正之；诸侯不得次己而为正，有三公正之；三公不得次己而为正，有天子正之；天子不得次己而为政，有天正之。[1]

---

[1] 方勇：《墨子·天志下》，中华书局，2015年版，第237～238页。

义就是正道。怎么知道义就是正道呢？天下有义就得到治理，没有义就会混乱，我因此而知道义就是正道。然而正道没有下面领导上面的，一定是由上面领导下面的。所以庶人不应该放纵自己任意去做事情，有士人在上面领导他们；士人也不应该放纵自己任意去做事情，有大夫在上面领导他们；大夫也不应该放纵自己任意去做事情，有诸侯在上面领导他们；诸侯也不应该放纵自己任意去做事情，有三公在上面领导他们；三公也不应该放纵自己任意去做事情，有天子在上面领导他们；天子也不应该放纵自己去做任何事情，有天在上面领导他们。[1]

义是人所共行的正道，也是天下得到治理的重要因素，然而这不意味着每个人都可以借着义的名义自行其是。你是什么身份、处于何种地位，就做符合你身份、地位的事情。如果你做了超越你身份与地位的事情，即使你行的是正道也不能称其为正道。这里，墨子尽管没有像荀子那样，提出用礼来制约义，但是提出的各司其职、各安其位的思想与荀子的贵贵、尊尊思想也有相近之处。各司其职、各安其位其实就是对比自己位尊者、位重者的一种尊重。试想，如果你在你所属的部门只是一个普通科员，但你的行事却像个科长一样，不该你管的你也管，尽管你的初衷是出于对科室的爱护，别人却往往会以为你要篡位想当科长，同时还会认为你没有权利在他们面前指手划脚。这样一来，当然会制造出很多混乱，与别人的关系也自然变得别扭、不和谐。因此，墨子所言的义为我们明确地划出了一个活动范围，那个范围就是由我们的身份和地位构成的。我想，这同样适用于我们今天与他人的相处和交往。尽管在今天并不推崇身份与等级制度，但是说、行与自己身份、地位相符合的话与事，不仅会获得他人的尊重，也会增加别人对你的好感，从而使交往更

---

[1]　方勇：《墨子·天志下》，中华书局，2015年版，第238页。

加顺畅。

　　不过，在此我们应该注意的是，墨子提倡的以上正下最终到达的"上"是"天"。这说明墨子最终的目的是要人顺从天。天是最贵者，天是最有智慧的人，是义的来源：

> 是故义者不自愚且即贱者出，必自贵且知者出。曰：谁为知？天为知。然则义果自天出也。今天下之士君子之欲为义者，则不可不顺天意矣。[1]

　　因此义不是从愚蠢和低贱的人那里来的，而是从尊贵且有智慧的人那里来的。问：谁是有智慧的？天是有智慧的。那么义果然是从天那里来的。现在天下的士人君子想要奉行道义的，就不能不顺从天的意志。[2]

　　因此，想要奉行道义的话，就要顺从天的意志。天的意志是什么呢？就是前面提到的兼爱天下之人。为何知道天兼爱天下之人呢？因为天享食天下所有人的供奉。[3] 墨子列出的天兼爱天下之人的理由，也许会让一些把祭祀上帝山川鬼神视为迷信活动的人难以接受。不过，这并不重要，重要的是我们从中可以得到这样一个信息：奉行道义并落实在行动上就是兼爱天下之人。同时，兼爱天下之人是执天之行。执天之行表明我们的根源在于天，与天同步，不是独行天下。不是独行天下，就意味着我们在现实生活中会得到很多助缘，也许来自于天，也许来自于人。无论怎样，我们心中的旷世孤独会在奉行道义、兼爱他人的行为中得到消解。为什么呢？因

---

[1] 方勇：《墨子·天志下》，中华书局，2015年版，第239～240页。

[2] 方勇：《墨子·天志下》，中华书局，2015年版，第240页。

[3] 方勇：《墨子·天志下》，中华书局，2015年版，第239～240页。

为当你像天那样兼爱天下之人的时候，所谓的那个你就不存在了，存在的只是爱本身。当你成为爱本身的时候，感召的只能是爱，其他所有的一切，例如孤独、寂寞、自怜自艾等都将溶化在爱中，了无影踪。

相较之下，儒家虽然没有像墨子那样直截了当地提出人要顺从天志，但是《中庸》很早就提出"天命之谓性"，告诉我们人的本性是天所赋予的。到了孟子又提出仁、义、礼、智是来源于天赋之人性的"四端"之心："恻隐之心，仁之端也；羞恶之心，义之端也；辞让之心，礼之端也；是非之心，智之端也。"[1] 接着孟子又进一步指出："尽其心者，知其性也。知其性，则知天矣。"[2] 告诉我们要回归自己的内心，发现天赋的本性。当我们发现了天赋的本性，也就等于知道了天。这个由尽心到知性、再到知天的过程，无非就是人返本归源的过程，重新发现自己的过程。而我们的源无非是天，我们真正的自己无非是具有天赋的本性，也就是仁、义、礼、智之四端的自己。因而，行仁义，其实就是做回自己，执天之行。就像孟子所说的：

> 仁，人之安宅也；义，人之正路也。旷安宅而弗居，舍正路而不由，哀哉！[3]

仁，是人类最安适的住宅；义，是人类最正确的道路。把最安适的住宅空着不去住，把最正确的道路舍弃不去走，可悲得很呀！[4]

---

[1]　杨伯峻：《孟子译注·公孙丑章句上》，中华书局，2012年版，第72～73页。

[2]　杨伯峻：《孟子译注·尽心章句上》，中华书局，2012年版，第278页。

[3]　杨伯峻：《孟子译注·离娄章句上》，中华书局，2012年版，第157页。

[4]　杨伯峻：《孟子译注·离娄章句上》，中华书局，2012年版，第158页。

你看，孟子也与墨子一样认为义是人应该走的正确道路。这充分说明，人只有返其本归其源，行仁义，才会安心，不会误入歧途。当你没有误入歧途，以仁义之心待人的时候，别人当然也会如此待你。而当你背仁弃义的时候，当然就会众叛亲离。因为当你把自己弄丢的时候，别人当然不会再跟着你同甘共苦，患难与共。有的只可能是落井下石，让你完全把自己弄丢。所以孟子才很沉重地说："旷安宅而弗居，舍正路而不由，哀哉！"

　　而当我们有了仁义之心，要将它完全表达出来的时候，就需要我们真诚。真诚也就是真实、诚恳。所谓真实，也就是无所隐藏，把自己原原本本地放在大家面前；所谓诚恳，也就是我们的仁义之心在言辞、态度上的表现。试想，如果我们在与人交往中有所戒心，不表露出真正的自己，言不诚，貌不恳，那么你与别人的交往注定不会持久，仅会流于表面。我曾经认识一个女孩，很漂亮，她在一次旅行中认识了一个男孩，于是两个人开始交往。过了一年之后，两个人分手了。分手的原因是那个男孩子不知道那个女孩在想什么。不知道她在想什么，就是说那个男孩子怎么也看不到那个女孩的心。看不到她的心，自然就不知道该如何待她，即使有满腔的爱也不知道该如何去爱，或者是不假思索地付出了他的爱但还是捕捉不到那位女孩子的心。时间长了，对方可能会疲惫不堪，不再愿意继续付出。无论怎样，那位女孩的不真诚让她失去了那位男孩子的爱情。当然，那个女孩不是不喜欢那个男孩子才不真诚，而是她已经习惯了不真诚。我与她认识大约有两年时间了，其间曾有多次往来，旅行、吃饭，但最终也没能成为朋友。究其原因，可能也是感觉不知该如何与这个女孩相往来吧！

　　很多时候，即使你不要求别人真诚待你，但是他不向你敞开他的心扉，你的真诚就无法传递给对方。时间长了，彼此的交往就会流于形式与应付。这样的交往很容易让人厌倦，也就注定不会长久，不会产生真正的爱情或友情。而且，现在又是速食时代，谁也不愿意把更多的时间浪费在一个虚心假意的人身上。尽管彼此会因为利益关系而互相利用，却不会有心的碰撞与交流。所以，很多人也许内心很真诚，却不愿意付出给现实世界的人群，转而沉溺在虚拟的电子世界中，在那里寻找自己的理想世界。或者是逃人弃市，远走深山，独自为王，以让自己心中的真诚与爱不受世俗的熏染与损害。无论怎样，我们也许害怕得不到相应的回报，也许害怕受伤，尽管内心渴望真诚，渴望他人的理解与共鸣，我们很多时候还是将真诚藏在了口袋里，不肯轻易示人。这样想的人多了，虚伪就会开始在我们生活的世界里横行，世界就会被虚伪割裂成碎片。活在碎片中的我们也将不复完整。想想，人生不过百年，我们却要在虚伪的支离破碎中结束我们的生命。如上面孟子所言，真是可悲啊！

　　为何我们会在真诚面前瞻前顾后、患得患失呢？原因是我们有"我"。如果我们没有了"我"，只是顺从天意，或者把天赋予我们的仁义之心落实在言行上，还会有什么顾虑？所以，真正的真诚意味着舍弃小我，完全让仁义之心做主。也就是如荀子所言："唯仁之为守，唯义之为行。"[1] 而"诚心守仁则形，形则神，神则能化矣；诚心行义则理，理则明，明则能变矣。"[2] 按照清人王先谦的解释，此句大概是说，无私心杂念地以仁心待人，他的"仁心"就会通过他的行为表现于外，别人就会相信他真是好人，会尊他如神，以致进而趋同于他，受他的感化而迁善；无私心杂念地按义的原则行事，他所做的事就有条理，光明正大而简单，人不敢欺骗他，所以能让人

---

[1]　王先谦：《荀子集解》卷二《不苟篇第三》，沈啸寰、王星贤整理，中华书局，2012年版，第46页。

[2]　王先谦：《荀子集解》卷二《不苟篇第三》，沈啸寰、王星贤整理，中华书局，2012年版，第46页。

去其恶。这告诉我们如果我们在日常交往中去掉自己的私心杂念,将仁义贯彻到底,我们不仅能得到他人的尊敬,不会受到他人的任何欺骗,而且还能感化他人,让他人改恶迁善。由此可见,我们在厌恶别人的虚伪,不愿意付出过多真诚的时候,还是我们真诚的纯度不够。如果我们能如荀子所言,不论对方如何,我们有足够的耐心、诚心守仁行义,对方迟早还是会看到我们真诚的心,受到我们的感化。或者如墨子一样,在行事做人中把义视为最珍贵的,别人有一天或许也会像你一样重义:

> 墨子曰:"万事莫贵于义。今谓人曰:'予子冠履,而断子之手足,子为之乎?'必不为。何故?则冠履不若手足之贵也。又曰:'予子天下,而杀子之身,子为之乎?'必不为。何故?则天下不若身之贵也。争一言以相杀,是贵义于其身也。故曰:万事莫贵于义也。"[1]

墨子说:"万事没有比义更珍贵的了。假如现在对别人说:'给你帽子和鞋,但是要砍断你的手、脚,你干这件事吗?'那人一定不干。为什么呢?因为帽、鞋不如手、脚珍贵。又说:'给你天下,但要杀死你,你干这件事吗?'那人一定不干。为什么呢?因为天下不如自身珍贵。因争辩一句话而互相残杀,是因为把义看得比自身珍贵。所以说:万事没有比义更珍贵的了。"[2]

墨子把义视为一切行为的准则,甚至认为必要的时候要舍身取义。在现在这个社会,让我们舍生取义,或者让我们全心全意、真心对待所有人,对每天在利的漩涡中摸爬滚打的很多人来说,可能

---

[1] 方勇:《墨子·贵义》,中华书局,2015年版,第411页。

[2] 方勇:《墨子·贵义》,中华书局,2015年版,第412页。

不是很现实，或许还认为这样的说词是脱离现实的高调道德主义。毕竟，这是一个重视利的时代，甚至人的身份与地位都要用财富值来衡量，高调的道德主义有时可能更让他人心生厌烦，认为你自视清高，假装不食人间烟火。所以，在这样的一个时代，我们在与他人相处时，更要时刻保持清醒，知道对自己来说什么是最重要的，在关键时刻平衡好对义与利的认识与把握。不然的话，一旦深陷利的漩涡之中，没有足够的清醒意识，我们很可能会背义而被利所吞噬，从而染污了社会，进而失去自己、朋友，甚至生命，就像荀子与董仲舒下面说得一样：

> 义与利者，人之所两有也。虽尧舜不能去民之欲利，然而能使其欲利不克其好义也；虽桀纣亦不能去民之好义，然而能使其好义不胜其欲利也。故义胜利者为治世，利克义者为乱世。[1]

讲求道义和私利，是人们兼有的东西。即使尧舜这样的明君也不能除去民众追求私利的欲望，但是能够使他们对私利的追求敌不过他们对道义的爱好；即使是夏桀、商纣这样的暴君也不能去掉民众对道义的爱好，但是能够使他们对道义的爱好敌不过他们对私利的追求。所以，道义胜过私利的就是治理得好的社会，私利胜过道义的就是混乱的社会。

> 天之生人也，使人生义与利。利以养其体，义以养其心。心不得义不能乐，体不得利不能安。义者心之养也，利者体

---

[1] 王先谦：《荀子集解》卷十九《大略篇第二十七》，沈啸寰、王星贤整理，中华书局，2012年版，第485页。

之养也。体莫贵于心，故养莫重于义，义之养生人大于利。奚以知之？今人大有义而甚无利，虽贫与贱，尚荣其行以自好，而乐生，原宪、曾、闵之属是也。人甚有利而大无义，虽甚富，则羞辱大恶。恶深，祸虽重，非立死其罪者，即旋伤殃忧尔，莫能以乐生而终其身，刑戮夭折之民是也。夫人有义者，虽贫能自乐也。而大无义者，虽富莫能自存。吾以此实义之养生人，大于利而厚于财也。[1]

  天地产生人，使人生有义和利。利用来养身体，义用来养精神。精神得不到义的涵养，就不会快乐；身体得不到利的滋养，就不会安适。义是涵养精神的，利是滋养身体的。身体没有精神那么贵重，因此用来养生的东西没有比义更重要的了。由此可知，义涵养人的精神比财利供养人的身体重要多了。怎么知道这一点呢？现在有些人思想言行合于义，但没拥有什么利，这样尽管贫穷低贱，却还能为自己的行为感到光荣，洁身自好，乐在其中，像原宪、曾参和闵损就是这类人。有些人拥有许多利，可是缺乏义，这样尽管富裕尊贵，但所遭受的羞辱大，怨恶深，祸患重，不是即刻死于犯罪，就是不久遭受祸害，终身不能得到快乐，那些受诛戮而早死的就是这一类人。没有义的人，尽管贫穷，仍能自得其乐；而没有义的人，尽管富裕却不能活下去。根据这一点而证实义养人比财利更为重要。[2]

  无论是荀子还是董仲舒，都承认义与利是不可缺少的，给利在

---

[1] 董仲舒：《春秋繁露·身之养重于义第三十》，周桂钿译注，中华书局，2012年版，第122~123页。

[2] 董仲舒：《春秋繁露·身之养重于义第三十》，周桂钿译注，中华书局，2012年版，第125页。

现实空间的存在提供了理论上的保障。这样的看法可能也更容易让很多人接受。不过，荀子与董仲舒也同时认为，利有其存在的合理性，却不能让人对利的追求胜过对义的追求。如果义不能制利，对国家来说，将迎来一个混乱的社会；对个人来说，可能遭受羞辱，甚至杀身之祸。我想，对后一点，可能大家都有目共睹，有多少官员在工作中因为没能做到以义制利，被利蒙蔽了双眼，进而被利吞噬，最终身陷牢狱。对普通老百姓来说，即使不会落到这步田地，但是在与人交往中还是应该注意，要明白这个道理。如果你不明白这个道理，没有清醒的意识，可能还是不能远祸避害，就像董仲舒说的：

> 民不能知而常反之，皆忘义而殉利，去理而走邪，以贼其身而祸其家。此非其自为计不忠也，则其知之所不能明也。[1]

一般人不知道这个道理，常常倒行逆施，忘记义而为利牺牲，违背道义而走向邪道，不仅伤害了自身，还使自己家庭遭受祸害。这不是因为他替自己谋利不尽心竭力，就是因为他的智慧不够明达。[2]

人，成为利的奴隶，就意味着将心置于黑暗中，看不到自己，更看不到别人。因而，即使伤害了自己，也很难马上注意到；即使伤害了他人，也不能感受到他人的痛苦与怨恨。直到有一天，当祸患降身，被他人用同样的手法重伤的时候，可能才会发现自己走错

---

[1] 董仲舒：《春秋繁露·身之养重于义第三十》，周桂钿译注，中华书局，2012年版，第123页。

[2] 董仲舒：《春秋繁露·身之养重于义第三十》，周桂钿译注，中华书局，2012年版，第125页。

了路，伤害了自己、他人，还有家人。所以，我们要学会把义看得重一点，试着把利看得轻一点，在此基础上让大家看到你的真诚。这样，我们可能就会赢得更多的善缘，给他人带来一份真诚的同时，他人可能也给予你一份、甚至双份的真诚，从而让我们大家都生活在真诚的温暖中。毕竟，人活在这个世间，说到底不能只看到利，看不到他人。看不到他人，就意味着你仅活在利或者自己构筑的狭隘世界里。这样的存在，就好像莫大的世界就只剩下了你一个人孤零零地立在那里。你想，当人处在这样的境地中的时候，还能活吗？即使可以暂时活下去，这样的活着，是否还有意义呢？因此，当我们明白了在利、义之间如何取舍，该怎样待人后，我们还要知道如何尊重他人。

四、知礼守信，尊重他人

季羡林先生在2001年曾写过一篇《谈礼貌》的文章，对当时中国不讲礼貌的行为发出了无限感慨，语重心长地指出："没有礼貌是目中无人的一种表现，是自私自利的一种表现，如果这样的人多了，必然产生与社会不协调的后果。千万不要认为这是个小事而掉以轻心。现在国际交往日益频繁，不讲礼貌的恶习所产生的恶劣影响已经不局限于国内，而是会流布全世界。"[1] 老先生写这篇文章的时间，距今已经过去了15年。如果老先生现在还在世的话，可能会对现在一些愈加不讲礼貌的现象顿足搥胸吧！现在一些中国人的不讲礼貌，如老先生预言的那样，几乎已是全球共知。中国的一些游客几乎走到哪里都会把没有礼貌的恶劣印象留到哪里：说话声音大，无所顾忌，抢占座位，动不动就吵架，随地吐痰，乱扔垃圾，不排队，等等。日本一家电视台的早间节目曾就一些中国游客用手乱抓店铺的品尝食品进行了报道，其中一名主持人带着轻蔑的口吻毫不客气地指责一些中国人没有礼貌。当时我看完后心情很复杂。

等到我2012年回到中国，时别9年，亲身经历了国人的种种后，复杂的心情进而变得震惊，还夹杂着些许的失望。当时，回国后我直接去了上海。首先是我被公交车上的抢座情形弄得目瞪口呆、不知所措。有一次，当我的屁股马上就要落到座位上的时候，一位中年妇女冲过来，一边说着："让我坐！"一边连瞅都没瞅我一眼，就把我推到了一旁，把自己的屁股放在了座位上。此外还有一次经

---

[1] 季羡林：《季羡林谈人生》，武汉出版社，2011年版，第70～71页。

历,可能会令我终生难忘:回国后需要办理学历认证。那天我很早就去了办理学历认证的地方,结果我走错了地方,进去后怎么也找不到。于是就很小心翼翼地问大厅的服务人员办理学历认证的地方在哪儿。我也不知道那位女士是不是遇到什么不开心的事了,还是看着我就心烦。总之,眼皮都没抬一下,对我不耐烦地嘟囔了一句,本来上海话我就听不懂,她又在嘟囔,我就更听不清了。于是我就又问了她一遍,这下可糟了,她使出全身的力气朝我大嚷大叫起来,大意是我不是跟你说了吗,你怎么还问之类的。当时,已经习惯了日本有礼有节以及不大声说话的我,被吓得目瞪口呆,转身逃跑了。在那一刻我就决定离开上海。在此,我绝对没有想说上海或者上海人不好的意思,只是想说许多人的基本素质没有能够和国际化大都市这一称呼相匹配。如果一个城市的普通市民都不知道礼貌待人,只知道情绪化待人,这个城市的经济无论多么发达,硬件设施多么好,在我看来,它都是一个苍白、没有任何魅力、无法让人心安的地方。我想,中国可能有很多这样的城市,也有季羡林老先生所慨叹的,例如我遇到的那样的事情,在城市的每个角落时刻发生着。另外,也如季羡林老先生所言,不讲礼貌不是一件小事,它关乎到一个人的修养,一个人在另一个人眼中的形象,一个城市甚至一个国家的文明程度。试想谁愿意和粗俗无礼的人坐在一起谈话、做事、用餐呢?

但是,谁也不愿意正视的事实是,我们何时在不经意间都不懂得该如何正确称呼他人了,即使正在受高等教育的大学生也不例外。例如,某高校一位大学生,用手捂着自己的左下腹跑到医务室,对坐诊的大夫说:"师傅,我肚子疼。"坐诊的医生说:"这里只有医生,没有师傅。找师傅请到学生食堂。"本来正确称呼他人是对人基本的礼节,是对对方身份的认同与尊重。尽管如此,我们很多人忘记了这最基本的交往礼节。试想,连如何称呼他人都不会的大学生，即使凭着高校文凭谋得一份职业，在以后的职场中能不能如鱼得水、一帆风顺呢？我想恐怕未必。说不定他的大学经历、大学文凭还会起到相反的作用。因为当你的文凭与你的学识、修养不匹配的话，只会令对方更加轻视你，甚至还会怀疑你在大学什么都没学到。所以，我们在追求文凭、高学历、名车、名牌服装等这些外在东西的同时，最好注意提高自己内在的修养，懂得与不同人相处的规矩、方法，让与你相处的人都有一份愉悦的心情。只有这样，我们在短暂的人生中才会活得顺利。那些学历、名车、名牌用品等才会衬托出你的气质与高贵，而不会降低你的身价，让你看起来像个土豪。既然如此，那么到底什么是礼呢？

我想，对这个问题，没必要急着得出结论，可以先看看古人是怎么说的。例如，对礼乐极其重视的孔子，曾如下回答弟子们对礼的询问：

> 大哉问！礼，与其奢也，宁俭；丧，与其易也，宁戚。[1]

你的问题意义重大呀！就一般礼仪来说，与其铺张浪费，宁可朴素俭约；就丧礼说，与其仪文周到，宁可过度悲哀。[2]

> 恭而无礼则劳，慎而无礼则葸，勇而无礼则乱，直而无礼则绞。[3]

注重容貌态度的端庄，却不知礼，就未免劳倦；只知谨慎，却

---

[1] 杨伯峻：《论语译注·八佾篇第三》，中华书局，2011年版，第24页。
[2] 杨伯峻：《论语译注·八佾篇第三》，中华书局，2011年版，第24页。
[3] 杨伯峻：《论语译注·泰伯篇第八》，中华书局，2011年版，第77页。

不知礼，就流于畏葸懦弱；专凭敢作敢为的胆量，却不知礼，就会盲动闯祸；心直口快，却不知礼，就会尖刻刺人。[1]

由以上孔子的回答我们可以看出，首先礼不是要我们在形式上讲求奢华、繁杂，而是要重视它的本质。例如，丧礼的本质就是要表达对已逝之人的缅怀、悲伤之情，那么举行丧礼就没必要重视排场，只要尽情表达各自的真实情感就好。其次，无论是"恭""慎""勇""直"等行为，如果未能深刻悟得"礼"的内涵，只是按照"礼"的方式死板行事的话，就会令人疲倦，显得自己懦弱，甚至闯下祸患、出口伤人。因而，只有在懂得"礼"的内涵的基础上，再依"礼"行事，才不会过犹不及，才会更符合中庸的准则，才会彼此圆满。对孔子说的第二句话，恐怕大家都深有体会。我本人就是典型的心直口快，心里想的总是不知不觉就从嘴里溜出来。有时即使对上司、长辈也毫不客气，口述直言。以前我自认为直率是一种做人的美德，想什么说什么总是比口是心非更为高尚。亲身经历了让长辈难堪、尴尬的局面之后，才了然醒悟直率固然好，但不是意味着你要口无遮拦，想说什么就说什么，首先要顾及对方的身份还有彼此的关系，其次还要考虑到对方的学识、修养以及心理接受能力，然后才可以心怀诚敬地说出你想说的话。而只有当你心怀谦卑之时，才会真正考虑、顾及到对方，并把对方放在首位，你表现出来的诚敬才会真实、落落大方。所以，孔子在此未明言的"礼"之内涵，其实就是通过自谦（例如恭、慎）的方式来表示对他人的敬意，即内心的诚敬。唯有如此，我们说出来的话，才不会变成一把匕首，在不经意间刺伤他人的心。

同时，不要以为我们发出的无礼之话只会刺伤他人的心，而我们自己会全身而退，毫发无损。宇宙间所有的事物都通过作用力与

---

[1] 杨伯峻：《论语译注·泰伯篇第八》，中华书局，2011年版，第77页。

反作用力两种关系在相互影响着。我们怎样对待他人的,他人就会怎样对待我们;我们让他人受到怎样的伤害,我们也就会受到怎样的伤害。因而,言行合于礼,最大的受益者不是对方,而是我们自身。所以孔子才在《论语·学而》中强调:"恭近于礼,远耻辱也。"在《论语·颜渊》中强调:"君子敬而无失,与人恭而有礼。四海之内皆兄弟也。"对人恭敬合乎礼节,不是谄媚,不仅会免于羞辱,走到哪里还会得到尊重,与天下之人成为兄弟,获得莫大的助力。这意味着"礼"既是让我们自身活得有尊严的法器,也是连接你我他,让天下之人建立兄弟般情谊的有效方法。与天下人都如兄弟一般,意味着"礼"可以让人间变得和谐。因此,孔子在《论语·学而》中言:"礼之用,和为贵。"也就是说"礼"的运用是为了彼此关系的融洽与和谐,不是为了遵守而遵守。例如,如果你与朋友在一家高级西餐厅用餐的时候,朋友本身不习惯用刀叉用餐,你却硬让他用刀叉,那么你的所为就不是在遵守西餐的用餐礼节,而是在羞辱对方。

通过以上论述,可能大家对何谓礼已经有了一个基本认识。为加深我们对"礼"的全面了解,我们不妨再看一下古人对"礼"的精辟诠释。例如,《荀子·礼论》言:"礼者,养也。君子既得其养,又好其别。曷谓别?贵贱有等,长幼有差,贫富轻重皆有称者也。"其意是说礼是用来调节人们的欲望的。君子已经得到了礼的调养,又喜爱礼的区别。什么叫做区别呢?回答说:就是高贵的和卑贱的有不同的等级,年长的和年幼的有一定的差别,贫穷的和富裕的、权轻势微的和权重势大的都各有相宜的规定。由此可见,礼作为调节欲望的手段,代表的是一种秩序,避免的是一种混乱,使富贵与贫贱、年长与年幼等有自己的位置,形成的是等级、差别,也就是人伦的秩序。如《素书》所言:"礼者,人之所履,夙兴夜寐,以成人伦之序。"对此,宋代宰相张商英注曰:"礼,履也。朝夕之所履践，而不失其序者，皆礼也。言、动、视、听，造次比于是，放、僻、邪、侈，从何而生乎？"[1] 这告诉我们，"礼"不是特殊时刻待人处世的规矩和法则，而是朝夕都需要落实到日常生活中，以此来约束我们言、动、视、听等行为。因此，从外在看"礼"是一种身体性行为，实际却源于我们内心对人伦秩序的认同与接受。

但是，"礼"所包含的范畴远不止于此。北宋思想家李觏（1009～1059）在其著作《直讲先生文集·礼论第一》言："饮食，衣服，宫室，器皿，夫妇，父子，长幼，君臣，上下，师友，宾客，死丧，祭祀，礼之本也。曰乐，曰政，曰刑，礼之支也。曰仁，曰义，曰智，曰信，礼之别名也。"由此可见，日常生活中的一切无不是礼的体现。因此在日常生活中能切身掌握"礼"，理解"礼"，对我们立身处世极其重要。古人可能比我们更深刻地意识到了这一点，所以西汉礼学家戴德和他的侄子戴圣亲自编定了《礼记》，对"礼"的内涵作出了更为详备的解释。例如，《礼记·曲礼上第一》如下言：

> 夫礼者，所以定亲疏，决嫌疑，别同异，明是非也。礼，不妄说人，不辞费。礼，不逾节，不侵侮，不好狎。修身践言，谓之善行。行善言道，礼之质也。礼闻取于人，不闻取人；礼，闻来学，不闻往教。[2]

所谓礼，是用来确定人际关系的亲疏，判断事情的疑似难明，分别事情的同异，明辨事情的是非。依礼而言，不可随便地取悦于人，不可说做不到的话。依礼，做事不得超过自己的身份，不得侵

---

[1] 黄石公：《素书》，刘泗编译，上海三联书店，2015年版，第19页。

[2] 秦川：《四书五经·礼记》，北京燕山出版社，2007年版，第957页。

犯侮慢他人，也不得随便地与人套近乎。涵养自己的德性，实践自己的诺言，这就叫做完美的品行。行合忠信，言合仁义，这才是礼的实质。以礼招致贤人用于政教，不仅仅在于授以职位。依礼，只有主动来学习的，没有主动去教人的。[1]

  道德仁义，非礼不成。教训正俗，非礼不备。纷争辩讼，非礼不决。君臣、上下、父子、兄弟、非礼不定。宦学事师，非礼不亲。班朝治军，莅官行法，非礼威严不行。祷词祭祀，供给鬼神，非礼不诚不庄。是以君子恭敬撙节退让以明礼。鹦鹉能言，不离飞鸟。猩猩能言，不离禽兽。今人而无礼，虽能言，不亦禽兽之心乎？夫唯禽兽无礼，故父子聚麀。是故圣人作，为礼以教人，知自别于禽兽。[2]

  道德仁义，没有礼就不能实行。教育训导，整饬风俗，没有礼就不完备。判断争论和诉讼，没有礼就不能裁断是非。君臣、上下、父子、兄弟，没有礼就不能定其名位。做官供职以习六艺，侍奉老师，没有礼，就不会亲近和谐。朝廷的职位，军队的治理，官吏到任执行法令，没有礼，就不能确立威严。所有祭祀，把祭品供献给先人和神，没有礼，就没有诚意，也不恭敬。因此，君子恭敬、谦抑、退让以显示礼。鹦鹉学舌能言，究竟它是飞禽，猩猩会说话，终究它也还是走兽。现在人如果离开礼，即使仍会说人话，不还是禽兽之心吗？正因为禽兽不懂礼，所以父子共妻。因此，圣人出现，制礼以教人，使人依靠礼的教化知道自己有别于禽兽。[3]

---

[1] 秦川：《四书五经·礼记》，北京燕山出版社，2007年版，第968页。

[2] 秦川：《四书五经·礼记》，北京燕山出版社，2007年版，第957页。

[3] 秦川：《四书五经·礼记》，北京燕山出版社，2007年版，第968页。

太上贵德，其次务施报。礼尚往来，往而不来，非礼也；来而不往，亦非礼也。人有礼则安，无礼则危。故曰：礼者不可不学也。礼者，自卑而尊人，虽负贩者必有尊也，而况富贵乎？[1]

上古时期崇尚道德，后来讲究有恩必报。礼崇尚有往有来，往而不来，不合乎礼；来而不往，也不合乎礼。人遵从礼就能安定，不遵从礼就危险。所以说，礼是不可以不学的。礼讲究克制自己而尊重别人。即使是商贩也必定有可尊敬之处，何况富贵之人呢？[2]

从上引三段中可以看出，礼是辨别是非曲直的标准，是人与人交往的方式以及人区别于禽兽的标志。何是何非，不是依照我们的主观意志来判断，而是要依照礼来判断。在与人交往中，要言忠信，行仁义，自卑而尊人，有来有往。也就是说别人以礼待你，你也要以礼报人，这一切都源于你谦卑、仁义、诚敬的本质，而非礼仪的套数。另外，在古代与人交往中，如何称呼对方，彼此如何站立，如何迎送，如何宴饮等细节问题，都有礼的规定。行为合于礼，是有教养的表现，反之则不能登大雅之堂[3]。在现代，人们的生活变得随意、自由，对这些细节上的礼仪规定似乎都已不太注重。但是，无论是你的站姿，还是你对他人的一个随便的举动，依然会影响到别人对你的评价。也许你可以不在意别人的评价，可以轻松潇洒地活着，但这些早晚有一天会影响到你的人生。毕竟大多数人还是愿意与有教养的人往来，而不愿意与一个任性、粗俗的人往来。近年

---

[1] 秦川：《四书五经·礼记》，北京燕山出版社，2007年版，第957页。

[2] 秦川：《四书五经·礼记》，北京燕山出版社，2007年版，第968页。

[3] 彭林：《中国古代的礼仪文明》，中华书局，2013年版，第3～8页。

来兴起的礼仪教学也说明了这一点。那么，在日常与人交往中，我们到底该如何做呢？

对此我们不妨先了解一下古人是怎么做的。尽管我们现在不可能完全依照古制而行，古人的交往方式却有我们值得借鉴、学习的地方。例如一直致力于礼学研究的清华大学教授彭林先生在其著作《中国古代的礼仪文明》中，对古代士人之间如何交往进行了详细论述：

> 初始入仕的士在去拜见另一位职位相近的士时，要带着"挚"（见面的礼物）前往拜访，以示郑重。主人则经过请返、再请返、辞挚、再辞挚等谦虚的行为后，再受挚、会客、送客，完成见面的礼仪。但是见面的礼仪并未就此结束，主人还要在个那来访的次日登门回访，将昨日客人带来的挚奉还给对方的将命者（居中沟通双方意愿的人）。这也就是古人所言的礼尚往来。而古人之所以会执挚相见，是为了借此表达内心的敬意和忠信。[1]
>
> 贵族彼此相见时，议论的话题，说话时的神态，也都属于礼的范围，于此可以窥知谈话者的礼的修养。凡是向国君进言，而不是回答国君的发问，一定要等国君安坐之后再开口。闲处时谈论的话题，因对象的不同而不同，但都要有利于提升德行道艺。与国君，应该谈如何使用臣下；与卿大夫，应该谈如何奉事君上；与年老长辈，应该谈如何教育弟子；与年轻人，应该谈如何孝悌于父兄；与一般人，应该谈如何以忠信慈祥处世；与士以下的官吏，应该谈如何忠信奉公。
>
> 向尊长进言时，视线的方向很重要。视线高于对方的面部，

---

[1] 彭林：《中国古代的礼仪文明》，中华书局，2013年版，第144~148页。

就显得傲慢；视线过低，在对方腰带以下，则显得忧愁；目光游移不定，则显得漫不经心。与卿大夫说话时，开始时视线要落在对方脸部，观察其气色，看是否可以开口说话；话说完后，视线要移到对方胸部，以示尊敬，并给对方以思考的时间；停顿一段时间之后，再将视线移到对方脸部，观察对方是否已采纳自己的意见；整个过程，体态容颜不要随便变动。对在座的其他卿大夫，也是如此。[1]

古人以上的做法，在我们看来可能会觉得过于繁杂，甚至迂腐，但对我们重新理解送礼的内涵，以及对不同的人说话方式、方法的重要性不无裨益。这样的做法，有些人可能会觉得受约束，但是却使人与人之间的关系显得庄重、友好、可信赖。毕竟，如《礼记·乐记》所言："礼者，天地之序也。"即礼是自然法则在人类社会的体现。因此，日常生活中人在交往中践行"礼"，体现的不仅仅是对他人的尊敬，也是对天地的尊敬。所以这更需要我们谦虚、恭谨、庄重、无邪地去真心履行它，而不能有丝毫亵渎、轻慢的念头。这进一步说明"礼"是一个人中正、诚敬之内心的自然流露，而非对礼仪规则的表面恪守，体现的是在天地万物面前的谦卑与恭敬。这也就是《礼记·乐记》所言的"中正无邪礼之质也，庄敬恭顺，礼之制也"的真正含义。这告诉我们要想做到能有礼有节地与人交往，关键还是要回到我们的内心，并将我们的内心带回我们的根——天地，只有如此我们才会真正学会谦卑、诚敬，我们的外在言行才会不失中正、庄重与诚敬，我们才可能取信于人。因而，信不是单独存在的，而是礼的外在体现。也就是如北宋思想家李觏前面所言，"曰仁，曰义，曰智，曰信，礼之别名也"。那么，到底什么是信呢？

---

[1] 彭林：《中国古代的礼仪文明》，中华书局，2013年版，第152页。

《国语·周语上》言:"且礼所以观忠、信、仁、义也,忠所以分也,仁所以行也,信所以守也,义所以节也。"即礼是用来观察忠、信、仁、义的,忠是用来分配资源的,仁是用来施行的,信是用来保证操守的,义是用来节制行为的。[1] 在此段文字中,除了进一步说明了礼与信的关系外,还指出"信"是用来保证一个人的操守的。这也就是如西汉政论家、文学家贾谊(前200～前168)在《新书》八卷《道德说》中所言的那样:"信者,德之固也。"信可以使道德修养保持不变。因而,一个说话言而无信的人,会让人对他的人格产生怀疑,并由此决定以后他人对他的态度。不久之前,一个对中国文化有浓厚兴趣并精于中国茶艺的日本朋友来京,让我陪她一起坐出租车去马连道的茶城,上车后她问师傅需要多长时间能到,师傅说半个小时就能到。那天路上很通畅,结果还是花了一个小时。于是那位日本女士对我毫不客气地说:"中国人说话不可信。"进了茶城后,她在一家茶具店选中一套红色茶具,但当时店内只有样品,店员说让她等十分钟,她去仓库取,结果等了十分钟店员也未返回,她急着赶时间,没办法只好买了样品。她一边自己包装茶具,一边嘟囔说:"中国人说话不靠谱。"我在一旁听了心里很不舒服,但只能笑笑而已。因为毕竟她在短短的几个小时内经历的两件事,都说明她所遇到的中国人没有对自己所说的话负责任,才使对时间有严格要求的日本人产生了这样的想法,所以是可以理解的。也许,无论是那位司机,还是那位店员,都没有想欺骗她的想法,只是随口说出了可以让她不太心焦的回答。这在中国可能是常有的事。如果你约朋友见面,她怕你等着急,就说十分钟后到,结果往往等了半个小时还没到。尽管有出于好意的部分,最终的行为却表示你没有对他人负责。因而话绝对不可以毫无顾忌地乱说,也不可以轻易地

---

[1] 陈桐生:《国语·周语上》,中华书局,2013年版,第44、46页。

许下任何承诺，说了就要对自己所说的话负全部责任。如果你无法负起全部责任，别人就会对你的真诚产生怀疑，不再信任你。得不到人信任，惹人生厌，是多么糟糕的一件事，可以从佛陀教育其子的事例中清楚看到：

佛陀曾出生为北印度迦毗罗卫国的太子，修行得道后，他成为圣者。佛陀在做太子的时候生了一个儿子，他的名字叫罗怙罗。

罗怙罗在很小的时候就出家了，成为佛陀的弟子。虽然罗怙罗后来也修行得道，荣升圣者之列，但是小时候的罗怙罗却是个遭人讨厌的孩子。他性格粗鲁，言语粗俗，并且待人也很不真诚。他常常不好好修行，还总在寺院里给人找麻烦。于是大家都认为他是个不可信任的人，有些人甚至很讨厌他。

佛陀把罗怙罗叫过去，对他说："从今天开始，你搬到一个清净的寺院去全力修行吧！并且要时时注意你的言语，集中精力，努力学习佛经及戒律。"

罗怙罗听从了佛陀的吩咐，搬进了一个清净的寺院，在那里独自修行了九十天。刚搬进去不久，罗怙罗为自己的罪过感到羞愧。并下定决心要努力修行，痛改前非。可时间久了，罗怙罗便渐渐开始又懒散起来。每天得过且过，既不去努力修行，也不悔改思过。

佛陀亲自来到罗怙罗修行的寺院。罗怙罗向佛陀行过礼后，给佛陀搬来了一张椅子。佛陀坐在椅子上，对罗怙罗说道："罗怙罗呀！你去打盆水给我洗洗脚吧！"

过一会儿，佛陀又说道："罗怙罗呀！你过来看看这洗脚水吧！这水还能喝吗？"

"洗过脚的水已经变脏了，怎么能喝呢？当然要拿出去倒掉。"

"说得好！变脏的水就不能再用了。你好好听着，你虽然是我的弟子，是迦毗罗卫国的王孙，并且远离了世俗，出家成为修行者。但是，依我所看，最近你的修行太懒散了。此外，你不仅言语随便，还常常为了一些不值一提的小事而心生贪念、无理取闹。现在，你的心也犹如这变脏的水了。"

佛陀继续说道："把这盆水拿去倒掉吧！"

罗怙罗将那盆水倒掉后，又回到佛陀面前。这时，佛陀再次说道："现在盆子虽然是空的，但它还可以盛装食物吗？"

"不能。因为用它洗过脚，已经变脏了。"

"说得好！你虽然离开家，成了修行者，但你的言语却还是像以前一样毫无顾忌，很多人都为你难过。你不仅不真诚，也不努力修行，正如这洗过脚的盆子不可以再盛装食物一样，人们也不会再信任你了。"此时，佛陀突然一脚踢翻了那个水盆。水盆便咕噜一声滚到了远处，最后倒在了另一边的墙角处。

佛陀又说道："罗怙罗呀！或许你会想这盆会不会碎掉了？你担心它吗？"

"这个盆被拿来洗过脚了，而且也是个便宜的东西，所以我并不担心。"

佛陀微笑着说道："你也和它一样。你不仅肆无忌惮地行事，并且还经常用粗鲁的言语来中伤、挖苦、谩骂别人，所以，人们不爱惜你，也不喜欢你。也就是说，在人们眼中，你就跟洗过脚的水盆一样，没有任何价值。如果你还不修正你的坏习惯，你只会一直在无边的苦痛与忧心之中挣扎，并以此结束你不幸的人生。"

罗怙罗听了佛陀严厉的训诫后，觉得非常惭愧。同时又觉得非常害怕。

"以后，我会改掉我的坏毛病，努力成为一个真正的修行者。"

罗怙罗恭敬地在佛陀面前跪下，进行了真诚的忏悔。

从那以后，罗怙罗经常自我反省，努力把自己的坏毛病改掉，并全心修行直至升入圣者行列。

一个说话随便、粗鲁，行为肆无忌惮，不知守礼守信的人，就如一个已经脏得不值钱的破盆子，没有任何价值。这是佛陀的教诲。我想，也许谁都不愿意变得像罗怙罗那样，无人信任。但有时还是无法完全提起精神，对自己对他人负起全部责任，往往在小事上疏于严格管理自己的言行，就像我上面提到的那位出租车司机以及茶具店的店员，还有下面将要提到的我的一位朋友那样，随便地对他人许下承诺，却不兑现。其实，我也一样，尽管对自己的言行不够谨慎，却对时间以及他人的言行有严格的要求。尤其是在小事上，我认为更能看出一个人是否是一个信守承诺的人，所以就更为严格。因为你连一件小事都无法信守承诺的话，别人还能相信你什么呢？一天下午六点多钟，我给一位正在工作中的友人打电话，她说现在手头有点忙，等晚上打给我。结果我天真地等了一晚上她也没有打来电话，以后几天她也没有任何动静。可能是她忘记了，可能是她觉得是否马上回我这个电话对她来说是个无关紧要的事。但是我却记得她的承诺，也清楚地看到她没有信守承诺。这也许只是一件小事，却令我无法再像以前那样无条件地信任她，虽然过了若干天后她打来了电话，我对她的看法却已经无法挽回。也许我对自己不够严格，对他人却有些苛刻。但我认为作为一个人，说了就要做到，说了做不到，未免有欺诈、虚妄、不真诚之嫌。这样的人，也许可以在社会上混，也许一时还会混得如鱼得水，但终究有一天会四处碰壁，在社会上失去立足之地。所以孔子才会语重心长地说：

"人而无信,不知其可也。大车无輗,小车无軏,其何以行之哉!"[1]其意是说,作为一个人,却不讲信用,真不知道怎么能行。就好像大车没有輗,小车没有軏,它靠什么行走呢?老子亦言:"人之有信,如车有轮。"《弟子规·信》也一再教导我们:"凡出言,信为先。诈与妄,奚可焉。奸巧语,秽污词。市井气,切戒之。"这明确告诉我们,说话首先要把诚信放在首位,不可说诈言妄语。诈言妄语其实不是在欺骗别人,实际上是在为自己制造在社会上立足的障碍与墙壁。因而,孔子与其弟子才一再要求人要守信。例如,在其《论语·学而篇》就多处提及:

子曰:"道千乘之国,敬事而信,节用而爱人,使民以时。"

孔子说:"治理具有一千辆兵车的国家,就要严肃认真地对待工作,信实无欺,节约费用,爱护官吏,役使百姓要在农闲时间。"

子曰:"弟子,入则孝,出则悌,谨而信,泛爱众,而亲仁。行有余力,则以学文。"

孔子说:"后生小子,在父母跟前,就孝顺父母;离开自己的房子,便敬爱兄长;寡言少语,说话则诚实可信,博爱大众,亲近有仁德的人。这样躬行实践之后,有剩余力量,就再去学习文献。"

子夏曰:"贤贤易色;事父母,能竭其力;事君,能致其

---

[1] 杨伯峻:《论语译注·为政篇第二》,中华书局,2011年版,第21页。

身；与朋友交，言而有信。虽曰未学，吾必谓之学矣。"[1]

子夏说："对妻子，重品德，不重容貌；事奉爹娘，能尽心竭力；服事君子，能豁出生命；同朋友交往，说话诚实守信。这种人，虽说没学习过，我一定说他已经学习过了。"

无论是治理国家，还是与人交往，信实无欺，诚实守信，在孔子及其弟子看来都是很重要的。尤其孔子提倡要少言寡语，我想这一建议对我们现代人很有参考价值。因人与人之间的关系日益疏离、封闭，被压抑在内心的倾诉欲望反而愈加强烈，所以我们很多人才躲到别人见不到自己真实面目的网络空间倾诉自己的故事。倾诉、表达自己，发表对他人、他事的看法虽然不是什么坏事，但要言有度，不可乱说、胡说。乱说、胡说一番，自己的倾诉欲望虽然得到了满足，却无形中对自己与他人、甚至整个社会都制造出不同程度的影响。因为起心动念，天地皆知，何况你用语言说出来呢。另外，如《明心宝鉴》所言："口是伤人斧，唇是割舌刀。闭口深藏舌，安身处处牢。"[2] 言多必有失，可能会惹祸上身；若能言不能行，可能会影响到你的信用。尤其是与人交往中，话不在多，而在于是否言而有信。言而有信，就会得到他人的信赖与任用。如孔子在《论语·阳货第十七》中所言："信则人任焉。"又如《左传·昭公元年》一条所言："能信不为人下。"意即能守信用就不会居于人下。这是说一个守信用的人早晚有一天会出人头地，成为某个领域或者某个行业的佼佼者。如果你再在行为上恪守笃敬，则无处不可通。就如孔子如下所言：

---

[1] 以上三条引文与译文参见杨伯峻：《论语译注·学而篇第一》，中华书局，2011年版，第4～5页。

[2] 范立本：《明心宝鉴》，李朝全译，华艺出版社，2006年版，第107页。

> 子张问行。子曰:言忠信,行笃敬,虽蛮貊之邦,行矣。言不忠信,行不笃敬,虽州里,行乎哉?立则见其参于前也,在舆则见其倚于衡也,夫然后行。"子张书诸绅。[1]

子张问如何才能使自己到处行得通。孔子道:"言语忠诚老实,行为忠厚严肃,纵到了别的部族国家,也行得通。言语欺诈无信,行为刻薄轻浮,就是在本乡本土,能行得通吗?站立的时候,就(仿佛)看见'忠诚老实忠厚严肃'几个字在我们面前;在车厢里,也(仿佛)看见它刻在前面横木上;(时时刻刻记着它,)这样才能使自己到处行得通。"子张把这些话写在大带上。[2]

这意味着言忠信,行笃敬,是无处不通的通行证。事实上也确实如此。我曾经亲自经历过这样一件事。在日本时,我曾经去一家语言学校面试一个汉语教师的职位,当时我正忙于写博士论文,所以在面试申请表的工作要求一栏填写了一周两课时的上课要求,为我面试的是一位在日多年的中国教师,我的汉语水平其实并不好,也没有教学经验,所以在面试者中并不出色。但那位中国教师说只要我可以增加课时,就考虑录用我。原因是那位中国汉语教师觉得我非常实在,很想跟我一起工作。在此我丝毫没有想自夸的意思,只是想说如果你为人诚实无欺,踏踏实实,即使有时你的工作能力差一些,也会受到他人的欢迎,也可以为自己找到出路。因此孔子才对子张说只要言忠信,行笃敬,就会无处不通,即使是蛮夷之地,

---

[1] 杨伯峻:《论语译注·卫灵公篇第十五》,中华书局,2011年版,第160页。

[2] 杨伯峻:《论语译注·卫灵公篇第十五》,中华书局,2011年版,第160〜161页。

你也能用你的忠信、笃敬打动他们，赢得自己的一片天地。我想这是有周游列国经验的孔子的肺腑之言。他通过对弟子疑问的回答，反复地告诉我们忠信是处世之宝。即便这个世界上有很多人放弃了这块宝贝，甘愿生活在自欺欺人中，但更多的人还是渴望诚信。许多事实也证明诚实可信的行为可以打动他人，不仅可以为自己找到一条出路，甚至还可以改变自己的命运。下面这个例子就进一步说明了这个问题，我们不妨花点时间分享一下，同时舒缓一下紧张的神经：

一天深夜，英国一位有钱的绅士正在回家的路上走着。突然，一个蓬头垢面、衣衫褴褛的小男孩拦住他的去路。

小男孩恳切地说道："先生，请您买一包火柴吧。"绅士回答说："我不买。"当他想要躲开小男孩继续走时，小男孩又拦住了他，用哀求的语气说："先生，请您买一包吧，我今天还没有吃东西呢！"

绅士见躲不开小男孩，便说："可是我没有零钱呀！""先生，您先拿上火柴，我去给您换零钱。"说完小男孩便拿着绅士给的一个英镑快步跑走了。可是，绅士等了很久，也没见小男孩回来，他无奈地回家了。

第二天，绅士正在自己的办公室工作，仆人说来了一个小男孩要求面见绅士。于是小男孩被叫了进来，这个小男孩比卖火柴的小男孩矮一些，穿得更破烂。

"先生，对不起，我哥哥让我给您把零钱送来。"这个小男孩说。

"你的哥哥呢？"绅士问道。

"我的哥哥换完零钱，回来找您时，被马车撞成了重伤，在家躺着呢。"小男孩说。

第二章 与他人的关系

绅士被小男孩的诚信深深感动了,他说:"走,我们去看看你的哥哥!"

到了小男孩的家,一看家里只有两个孩子的继母在照顾受伤的小男孩。一见绅士,小男孩马上说:"对不起,我没有按时把零钱给您送回去,失信了!"

当绅士了解到两个小男孩的亲生父母双亡时,毅然决定把他们生活所需要的一切都承担起来了。

你看,一个小男孩不是用别的,而是用一颗真诚守信的心感动了那位有钱的绅士,从而让以后的生活变得快乐、无忧。所以,能真正打动人心的不是金钱、花言巧语,而是一颗能让人安心、放心,令人升起敬意、任何时候都能恪守信用的真实无欺的心。即便在这个纷扰、繁杂、一切向钱看的世俗社会,你感到你的忠信可能会成为他人利用你的工具,你也要坚守它,让它成为你的无形资产,迟早有一天它会为你带来内在与外在的丰盛。况且,如果你有可以被利用的东西,如果能够成就他人,被利用了也没什么不好。归根结底,我们与他人别无二致,尽管看起来形貌各异,心也不尽相同,但在本质上是一样的,不存在谁利用了谁。或者,即使你觉得在某件事上吃亏了,只要你心安,无愧地履行了自己的承诺,自己吃点儿亏,让他人满意,也未尝不是一件好事。就像下面这个例子所讲述的那样:

二〇一〇年二月九日,在天津到武汉的一条高速公路上发生了重大的车祸,二十多辆车连环追尾、相撞。其中有一个人叫孙水林,一家五口全都遇难了。孙水林是做建筑工程的,他那天正巧提了二十六万块钱,准备赶赴他的工程点,把钱发给民工,让民工在年前拿到钱回家过年,可是他不幸遇到车祸遇难了。结果他的弟弟孙东林知道这个事情后，立刻赶往现场。帮助哥哥料理完后事后，立刻在大年三十前一天将钱送到民工的手中。他哥哥死之前没有交代任何事情，所以给每个民工多少钱的账单都没有。孙东林就让民工们凭着自己的良心领工钱，你说要多少，就给你多少。结果后来不够了，把自己的六万多块钱和他母亲给的一万块钱全部都垫上去，使每一个民工都能够如愿领到工钱回家过年。孙东林最后如释重负地说："新年不欠旧年账，今生不欠来生债。"[1]

在上述这件事情当中，不能保证没有昧着良心领工钱的民工存在，让孙东林吃了很大的亏。但这对孙东林来说并不重要，只要能替其哥哥履行了支付民工工钱的承诺，让其哥哥心安，让自己心安才重要。因此，守信，实际上守护的不仅仅是双方的心因承诺得到履行而不受到伤害，更重要的是让自己的心可以无愧于天地人间。其实这也是儒家一贯提倡和推崇的。

另外，无论是知礼守礼，还是守信，实际上体现的都是对自己、对他人的尊重。也许有很多人认为恪守礼与信是为了尊重他人，但并非完全如此。因为，如前所述，恪守礼与信是自己内心真实情感的流露，而非仪式性行为，并且两者皆源于内心的谦卑与诚敬。所以，可以说两者也皆是自尊自重的表现。况且，只有懂得自尊自重的人才会被他人真正尊重。如清人王永彬所著《围炉夜话》言："敬他人，即是敬自己。"[2] 明初善书《明心宝鉴》言："若要人重我，

---

[1] 转引自钟茂森：《君子修身之道——由〈弟子规〉入〈论语〉》，中国华侨出版社，2014年版，第125页。

[2] 王永彬：《围炉夜话》，中国画报出版社，2013年版，第78页。

无过我重人。"[1] 孟子亦言："仁者爱人，有礼者敬人。爱人者，人恒爱之，敬人者，人恒敬之。"[2] 意为仁爱的人爱别人，礼让的人尊敬别人。爱别人的人，别人也会爱他；尊敬别人的人，别人也会尊敬他。

　　同时，尊重他人，不仅仅意味着对比自己身份、地位高的人尊重，还意味着对人的普遍尊重。并且，对身份、地位等不如自己的人的尊重，体现的恐怕才是真正的尊重。在现实生活中，有些人见到有钱、有权、有势的就恭敬有礼，见到位卑、贫穷的就高傲、轻慢、出言不逊。例如，我们经常可以在餐馆等地方看到一些人对服务员一副高高在上的样子，对服务员指东呼西，仿佛自己是真正的上帝。我想这体现的都不是对他人的尊重，而是自己的无知、浅薄与无礼。因而，在这个世间没有任何东西是不值得你尊重的，包括一朵开在路边的花。我曾经在经常散步的公园看见一棵蒲公英在深秋落叶的保护下，顽强地绽放着它生命的花朵。虽然只是那么一朵毫不起眼的黄花，却展示出它对生命的极端热爱以及由此衍发出的强韧生命力。对此，也许很多人会视而不见，我却觉得它的顽强体现了生命的尊严，值得我们在它面前弯下腰，献出我们的谦卑，对它表示深深的敬意。一棵植物都值得我们尊重，何况存在于世间的每个人。可能有人说很多人的行径禽兽不如，都不可以称其为人。尽管如此，他的灵魂的某个角落也有没被染污的地方，如他对家人的爱等。所以，我们不能因某一个人身上的某一点而轻视他的存在，你轻视他，他就会轻视你，作用力与反作用两种力量关系总是相依存在。这样做的后果是，轻则可能在何时你会尝到被轻视的苦果，重则可能会使你丧失性命。下面这个例子就很值得我们深思：

---

[1]　范立本：《明心宝鉴》，李朝全译，华艺出版社，2006年版，第102页。
[2]　杨伯峻：《孟子译注·离娄章句下》，中华书局，2012年版，第182页。

东汉末年名将关羽，过五关，斩六将，温酒斩华雄，匹马斩颜良，偏师擒于禁，擂鼓三通斩蔡阳。百万军中取上将之首，如探囊中之物。

然而，这位叱咤风云、威震三军的一世之雄，下场却很悲惨，居然被吕蒙一个奇袭，兵败地失，被人割了脑袋。

关羽兵败被斩的根本原因是蜀吴联盟破裂，吴主兴兵奇袭荆州。吴蜀联盟的破裂，原因很复杂，但与关羽其人的骄傲，不懂得尊重他人有密切的关系。

诸葛亮离开荆州之前，曾反复叮嘱关羽，要东联孙吴，北拒曹操。但关羽对这一战略方针的重要性认识不足，他瞧不起东吴，也瞧不起孙权，致使吴蜀关系紧张起来。关羽驻守荆州期间，孙权派诸葛瑾到他那里，替孙权的儿子向关羽的女儿求婚，"求结两家之好"，"并力破曹"。这本来是件好事，以婚姻关系维系政治联盟，历史上多有先例。如果放下高傲的架子，认真考虑一番，利用这一良机，进一步巩固蜀吴的联盟，将是很有益处的。但是，关羽竟然狂傲地说："吾虎女安肯嫁犬子乎？"[1]

关羽因轻视孙权，最终兵败被斩，一代英豪的下场可谓悲惨。在现在的社会中，尽管没有兵败被斩的下场，可是因轻视下属、朋友、家人的意见而事业破产的人大有人在，因轻视一个在他看来是小人物而遭遇挫折的人也大有人在。所以我们不要把任何人不当回事，即使一个乞丐他也应得到我们每个人的尊重，生命本来就是平

---

[1] 转引自秦浦：《道家做人儒家做事佛家修心大全集》，中国华侨出版社，2011年版，第235页。

等的。那么，我们在日常交往中到底该如何尊重他人，我想下面这篇文章中的几个小事例，会告诉我们该怎么做。文章出自身心灵网站，篇幅有些长，因当时我看了后很感动，就全部摘录下来，希望大家与我一起分享那份感动：

  一位朋友与一位台商老总谈业务，午餐时在酒店点了菜品，该老总指着雅座中的酒水说："请随意饮用，我们不劝酒。"朋友知道很多南方商人商务会餐时绝不饮酒，也客随主便，草草用饭。
  席间酒店服务生端来一道特色菜，那位老板礼貌地说："谢谢，我们不需要菜了。"服务生解释说这道菜是酒店免费赠送的，那位老总依然微笑回答说："免费的我们也不需要，因为吃不了，浪费。"饭毕，老总将吃剩下的菜打了包，驱车载着朋友出了酒店。
  一路上，那位老总将车子开得很慢，四下打量着什么。朋友正纳闷时，老总停下车子，拿了打包的食物，下车走到一位乞丐跟前，双手将那包食物递给乞丐。朋友看到那位老总双手递食物给乞丐的一刹那，差一点就热泪奔流。

  一次，叶淑穗和朋友一起拜访周作人。他们走到后院最后一排房子的第一间，轻轻地敲了几下门，门开了。开门的是一位戴着眼镜、中等身材、长圆脸、留着一字须、身穿背心的老人。他们推断这位老人可能就是周作人，便说明了来意。可那位老人一听要找周作人，就赶紧说："周作人住在后面。"于是，叶淑穗和友人就往后面走，再敲门，出来的人回答说周作人就住在前面这排房子的第一间。他们只得转身再敲那个门，来开门的还是刚才那位老人，说他自己就是周作人。不同的是，他穿上了整齐的上衣。

夏衍临终前，感到十分难受。秘书说："我去叫大夫。"正在他开门欲出时，夏衍突然睁开眼睛，艰难地说："不是叫，是请。"然后昏迷过去，再也没有醒过来。

67岁的玛格丽塔·温贝里是瑞典一名退休的临床医学家，住在首都斯德哥尔摩附近的松德比贝里。一天早上，温贝里收到邮局送来的一张请柬，邀请她参加政府举办的一场以环境为主题的晚宴。

温贝里有些疑惑，自己是一名医务工作者，跟环境保护几乎没有什么关联，为什么会被邀请呢？温贝里将请柬仔仔细细看了好几遍，确认上面写的就是自己的名字后，放下心来："看上去没有什么不对的，我想我应该去。"于是，温贝里满心欢喜地挑选了一套只有出席重大活动时才穿的套装，高高兴兴赴宴去了。赶到现场，温贝里不由大吃一惊，参加晚宴的竟然都是政府高级官员，其中就有环境大臣莱娜·埃克，他们曾经在其他活动中见过面。看到温贝里后，埃克先是一愣，然后马上向她报以最真挚的笑容："欢迎你，温贝里太太。"接着热情地将温贝里带到相应的座位上。温贝里和政府要员们一起进餐，并聆听了他们对环境的看法和建议。

宴会结束后，按惯例要拍照留念，埃克邀请温贝里坐在第一排。就这样，温贝里度过了一个愉快的晚上。

几天后，温贝里浏览报纸时，看到了自己参加晚宴的合影和一则新闻报道："政府宴请送错请柬，平民赴约受到款待。"

原来环境大臣埃克本来邀请的是前任农业大臣玛格丽塔·温贝里，由于工作人员的失误，把请柬送到了和农业大臣同名同姓的平民温贝里手中。对此,埃克表示:"不管她是谁,只要来参加,就应该受到尊重和礼遇。"

看到这里,温贝里不由得心头一热,敬重之情油然而生:埃克知道她是一个"冒牌货",非但没有当场揭穿,反而给予了她大臣一样规格的礼遇,这样不动声色的尊重足以令她欣慰一生。

以上几个事例从不同的侧面告诉我们该如何尊重他人。很明显,对比自己身份低的人示以尊重,不仅不会降低自己的身价,反而会显出其内心的高贵,从而提升在他人心中的地位,赢得他人更大、更深的尊重。因此,当万章问孟子:"敢问交际何心也?"孟子曰:"恭也。"[1] 万章问孟子与人交际的时候,当如何存心。孟子回答说应该心存恭敬。心存恭敬体现的即是对对方的尊重。当万章又问孟子交朋友的原则时,孟子回答说:

> 不挟长,不挟贵,不挟兄弟而友。友也者,友其德也,不可以有挟也。孟献子,百乘之家也,有友五人焉:乐正裘,牧仲,其三人,则予忘之矣。献子之与此五人者友也,无献子之家者也。此五人者,亦有献子之家,则不与之友矣。非惟百乘之家为然也,虽小国之君亦有之。费惠公曰:'吾于子思,则师之矣;吾于颜般,则友之矣;王顺、长息则事我者也。'非惟小国之君为然也,虽大国之君亦有之。晋平公之于亥唐也,入云则入,坐云则坐,食云则食;虽蔬食菜羹,未尝不饱,盖不敢不饱也。然终于此而已矣。弗与共天位也,弗与治天职也,弗与食天禄也,士之尊贤者也,非王公之尊贤也。舜尚见帝,

---

[1] 杨伯峻:《孟子译注·万章章句下》,中华书局,2012年版,第222页。

帝馆甥于贰室，亦飨舜，迭为宾主，是天子而友匹夫也。用上敬下，谓之贵贵；贵贵尊贤，其义一也。[1]

不倚仗年龄大，不倚仗地位高，不倚仗兄弟的势力去交朋友。交朋友，交的是品德，不能够有什么倚仗。孟献子是一位拥有百辆车马的大夫，他有五位朋友：乐正裘、牧仲，其余三位，我忘记了。献子与这五人交朋友，心目中并不存在自己是大夫的观念，这五人，如果心目中存有献子是位大夫的观念，也就不会与他交朋友了。不仅具有百辆车马的大夫是如此的，就是小国的国君也有这样的。费惠公说：'我对于子思，把他尊为老师；我对于颜般，和他交为朋友；至于王顺和长息，不过是替我工作的人罢了。'不仅小国的国君有这样的，就是大国的国君也有这样的。晋平公对于亥唐，亥唐叫他进去，便进去；叫他坐，便坐；叫他吃饭，便吃饭。即使是糙米饭蔬菜汤，也没有不吃饱的，因为不敢不吃饱。不过，晋平公也就是做到这一点罢了。不同他一起共列官位，不同他一起治理政事，不同他一起享受俸禄，这只是一般士人尊敬贤者的态度，而不是王公尊敬贤者所应有的态度。从前舜去拜见尧帝，尧请他的这位女婿住在另一处宫邸中。他请舜吃饭，舜也请他吃饭，二人互为客人和主人。这是以天子的高位与普通百姓交朋友的范例。地位低下的人尊敬地位高贵的人，这叫尊敬贵人；地位高贵的人尊敬地位低下的人，这叫尊敬贤人。尊敬贵人和尊敬贤人，道理都是一样的。[2]

从孟子列举的位高权重的大夫、国君交友以及对待朋友的事例中，我们进一步可以看出尊敬、尊重他人意味着要丢掉贴在身上的

---

[1] 杨伯峻：《孟子译注·万章章句下》，中华书局，2012年版，第219页。

[2] 杨伯峻：《孟子译注·万章章句下》，中华书局，2012年版，第219～220页。

各种标签,即使国君也不例外。唯有如此,我们才可能交到真正的朋友,赢得他人的真心。并且,还可以看出朋友间的彼此互相尊重完全出于对对方品德的尊敬,而没有任何其他想要有所倚仗等非分的想法。因此,在生活中,你面对的每一个人并不一定都是有品德的,但是你却可以用你的品德去感化他,从而获得他的尊重。他懂得尊重你了,就说明他已经具有了你身上的某些品德。所以,你不要封闭自己的圈子,只对有限的朋友或者有所求的位高权重的人露出你的微笑,你完全可以把微笑送给遇到的每一个人,无论是路边的乞丐,还是小区的物业管理人员,通过微笑表达你对他们存在的重视与友好。这在无形中可以让他们感到生命的尊严,从而懂得尊重自己,尊重他人,觉得活着其实也是一件很不错的事。当我们都懂得互相尊重了,这个世间的每一个生命就都有了他存在的意义与尊严,生活不再是你争我夺的竞争赛,而是你尊我让的协奏曲。这样岂不是更好,这岂不是古圣先贤所倡导的人间社会本来的样子。我是这样想的,也希望自己在任何时候都能这样做。

  不过,无论是我,还是你,可能有时只是活在理想中,要想把所想的所说的真正践行在日常生活与他人的交往中,有时还是有些困难。虽然困难,却不能就此放弃,毕竟人生的旅途短暂,我们要为他人、为自己做些什么,让自己变得有用,从而不辜负难得的生命。因此,我们还要继续我们的修身之旅,直到我们离开这个世间。所以,我们要时刻严格要求自己,利用一切机会提升自己,同时以宽广的胸怀接纳别人,包容别人。

五、严己宽人,不以某种标准待人

我想,很多人可能都像我一样,长于责人,拙于责己,遇到问题的时候,总是习惯先去找别人的毛病、缺点,而忘记了自己是否也有不对之处。同时,又往往会先带着某种固定观念去面对周围的人,不合己意者,要么疏远他、攻击他,要么背后议论、指责他。到头来,工作中没有可以合作的伙伴,生活中没有几个朋友和知己。这样的生活固然简单,不用耗精力与时间于日常的交往中。但是,如果真正遇到什么事情的时候,身边可能没有能够陪伴你的人,也没有能够帮助你的人。除非你自身有足够可以支撑你应付各种局面的强大力量,除非你不想在工作、事业中有所成就,除非你喜欢避世的孤独。否则,你对别人的苛刻,对自己的纵容,必然会影响到你的身心健康、工作、事业,还有整个人生。毕竟,这个世界是一个关系网,只要我们活在这个世上,就注定要活在各种关系中,我们处理不好与他人的关系,人生就会变得不如意,烦恼丛生,诸病皆起,多事不顺。不止如此,还可能招致他人的怨恨,甚至仇恨。因此,多多严格要求自己,尽量宽容别人,既利人又益己,是让自己的周围变得和谐起来的妙方。如宋代学者邵雍在其诗《为人吟》所言:"人心龃龉一身病,事体和谐四海春。"[1]

既然如此,我们该如何做呢?对此,我们可以先看看古圣先贤是如何做的。如唐代散文家韩愈(768~824)所言:

---

[1] 邵雍:《邵雍集·伊川击壤集卷之十九》,郭彧整理,中华书局,2014年版,第506页。

第二章 与他人的关系

古之君子，其责己也重以周，其待人也轻以约。重以周，故不怠；轻以约，故人乐为善。[1]

古代的君子责备自己总是很重、很周全、很严格，而对别人很宽容、很平易、不苛求。对自己很严格，就不会放松懈怠，就能及时发现自己的缺点和错误，从而及时改过，不断向上；对别人宽容，别人就心情舒畅，愿意做好事。

因此，看他们所行，可以启发我们找到适合自己的律己之路。例如，元代许衡（1209～1281）就以一件小事告诉我们什么是律己：

许衡做官之前，一年夏天外出，天热感觉口渴难耐，刚好道旁有棵梨树，众人争相摘梨解渴，唯独许衡不为之所动。有人问他为何不摘？他回答说："不是自己的梨，岂能乱摘！"那人劝解道："乱世之时，这梨是没有主人的。"许衡正色道："梨无主人，难道我心中也无主吗？"终不摘梨。

许衡的言行告诉我们任何时候做事都不能违背自己的良心，要时刻用自己的良心来观照自己的行为。同时，如东汉时期名臣杨震（？～124）的以下言行所指示的那样，不仅我们的良心，还有我们头顶上的天、脚下的地，都时刻在看着我们：

杨震，弘农华阴（今属陕西省）人，曾执教讲学20余年，至50才步入仕途，历任荆州刺史、涿郡太守、司徒、太尉等职。他在出任东莱太守期间，因公务途经昌邑。县令王密本是荆州

---

[1] 韩愈：《古文观止译注·原毁》，吉林人民出版社，1982年版，第610页。

的茂才，曾得到杨震的推荐。一天，夜已很深，王密谒见杨震时，从怀里取出10斤金相赠。杨震不但不接受，还批评说："我和你是故交，关系比较密切，我很了解你的为人，而你却不了解我的为人，这是为什么呢？"王密说："现在是深夜，无人知道。"杨震说："天知、地知、我知、你知，怎能说无人知道呢？"受到谴责后，王密十分惭愧，只好走了。

尽管身边没有他人，天、地，还有自己的良心却在看着自己。这告诉我们天、地、自己的良心时刻都是我们行为的见证者。因此，无论任何时候、场合，都要"战战兢兢，如履薄冰，如临深渊"[1]，时刻谨慎，不能有所失。

不止杨震，生于清末光绪年间，后来出家为僧的李叔同（1880～1942）也在《改过试验谈》中如是说："吾等凡有所作所为，起念动心，佛菩萨乃至诸鬼神等，无不尽知尽见。若时时如是想，自不敢胡作非为。"不仅我们的所作所为，就连我们此刻在想什么，佛、菩萨乃至诸鬼神都知道，并看得一清二楚。这进一步告诉我们律己不仅要管好自己的言行不能有违于天地、良心，还要管好我们的心、念头，不能有歹念、恶念、贪念等。李叔同如是说，也是如是做的。他出家后，专修律宗，平日恪守戒律，律己甚严。口里不藏否人物，不说人是非长短，就是他的学生，一天到晚在他跟前做错了事，他也不说。如果有犯戒做错或不对他心思的事，唯一的方法就是"律己"——不吃饭。不吃饭并不是存心给人怄气，而是在替那做错的人忏悔，恨自己的德行不能感化他。他的学生跟他常在一块的人，知道他的脾气，每逢他不吃饭时，就知道有做错的事或

---

[1] 秦川：《四书五经·诗经·小雅·小旻》，北京燕山出版社，2007年版，第132页。

说错的话，赶紧想法改正。一次两次，一天两天，几时等你把错改正过来之后，他才吃饭。末了你的错处，让你自己去说，他也不开口。平素他和人常说：戒律是拿来"律己"的，不是"律人"的，有些人不以戒律"律己"而去"律人"，这就失去戒律的意义了。[1]

　　由此可见，律己具体到行为上，实际上包含着对自己的严格，对他人的宽容。像李叔同那样，弟子做错事了，不是责备弟子，而是反省自己的德行不够。这也是古代君子的一贯做法。例如，孔子讲："君子求诸己，小人求诸人。"[2] 君子只要求自己，只有小人才要求别人。因而，大凡品德高尚的人都是严于律己，宽于待人，当事情出现问题或受到挫折后，从不埋怨别人，而是内省自己，从自己身上找出原因。例如，孔子的弟子曾子每日都反省自己的行为："为人谋而不忠乎？与朋友交而不信乎？传不习乎？"[3] 曾子每天反省自己替别人办事是否竭心尽力，与朋友交往是否诚实，老师教授的学业是否复习。我们则可以随时根据实际遇到的情况进行反省，像孟子说的那样：

　　　　爱人不亲，反其仁；治人不治，反其智；礼人不答，反其敬——行有不得者皆反求诸己，其身正而天下归之。[4]

---

[1]　转引自陈戎、李叔同：《圆月天心》，辽宁人民出版社，2015年版，第188页。

[2]　杨伯峻：《论语译注·卫灵公篇第十五》，中华书局，2011年版，第164页。

[3]　杨伯峻：《论语译注·学而篇第一》，中华书局，2011年版，第3页。

[4]　杨伯峻译注：《孟子译注·离娄章句上》，中华书局，2012年版，第152页。

孟子说：我爱别人，可是别人不亲近我，那得反问自己，自己的仁爱还不够吗？我管理别人，可是没管好，那得反问自己，自己的智慧和知识还不够吗？我有礼貌地对待别人，可是得不到相应的回应，那得反问自己，自己的恭敬还不够吗？任何行为如果没有得到预期的效果都要反躬自责，自己的确端正了，天下的人自会归向他。[1]

你看，孟子说得多贴近我们的生活，很多时候我们对他人的不满是否来源于下属的不听话，或者同事等他人对自己的不尊重呢。如果是这样，我们就要自我反省一切，从自己身上找原因，而不是怨天尤人。怨天尤人固然容易，但容易树敌，招来别人的怨恨，甚至祸患。大家可能会抱怨你连自己都管不好，却还处处挑剔、指责别人，或者怨恨你太过专横、霸道，从而报复你，毕竟世上之人并非都是君子。因此，孔子等古人一再叮咛为人要"攻其恶，无攻人之恶"，"躬自厚而薄则于人，则远怨矣。"[2] "其施厚者报美，其怨大者祸深。薄施而厚望，畜怨而无患者，古今未之有也。"[3] "但责己，不责人，此远怨之道也。"[4] 提醒我们凡事先要批判自己的坏处，而不是先去批判别人的坏处。如果一味批判别人的坏处，怨恨甚至祸患就会来到我们身边。

道理可能我们都懂，被他人怨恨不好，但就是在实际的为人处事中，当被愤怒等情感冲昏头脑的时候，我们还是容易先把愤怒之

---

[1] 杨伯峻译注：《孟子译注·离娄章句上》，中华书局，2012年版，第152～153页。

[2] 杨伯峻：《论语译注·颜渊篇第十二》，中华书局，2011年版，第128页。

[3] 《淮南子》，上册卷十《谬称训》，陈广忠译注，中华书局，2012年版，第508页。

[4] 王永彬：《围炉夜话》，中国画报出版社，2013年版，第109页。

火泼向别人,而忘记反躬自省。如果你发现自己也是这样的话,不妨在下次发怒、想要责备他人、或者与他人发生冲突的时候,先用适合自己的方法例如数数控制住情绪,然后试着观察自己想发怒的情绪是如何升起的,是否没有先追究自己的问题就迁怒于他人。如此这番观察一下后,你的愤怒情绪可能会慢慢平息下来,会猛然意识到孔子说的"一朝之忿,忘其身,以及其亲,非惑与"这句话是至理名言。如果你觉得这样的方法不适合你,你也可以为自己找一个不让自己发怒、生气的理由。例如,我每次想责备他人,认为他人做得不够的时候,就对自己说:"只要对方觉得好就可以。"这样想的话,往往想责备他人的情绪会得到控制,自己也会由此获得内心的宁静。

方法有很多,像北宋林逋(967~1028)在其著作《省心录》说"以责人之心责己,则寡过;以责己之心恕人,则全交。"这也是一种很好的方法。因为我们常人责备他人时往往比责备自己时更为苛刻、严厉,所以我们如果用责备他人的心情来责备自己,用责备自己的心来宽恕别人,不仅我们自己会少犯过错,与我们交往的人也会变多。交往的人多了,意味着学习、提升自己的机会增加了,你也更受欢迎了。这样,你的周围就会充满生机与和谐。因此,懂得聪明地活着的人可能不会把批判之矛时刻指向他人,而是时刻责备自己的不足,凡事求诸正己。毕竟,别人有自己的意志,不会按照你的意愿行事,你总是对别人不满,要求别人如何去做,是强行要把别人纳入自己的意愿之中,别人必然会不悦、甚至怨恨,你本身也落得一身烦恼。但若凡事你都从要求自己开始,而不是要求别人,那么可能双方都会和乐。所以,《淮南子》教导我们"怨人不如自怨,求诸人不如求诸己,得也"。[1]

　　凡事不要求别人,就是即使别人的想法和观点与自己的不同,即使别人不按照自己的意愿、要求去做,也可以容忍、不计较,可以以平和的心态接受。如果你表面上不要求,心里却不能容忍、接受,那么并不是真正的不要求,也就不是宽容。因此,宽容是一种气量,一种对他人、事物不做任何价值判断,却又允许其存在的巨大包容力。这听起来似乎很简单,只要凡事不总是与人计较即可。但做起来其实很难。我们总是有很多情绪、标准、要求,不知道它们何时会出现。尤其在戾气渐浓的现代社会,大家的心已渐渐变得狭隘、敏感、紧张,仅仅因为一件小事就可能引发冲突。就像在公交车上,因没人给一位老人让座,那位老人就大吵大闹,甚至下车拦车一样,我们被天经地义的道理束缚住,我们被无法摆脱的焦躁情绪控制住,而忘记了互相体谅、包容别人,变得只会抱怨别人。这样的事,无论在家人间,还是同事、朋友间都屡见不鲜。婆媳间因鸡毛蒜皮的小事争论不休;同事间因一句话彼此不和,甚至反目为仇;朋友间因对方稍不如己意,就疏远对方,甚至绝交。不止如此,有些人总是带着审视、挑剔的目光把周围的人先扫描一下,如果觉得这个人不怎么样,或者对自己没什么用,就不用正眼瞧对方,甚至拒绝对方靠近自己。

　　在中国,危险这个词很少见人用,在日本几乎是每个人的口头禅。每当遇到比较激进或与自己理念相左的人,第一个反应就是"危(あぶ)ない(危险)"!危险,就意味着对方的存在给自己造成了某种威胁,因此会潜意识地要躲开他,或者有意无意地在交往中制造距离,尽量把他与自己隔离开来,将自己置于自认为安全的

---

[1]《淮南子》,上册卷上《缪称训》,陈广忠译注,中华书局,2015年版,第524页。

第二章 与他人的关系

境地。这样做,自己似乎是降低了被"危险"袭击的系数,不过也由此丢掉了与不同人交往、学习的机会,从而把自己封闭在自己的世界里,实际上不益于提升自己。同时,一个眼光挑剔、固步自封的人是僵硬的,会让接近他的人有一种硬硬的碰触感以及由此产生的不适。同理,其本人也会因觉得与对面的这个人无法调和,而产生不适感。就像邵雍说的那样:"人之精神贵藏而用之,苟炫于外,则鲜有不败者,如利刃,物来则衔之,若恃刃之利而求割乎物,则刃与物俱伤矣。"[1] 这进一步告诉我们,你以挑剔、审视的目光对待别人,受伤的不仅是别人,还有自己。因此,你宽容待人,真正宽容的不是别人,而是你自己。所以,如果你对人不够宽容,最终影响的是你的工作,你的人生。但如果你认为无法马上做到宽容,你可以在与他人发生冲突、对立的时候,先学会退步,就像晚清的曾国藩(1881~1872)对其门生李鸿章(1823~1901)讲的那样:

  李鸿章虽然三进三出,但跟随曾国藩时间还是很长,从老师那里学到的东西也是最多。所以唯有他才真正成为继湘军之后的最高军事统帅,继曾国藩之后洋务运动的最高领袖。一句话,曾国藩死后,李鸿章就是他的替手。当然论立德修身,李鸿章与曾国藩是两号人物,无法同日而语。

  曾国藩晚年与李鸿章交往甚密。一次,李鸿章问曾国藩:"老师,您看门生最大的不足在哪里?"平日,李鸿章并不是那种乐意自省的人,今天如此长进,曾国藩心中不禁欢喜,便极坦率地说道:"你的不足在欠容忍。我一生无他长处,就在这点上比你强。我那年给你讲的《挺经》的第一条,你还记得

---

[1]　邵雍:《邵雍集·观物外篇下之下》,郭彧整理,中华书局,2014年版,第169页。

吗？"

"记得，记得。门生和其他幕僚争执时都猜不透那个故事中的含义，您启发我一下吧！"

那是一个什么故事呢？又怎么还需曾国藩再次提及呢？原来，就民间说来，只不过一个极其简短的笑话罢了：两个农夫在一条狭窄的田埂上相遇，开始都互不相让，由于两人脾气同样的犟，一直僵持了大半个时辰。他们似乎在暗暗地比着，这回谁先让了谁就是弱者，世界上的事都是弱者输了。后来，一个年长点的农夫突然想，还是自己错了，应该是谁先让了谁就是智者，世界上的事还都不是智者赢了吗？于是，他主动退了回去，让对方顺利过去。对方见年长者先让，顿时一股胜利者的兴奋冲了出来，竟大摇大摆地走过了田埂，还没回过神来，年长的农夫也大摇大摆地走过了田埂。这时，年轻的反倒有点失落，觉得还是人家聪明，要是他还和自己那样继续犯傻，现在两人不还是僵在田埂的中央吗？

其实，故事的哲理并不深奥，曾国藩为了教育这个不知高低的学生，还是笑着说："先让的表面上是屈，实际上是挺，是以屈为挺，智挺。事事好胜，不能容忍别人，很多事就办不下去了。"生姜还是老的辣，曾老师人生阅历如此丰富，李鸿章不得不佩服。[1]

这个故事说明当你与对方的关系僵持不下时，即使后退几步给对方让开路，也不代表你输了，或者有所失。相反，这不仅可能让对方感到你宽容，还由此避免了一场由各不退让引发的纷争，没给彼此带来更大的不快与痛苦，并因此使事情顺利进行。最终你会发

---

[1] 曾国祥：《曾国藩修身经》，华龄出版社，2012年版，第140~141页。

现原来退步是向前，表面是屈，实际是挺。因此，在有些时候，你多容忍一下，未必不是一件好事。至少你可以借此锻炼自己的气量，世间也由此少了一些不必要的争执。尽管有时容忍因为不是心甘情愿的，会给你带来稍许不快。但是，如果事情圆满收场，你又没有什么损失的话，也不是不值得。例如，有一天我去超市买苹果，拿了几个后就去排队称重量，在我前面只有一个年轻女孩，她买的也不多，看样子很快就会称完。就在这时，一位五十岁上下的阿姨手里拿着一个大芒果走过来，然后看都没看我一眼，若无其事地插在了我前面。一共就两个人的队，她还插在了我前面，我有些无法容忍。很想张口对她说："请您排队！"一想，我要是对她说了，她如果不通情理，很可能会跟我吵起来。这样一来，不仅让我更不愉快，说不定我还买不成苹果。于是，我就把到嘴边的话又咽了回去。可是，我还是无法阻止自己用悲伤的眼神望着她的后背。她可能感觉到了，称完后回头瞅了我一眼，走了。我之所以会感到悲伤，不是因为我容忍了感到悲伤，而是为一个人没有随着年龄的增长不断提升、完善自己而感到悲伤。我想，这是人最大的悲哀。因此，生而为人，就要抓住、利用一切机会提升、完善自己，学会让步、容忍，并进一步学会宽容。

如果说容忍还包含着一丝不情愿，宽容则是无条件、心甘情愿、甚至欢天喜地地包容对方。为此，就要在日常小事中注意不断开阔我们的胸襟，不能小肚鸡肠，斤斤计较。那么，该如何做呢？前面提到的曾国藩言："躬自厚而薄责于人，则度量闳深矣"；"胸襟广大，宜从平淡二字用功。凡人我之际，须看得平；功名之际，须看得淡。庶几胸怀日阔。"[1] 这告诉我们让度量、胸襟变得开阔的方法有二：其一是严于责己轻于责人，度量就会宏大深阔起来；其二是平日要

---

[1] 曾国祥：《曾国藩修身经》，华龄出版社，2012年版，第139、138页。

在"平"与"淡"这两个字上用功。凡在与别人打交道时,必须将自己的心态摆平;在对待功利得失时,必须把利益看淡。这样,胸怀或许会一天天宽阔起来。不责备别人意味着我们不会有那么多负面情绪;摆平心态,意味着不用挑剔、审视等的眼光与人打交道;把利益看淡,意味着不关心个人得失。由此,我们心里装的东西少了,就会慢慢变得宽阔而无滞。因而,胸襟开阔的人不拒绝与任何人交往,就像子张对子夏的门人所言的那样:

> 子夏之门人,问交于子张。子张曰:"子夏云何?"对曰:"子夏曰:'可者与之,与其不可者拒之'。"子张曰:"异乎吾所闻,君子尊贤而容众,嘉善而矜不能。我之大贤与,于人何所不容?我之不贤与,人将拒我,如之何其拒人也?"[1]

子夏的门人向子张请教如何与人交往。子张说:"子夏怎么说的?"回答说:"子夏说'能与他交往的,就和他交往,不能和他交往的就拒绝他。"子张说:"和我听到的不同,君子尊重有贤能的人,同时能容纳普通的人;嘉奖为善的人,也怜悯能力差的人。如果我足够优秀,别人的什么是我所不能包容的呢?如果我不优秀,别人将拒绝与我交往,我又怎么谈得上去拒绝别人呢?"

子夏对其门人所说的话,意味子夏在用某种框架框别人,如果别人愿意进入他的框架,就与之交,否则就拒绝,像前面提到的那位不退让的年轻农夫一样,丝毫不妥协。与此相对,子张则主张如果自己是优秀的,就没有不能包容的人;如果自己不够优秀,可能别人首先会拒绝与自己交往。因此,作为一个君子,一个胸襟开阔的人,是不会选择要与什么样的人交往的,而是会丢掉自己的标准

---

[1] 杨伯峻:《论语译注·子张篇第十九》,中华书局,2011年版,第197页。

第二章　与他人的关系

去包容、接纳各种人。唯有如此，我们才不会在人生的路途上为自己设置障碍，而会处处通途。你想，只要我们活在这个世上，无论走到哪里，都会遇到各种各样的贤与不肖的人，如果我们刻意选择只与自己合得来的人交往，那么无疑是将自己推入四面筑有高墙的窘境。毕竟，这个世上，不用说知音了，真正了解你的人，真正合你意的人恐怕也寥寥无几。如果我们再把不符合自己标准的人拒之门外的话，恐怕最终结果不是我们拒绝了他人，而是我们遭到了他人的弃绝：

与物穷者，物入焉；与物且者，其身之不能容，焉能容人！不能容人者无亲，无亲者尽人。[1]

跟外物顺应相通的人，外物必将归依于他；跟外物相互阻遏的人，他们自身都不能相容，又怎么能容纳他人！不能容人的人没有人亲近，没有亲近的人也就为人们所弃绝。

由此可知，宽容意味着你与他人之间是通的，没有阻隔的；同时意味着需要你去顺应他人，而非拿着自己的标准去衡量他人。只有这样，你才能自容容人，才会受到他人的欢迎，在这个世间找到自己的立足之地。否则，你会感觉天下之大竟然没有自己一个容身之地。实际不是没有，而是你用自己苛责于人的心将自己推入了绝境。因此，曾国藩言："古今有所成者，无论是圣贤豪杰，还是文人才士，皆是拥有豁达光明之胸怀者。"[2] 所以，除非你甘愿平庸，甘愿自绝绝人，喜欢在世间的某个角落独自一人静静地活着。要不

---

[1] 陈鼓应：《庄子今注今译·杂篇·庚桑楚》，中华书局，2013年版，第650页。

[2] 曾国祥：《曾国藩修身经》，华龄出版社，2012年版，第136页。

然,你就要学会多顺应他人,以一颗开阔的心去包容他人。这样做,不仅给他人带来生存的空间,也是给自己留下更多的活路,或许你日后的成功就来源于曾经得到你宽容之人的回报,就像管仲对秦桓公,那些偷吃秦穆公马匹的人对秦穆公:

春秋时,齐襄公被杀后,公子小白和公子纠为争夺王位而战。鲍叔牙帮助小白,管仲帮助公子纠。双方交战中,管仲曾用箭射中了小白衣带上的钩子,小白险遭丧命。后来小白做了齐国国君,即齐桓公。齐桓公执政后,任命鲍叔为相国。可鲍叔心胸宽广,有知人之明,坚持把管仲推荐给桓公。他说:"只有管仲能担任相国要职,我有五个方面比不上管仲:宽惠安民,让百姓听从君命,我不如他;治理国家,能确保国家的根本权益,我不如他;讲究忠信,团结好百姓,我赶不上他;制作礼仪,使四方都来效法,我不如他;指挥战争,使百姓更加勇敢,我不如他。"齐桓公也是宽容大度的人,不记射钩私仇,采纳了鲍叔的建议,重用管仲,任命他为相国。管仲担任相国后,协助桓公在经济、内政、军事方面进行改革,数年之间,齐转弱为强,成为春秋前期中原经济最发达的强国,齐桓公也成就了"九合诸候,一匡天下"的霸业。

春秋时期,秦穆公心爱的一批上等马被岐下的乡下人偷偷宰着吃掉了。秦国的官吏把那批乡下人押到秦穆公面前,等待他的发落。

可是,秦穆公却和善地说道:"我不会因为一只牲畜而去残害300多个百姓的性命。听说吃了马肉,如果不喝点酒,会对身体造成伤害。你去赏他们喝点酒,保护好身体要紧,喝完酒,他们就可以回去了,我不怪罪。"

那批被饶恕的百姓甚是感激，后来，秦国和晋国交战。这300多个吃过秦穆公马肉的人，全部奔赴战场，不顾一切地为秦穆公效命。在危难时刻，都争先恐后地前去迎战，以报答秦穆公当年的原谅和宽容之恩。

最终，晋军的包围被300多个没有经过训练的百姓突破了。秦穆公也成功地脱险了，他曾经小小的饶恕居然换得了这样大的回报，估计连他自己也没有想到。

如果齐桓公心胸狭隘，不任用曾经射中他钩带的管仲，他就无法成就霸业；如果秦穆公不宽恕那些曾经偷吃他马的农民，在秦晋之战中就可能无法脱险，甚至还会丢掉性命。因此，谁都不知道在什么时候，会得到什么人的帮助。所以，学会顺应外物，多多宽容他人，对自己总无坏处。既然如此，我们该如何从自身做起，让自己变得真正宽容？如前所述，之所以我们在与人交往中不能做到真正的宽容，是因为我们有标准，标准则意味着限制。它不仅限制了我们的心量，还限制了我们与他人的交流，让我们不能去顺应他人的看法，不能做到舍己从人。但是，你的标准真的就是对的吗？真的就那么重要吗？进一步说，这个世界真的存在标准吗？如果仔细读一下庄子在《齐物论》中说的话，你就会明白你所谓的标准只是束缚你的绳索：

道行之而成，物谓之而然。有自也而可，有自也而不可。有自也而然，有自也而不然。恶乎然？然于然。恶乎不然？不然于不然。恶乎可？可于可。恶乎不可？不可于不可。物固有所然，物固有所可。无物不然，无物不可。故为是举莛与楹，厉与西施，恢恑憰怪，道通为一。其分也，成也；其成也，毁也。凡物无成与毁，复通为一。

唯达者知通为一，为是不用而寓诸庸；庸也者，用也；用也者，通也；通也者，得也。适得而已矣。因是已。已而不知其然，谓之道。

　　劳神明为一，而不知其同也，谓之朝三。何谓朝三？狙公赋茅曰："朝三而暮四"。众狙皆怒。曰："然则朝四而暮三"。众狙皆悦。名实未亏而喜怒为用，亦因是也。是以圣人和之以是非而休乎天钧，是之谓两行。[1]

　　道路是人走出来的，事物的名称是人叫出来的。可有它可的原因，不可有它不可的原因；是有它是的原因，不是有它不是的原因；为什么是？自有它是的道理。为什么不是？自有它不是的道理。为什么可？自有它可的道理。为什么不可？自有它不可的道理。一切事物本来都有它是的地方，一切事物本来都有它可的地方。没有什么东西不是，没有什么东西不可。所以举凡小草和大木，丑癞的女人和美貌的西施，以及一切事物无论完成和毁坏，都是复归于一个整体。

　　只有通达之士才能了解这个通而为一的道理，因此他不用固执自己的成见而寄寓在各物的功分上；这就是因任自然的道理。顺着自然的路径行走而不知道它的所以然，这就叫做"道"。

　　（辩者们）竭尽心智去求（一致），而不知道它本来就是相同的，这就是所谓"朝三"。什么叫做"朝三"？有一个养猴的人，喂猴子吃栗子，对猴子说："早上给你们三升，晚上给你们四升。"猴子听了都很生气。养猴的人又说："那么早上给你们四升，晚上给你们三升。"这些猴子听了都高兴起来。名和实都没有改变而猴子

---

[1]　陈鼓应：《庄子今注今译·内篇·齐物论》，中华书局，2013年版，第69～70页。

的喜怒却因而不同,这也是顺着猴子主观的心理作用罢了!所以圣人不执着于是非的争论而依顺自然的均衡之理,这就叫做"两行"。[1]

任何事物的可与不可、是与不是、美与丑,甚至善与恶都是相对的,而不是绝对的。对某些人来说,可能认为这样做是正确的;对某些人来说,可能认为是错误的。因此,我们所谓的标准也只是自己的价值观,是有局限的,未必适用于他人。况且,无论是可与不可、是与非是,归根结底都是一样的,就像小草和大木、丑癞的女人和美貌的西施,尽管在外在形体上分殊,在回归道、化为尘泥后是无分无别的。所以,万事万物在本质上都是一样的,其存在都是无可无不可的。这也就是说存在于你的标准,只是你的标准,它不是万事万物共同的标准,你不能把你的标准强加于他人,来取代他人的标准,你、他的标准是可以共存的。并且,在本质上是相通的,所谓的标准、或者共同的标准是不存在的:

> 啮缺问乎王倪曰:"子知物之所同是乎?"
> 曰:"吾恶乎知之!"
> "子知子之所不知邪?"
> 曰:"吾恶乎知之!"
> "然则物无知邪?"
> 曰:"吾恶乎知之!虽然尝试言之。庸讵知吾所谓知之非不知邪?庸讵知吾所谓不知之非知邪?且吾尝试问乎汝:民湿寝则腰疾偏死,鳅然乎哉?木处则惴栗恂惧,猨猴然乎哉?三者孰知正处?民食刍豢,麋鹿食荐,蝍蛆甘带,鸱鸦耆鼠,四者孰知正味?猨猵狙以为雌,麋与鹿交,鳅与鱼游。毛嫱西施,

---

[1] 陈鼓应:《庄子今注今译·内篇·齐物论》,中华书局,2013年版,第74~75页。

人之所美也；鱼见之深入，鸟见之高飞，麋鹿见之决骤。四者孰知天下之正色哉？自我观之，仁义之端，是非之涂，樊然殽乱，吾恶能知其辩！"[1]

啮缺问王倪："你知道万物有共同的标准吗？"

王倪说："我怎么知道呢！"

啮缺又问："你知道你所不知道的东西吗？"

王倪回答说："我怎么知道呢！"

啮缺接着又问："那么万物就无法知道了吗？"

王倪回答："我怎么知道呢！虽然这样，姑且让我说说看。你怎么知道我所说的'知'不是'不知'呢？怎么知道我所说的'不知'不是'知'呢？我且问你：人睡在潮湿的地方，就会腰部患病或半身不遂，泥鳅也会这样吗？人爬上高树就会惊惧不安，猿猴也会这样吗？这三种动物到底谁的生活习惯才合标准呢？人吃肉类，麋鹿吃草，蜈蚣喜欢吃小蛇，猫头鹰和乌鸦则喜欢吃老鼠，这四种动物到底谁的口味才合标准呢？猿猴把猵狙当作配偶，麋喜欢与鹿交合，泥鳅则与鱼相交。毛嫱和西施是世人认为最美的；但是鱼见了就要深深潜入水底，鸟见了就高高飞向天空，麋鹿见了就要急速奔跑逃离。这四种动物究竟哪一种美色才算最高标准呢！依我看来，仁义的论点，是非的途径，都纷杂错乱，我哪里有法子加以分别呢？"[2]

这进一步说明你所谓的标准只局限于你，如果你认为人类不

---

[1] 陈鼓应：《庄子今注今译·内篇·齐物论》，中华书局，2013年版，第89~90页。

[2] 陈鼓应：《庄子今注今译·内篇·齐物论》，中华书局，2013年版，第93页。

能睡在潮湿的地方，亦就此认为泥鳅也不能生活在潮湿的地方，从而把泥鳅移置到干燥的陆地，那么你就不是在帮助它，而是在杀死它。这样的道理同样适用于我们人类之间的互相交往。如果你把你所谓的标准、生活方式强加于他人，认为这样对对方更好，或者想让对方服从于你的标准、意志的话，你的行为就是在扼杀他。这样一来，你与他人的关系就不是相生，而是相杀。下面这个发表于2016年3月10日《佛语禅心》网站的真实悲剧就很好的说明了这一点：

  已经50岁的刘毓，是同龄人中为数不多的全日制本科毕业生，毕业后留校任教，因教学成就突出，一路获得破格提升，35岁那年晋升为副教授，担任大连某大学工商管理系副主任，是该校当时最年轻的教授和中层干部。爱人梁军是公务员，如今已身居高位。夫妻俩的事业成就让很多人羡慕甚至嫉妒。

  1984年刘毓生下女儿，取名梁素素。她对丈夫说，咱们家的孩子一定要比别人家的优秀。然而，女儿的表现却让刘毓大跌眼镜：1岁7个月了，别人家的孩子已经想跑的时候，素素还走不稳。除了走路不行，素素的语言能力也发育迟缓，别人家的孩子已经会喊"阿姨、婆婆"了，素素连"爸爸、妈妈"也不会说。女儿的表现让刘毓很窝火。

  真正让刘毓失望是从素素上小学开始的。每次考试，那些稍微需要动脑筋的试题，素素总是得不到分。为了让女儿聪明起来，刘毓成了各种脑保健品的忠实拥趸，每天逼着素素吃各种补品。不过，学习成绩没有上去，孩子却早熟起来，小学四年级就有了初潮。最后还是医生朋友强烈建议，刘毓才停止了对女儿的"健脑工程"。但她并没有因此停止对女儿"优秀工程"的打造，她把女儿的业余时间安排得满满的，请了各科家教对女儿进行一对一辅导。请家教的结果很显著，小学五年级第一学期，素素破天荒地考了班级第一。素素被老师当作班级里的"黑马"选去参加全区智力竞赛。竞赛中，素素居然一次抢答器都没有按上，因为她还没听懂问题，其他的同学就已经知道答案了。

在后来写的一篇日记里，素素回想起这件事心里感慨万分：我反应慢，在团队活动里总是拖后腿的那一个。可是，妈妈不愿意承认这一点，她总认为她和爸爸都是精英，按照基因遗传，我怎么可能不聪明？所以，父母能干不一定是好事，我不快乐，他们也活在辛苦当中。

1997年夏天，素素好不容易上了初中，刘毓用尽家里所有的积蓄，为素素请来大连市数一数二的各科家教老师。到了最后，素素被训练成只要一看到试题的前半部分，就知道这道题的解题思路。所以，每次考试，素素都能取得班级前五名的成绩。刘毓总算满意了。她在拿到女儿成绩单的那一刻，对素素说："你的聪明真是被妈妈强行挖掘出来的。"

2000年，素素考入大连第二十四中学。上高中的第一次月考，素素居然门门不及格。为此，班主任老师和刘毓进行了认真严肃的对话。当老师不经意地说有人怀疑素素是通过知道考题的方式考入第二十四中学时，刘毓暴跳如雷："我可以根据这句话告你诽谤！"说着，她硬是把老师拖到校长室，一番唇枪舌战，最后素素班主任向刘毓道了歉。刘毓借机向校长提出："这样对素素有成见的班主任，不适合做我女儿的老师。这件事我可以不向教委反映，前提是把素素调到高一（六）班。"

高一（六）班是尖子班，就这样，本来就跟不上进度的素素被调到了尖子班。不到一个星期，向来对妈妈言听计从的素素告诉妈妈:"我要退学。"刘毓一听,眼珠子都要瞪出来了。素素却相当坚定:"老师讲的东西,我根本就听不懂。高中课程对于我来说,真是太难了。我想上职校学护工,将来到养老院工作。"素素的话差点儿没把刘毓噎死。梁军试图说服刘毓尊重孩子的选择,可是刘毓的反应相当强烈:"比咱素素差一万倍的孩子都能上大学,她怎么就不能?我告诉你梁军,除非我明天就死了,否则,我一定要素素上大学,而且是名校!"

苍天不负有心人,2003年素素考入中国政法大学民商经济学院。拿到录取通知书那天,刘毓大哭一场。梁军更是对刘毓感激不尽:"如果不是你,女儿就废了。"

大学的生活为素素开启了另外一扇窗,她希望没有妈妈的安排,尽情享受大学生活。可是,现实很快扑灭了素素的希望。第一个学期结束,素素是全班唯一一个高数没及格的人。于是,素素的大学生活过得依然如高中般,除了学习还是学习。她在日记里用"可怜"来形容自己和妈妈:"聪明的妈妈生了个不聪明的孩子,不肯接受现实,可怜。不聪明的孩子有个聪明的妈妈,被拔苗助长,可怜。"

大四吃散伙饭的时候,素素喝了很多酒,轮到她发表毕业感言时,她的发言让很多同学红了眼圈:"毕业了,大家最高兴的是终于可以走向社会,自力更生了。而我最高兴的是,终于可以不用学习了。这16年的读书生涯太累了,累得我很多次都不想活了……"

刘毓托了各种关系,将素素弄进大连一家专事海事官司的律师事务所。素素的师父是业界十分有名的律师,对下属的要求非常严格。上班第一天,师父交给素素一个任务,给加拿大一个客户发邮件告知官司进展,并让对方提供一份新资料。这任务对于其他人来说,或许是小事一桩,可是对素素来说,实在有些为难。因为她外语水平一般,《海事法》又非她大学时的专业,邮件中的很多用语她都没有把握。见师父很忙,素素就向别的同事求助,可是得到的回复是:"我很忙,你应该知道自己的事要自己做。"

晚上,师父回来了,素素只好实情相告,师父当时就有些生气:"你做不了,为什么不求助别人?你知道耽误一天,得损失多少佣金?"当素素告诉师父同事不肯帮忙时,师父更火了:"你平时不注意交往,人家凭什么帮助你?是不是还要我教你如何向别人求助?"素素的眼泪再也止不住了,她能感觉到很多同事都在外面向屋里观望,一个念头在素素脑子里产生:单位再也不会有人看得起她了。

回到家里,素素对妈妈说:"妈,我不想在这个单位做了,我根本胜任不了。"刘毓一听就火了:"你堂堂一个中国政法大学毕业生,才工作一天,就说这样的话,不觉得丢脸吗?"

像以往一样,素素就是有一万个不愿意,也不得不服从妈妈的安排。

2007年12月25日,事务所举行聚会,许多人都将其视为展示才华、增强人脉的机会,都拿出各种看家本领。可是,当主持人点到素素时,她尴尬地站在台上,实在想不出自己有什么特长可以展示,最后,她给大家背了一首唐诗才解了围。素素明显感觉到,打那天开始,她彻底沦为公司里头可有可无的人。可有可无地活着还有什么意义?她再次想到辞职,想去乡村小学做一名教师。但妈妈再次断了她的念头:"留在一个好单位,你可以找一个条件好一些的对象。你放心,只要你不辞职,碍于你爸的情面,这个公司永远不可能把你扫地出门。"

终于,在一个下午,素素从单位21楼飞身而下,当场身亡。几天后,刘毓才在自己的邮箱发现素素自杀前发来的一封邮件，内容很简短：爸爸妈妈，我一直希望可以成为你们希望我成为的那种人，可是，我始终成不了那种人。我很累，我一直活在不属于自己的圈子里，别人的优秀都是用来突出我的愚笨的。太累了，我只想休息，或许我可以在天堂找到我的同类，不聪明，但活得很快乐。

妈妈望女成凤的心情可以理解，但这位妈妈所犯的错误是不正视女儿本来的状态，也不尊重女儿的想法，只是不停地把她所谓优秀、幸福的标准借助于爱的名义强加于女儿，最终导致女儿不堪忍受，自杀身亡。当然，这其中也不能忽视她的那些同事的作用。如果她的同事不以自己的标准去冷漠地对待她、指责她，或许她会在工作中获得些许的快乐与自信，变得对生活充满希望。同时，在这场悲剧中，受到伤害最深的无疑是这对母女，她的那些同事们也许会无动于衷，也许会有些许悲痛。无论怎样，这是一个把自己的标准强加于人而引发的悲剧，它告诉我们你强加于人的标准，无论以什么名义、什么目的，最终都会变成一把利刃，割伤甚至杀害对方。并且，受伤的不止是对方，还有你自身。所以，你永远不要认为你这样活是幸福的，别人就也应该这样活；你也永远不要认为你的标准会给你带来存在感、权威以及安全感。好好体味一下上面这个例子，你就应该明白，把你的标准强加于他人，带来的只有局限与伤害，是画地为牢。不仅把自己、还把他人都死死束缚于其中，彼此不得解脱，彼此不能以真实的面目面对这个世界。更不用说融入这个世界以及彼此的生活。

相反，如果你扔掉了这些为自己为他人制定的标准，更多的人将会走入你的视野，你面前的世界不再是被标准切割成格子的有限世界，而是无限宽广的自由世界。所有的人都会在这个世界中自由来去，无拘无碍，快乐自在。同时，因为你本身也融入了这个无限宽广的世界，所以被解缚的不止是与你交往的人，还有你自身。这时的你因为与他人，还有这个世界彼此包容，彼此的界限都不再明显，你作为个体的存在也不再像一块顽石甚至利刃一样突兀，而是共融于万物。只是顺应自然之流与万物共处："行不知所知，居不知所为，与物委蛇，而同其波（行动时自由自在，安居时无挂无碍，顺物自然，同波共流）。"[1] 我想，如果能如此，可以称得上宽容，可以称已经接近舜的舍己从人：

> 大舜有大焉，善与人同，舍己从人，乐取于人以为善。自耕稼、陶、渔以至为帝，无非取于人者。取诸人以为善，是与人为善者也。[2]

伟大的舜更为了不得：他能把别人的善，当成自己的善；并且能舍弃自己的成见，听从他人的意见；喜欢吸取别人的长处，拿来行善。他种地、做陶器、捕鱼一直到做帝王，没有哪个时候他不向别人学习。吸取别人的优点来行善，也就是与别人一起来行善。

舜无论是身为陶工，还是帝王，都没有自己的成见，而是一直虚心听从他人的意见，时刻向他人学习，吸取别人的优点、长处，善待他人。因此，宽容就是一颗善待他人、时时处处包容他人的心。善待他人、包容他人就是让对方以自己的方式存在，就是顺应他人、成就他人，给彼此存在的空间。但是，这其实并不是真正的宽容，真正的宽容来自于无我的谦卑。而以上所言的宽容，尽管做到了顺物、舍己从人，但只是心中执念的消失，舍弃的是自己的标准、成

---

[1] 陈鼓应：《庄子今注今译·外篇·庚桑楚》，中华书局，2013年版，第641页。

[2] 杨伯峻：《孟子译注·公孙丑章句上》，中华书局，2012年版，第75页。

见，所谓的那个"我"还依然存在，只是存在的方式已不那么突兀，"我"与"你""他"的界限已不那么清晰。在这样的状态下，所谓的那个"我"在与人相处中，还会偶尔探出头来，与他人产生摩擦。因此，我们还要继续学习如何真正宽容，也就是谦卑地对待他人、甚至万物。

六、谦卑自守，与天地同流

不用说，大家可能都知道谦卑就是谦虚，不自高自大。看起来这似乎不难理解，但在现实中却往往很少有人能做到谦虚。不谦虚就意味着自满。自满是一种什么状态，可能我们很难想像。不过，下面这个例子，将会让我们一目了然：

> 历史上，明州奉化县有一个远近闻名的净瓶居士。有一天，一个年轻人出于好奇，决定去拜访他。年轻人到的时候，净瓶居士正在家里参禅悟道，他看年轻人来了就一言不发，提起茶壶往供奉的净瓶里倒水，水溢出来了还不停手。
>
> "居士，你的净瓶满了，怎么可能倒进水去呢？"年轻人忍不住提醒他说。
>
> "是吗？"居士继续倒水，反问道："那么你呢？"
>
> 年轻人恍然大悟，感叹道："果然是有道高僧！是我当时愚昧了！"
>
> "说来听听？"居士淡淡地问。
>
> "大师是教我做人谦虚，有容乃大，不要骄傲自满，为知识所累。"

自满，就如已经盛满水了的净瓶，不会再装下任何东西。那水无非就是我们引以自傲的资本——知识、才能，等等。所以，如果我们不清空所有，很可能会固步自封，不会再有所进步，日夜浸淫在我们为自己挖的小池塘里自满自足。不止如此，有可能还会惹来烦恼，甚至错误。你自以为是，必然容易对他人不满意，从而升起无端烦恼；你自满自足，必然无法看到天外有天、人外有人，容易以有限去凌虐无限，就像才高八斗的北宋文学家、书画家苏东坡（1037～1101）那样：

有一次苏东坡去拜见王安石，当时王安石正在睡觉，他被管家徐伦引到王安石的东书房用茶。徐伦走后，苏东坡见四壁书橱关闭有锁，书桌上只有笔砚，更无余物。他打开砚匣，看到的是一方绿色端砚，甚有神采。砚池内余墨未干，方欲掩盖，忽见砚匣下露出纸角儿。取出一看，原来是两句未完的诗稿，认得是王丞相写的《咏菊》诗。苏东坡拿起来吟了一遍：西风昨夜过园林，吹落黄花满地金。

苏东坡哑然失笑，这诗第二句说的黄花即是菊花。此花开于深秋，敢与秋霜鏖战，最能耐久。随你老来焦干枯烂，并不落瓣。说"吹落黄花满地金"岂不错误了？苏东坡兴之所发，不能自已，举笔舔墨，依韵续诗两句："秋花不比春花落，说与诗人仔细吟。"然后就告辞回去了。

王安石走进东书房，看到诗稿，问明情由，认出是苏东坡字迹，口中不语，心下踌躇："屈原《离骚》上就有'夕餐秋菊之落英'的诗句。他不承认自己才疏学浅，反倒来讥笑老夫！"又想："且慢，他原来并不晓得黄州菊花落瓣，也怪他不得！"随后叫徐伦取湖广缺官登记册来看。发现只有黄州府缺少一个团练副使。于是，把苏东坡贬为黄州府团练副使。

苏东坡在黄州与蜀客陈季常为友。重九一日，天气晴朗，恰好陈季常来访，苏东坡大喜，便拉他同往后花园看菊。令他惊讶的是，只见满地铺金，枝上全无一朵，惊得苏东坡目瞪口呆，半晌无语。苏东坡叹道："当初小弟被贬，只以为是王相公报私仇。谁知他倒不错，我倒错了。今后我一定谦虚谨慎，不再轻易笑话别人。唉，真是不经一事，不长一智啊！"

只因不谦虚谨慎，苏东坡就被一贬到黄州。可见恃才傲物并不是什么好事，会影响到自己的前途。毕竟即使胸怀再宽阔的人也不愿意跟一个瞧不起人的人一起供职。如果你瞧不起不如你的人大家还可以接受，但如果你把比自己位高权重的上司也不放在眼里的话，可想而知你的下场会如何。曾经任一家广告公司老板，现在已在北京龙泉寺出家的贤书法师在其著作《半路出家》中，提到他的公司曾经有一位员工尽管有很多优点，但是不仅瞧不起他这位不太会电脑的老板，而且跟周围所有同事也是严重搞不好关系，人缘很糟糕，一直对自己没有个正确评价，老以为公司离了他就要倒闭，地球就不转了。所以，等招来一批能力比较强的新员工后，当时还未出家的法师马上就开除了他。[1] 你看，只因瞧不起人，与同事处不好关系，就被赶出了公司。这丢掉的绝不仅仅是现在这个职位，可能还会影响到以后的就业。在中国我不知具体情况如何，在日本如果知道你在以前的公司是被开除的，而且是因为瞧不起人、与同事处不好关系，可能哪一家公司都很难再雇用你。因为日本的公司更注重团队精神，一个有能力而无协作、谦虚精神的人是无法在公司发挥作用的。俗话说独木不成林，只有与大家团结合作，作为个体的人才可能有所成就。否则可能到哪里都难尽其才，难尽其用，甚至处处难行。因此，老子言：

  企者不立，跨者不行，自见者不明，自是者不彰，自伐者无功，自矜者不长。其在道也，曰余食赘形。物或恶之，故有

---

[1] 贤书法师：《半路出家》，长江文艺出版社，2015年版，第113页。

道者不处。[1]

踮起脚跟想要站得高，反而站立不住，迈起大步想要前进得快，反而不能远行。自逞己见的反而得不到彰明，自以为是的反而得不到昭显，自我夸耀的建立不起功勋，自高自大的不能做众人之长。从道的角度看，以上这些急躁炫耀的行为，只能说是剩饭赘瘤。因为它们是令人厌恶的东西，所以有道的人决不这样做。

你看老子说得多透彻：好高骛远会使你根基不固；急于求成会使你原地踏步；自以为是、自夸自足会使你黯淡失色，既无法建功立业，也无法成为众人的领袖。因此，有道的人谦虚自处，将这些视为赘瘤。不止老子，北宋学者邵雍也劝诫后人："人患乎自满，满则止也，故禹不自满。假所以为贤，虽学亦当常若不足，不可临深以为高也。"[2] 其意是说人最担忧的是自我满足，自我满足了就不会再有所得。所以即使你是个贤人，也要时时认为学有所不足，不可以孤高自傲。这样看来，无论是否才高八斗，都要时时认识到自己有所不足，懂得谦虚，学会以虚怀若谷的胸怀为人处事。只有这样，才会不断进步。虚怀若谷一词出自《老子》第十五章中的下面一段文字：

> 古之善为士者，微妙玄通，深不可识。夫唯不可识，故强为之容。豫焉若冬涉川，犹兮若畏四邻，俨兮其若容，涣兮若冰之将释，敦兮其若朴，旷兮其若谷。

---

[1] 王弼：《老子道德经注校释》，楼宇烈校释，中华书局，2014年版，第60～61页。

[2] 邵雍：《邵雍集·观物外篇下之下》，郭彧整理，中华书局，2014年版，第168页。

古时候善于行道的人，微妙通达，深刻玄远，不是一般人可以理解的。正因为不能认识他，所以只能勉强地形容。他小心谨慎就像冬天踩着冰过河，他警觉戒备就像防备着邻国的进攻，他恭敬郑重就像要去赴宴，他行动洒脱就像冰块缓缓消融，他纯朴厚道就像没有经过加工的原料，他旷远豁达就像深幽的山谷。

善于行道的人让人无法察其端倪，只是让人觉得他谨慎、恭敬、洒脱、厚道，胸怀像山谷一样旷达、深幽，表现出来的是谦虚、纯朴、无碍、宽广的本然面貌。读到此，如果你还无法穿越语言真切体会到虚怀若谷的含义，我建议你在天气晴朗的某天徒步走入山中感受一下。当你置身其中，可能会看到各种花草树木在山谷中簇拥生长着，它们尽情地吸收着山间土地的养分，恣意地伸展着枝丫，开满各色的花。而山谷呢？它只是静静地围拥着它们，既不表示厌恶，也不表示欢喜，只是让它们自由自在地存在于自己宽阔的胸怀。它看上去是那样高大、深不可测，却又是那么的谦虚、无华。不仅各种花草树木喜欢生活在那里，即使我们人类步入其中也会被治愈。因为它是那么安静、宽容、纯朴，让我们在红尘中绷紧的神经瞬间舒缓，可以毫无顾忌地放松。我想，当你有如此体会的时候就知道了什么是虚怀若谷。如果你有缘跟一个这样的人相处，他不仅会让你感到轻松、自在，而且还会让你的心瞬间变得纯净、质朴。这就是虚怀若谷的力量。

但虚怀若谷只是极致的谦虚，离真正、终极的谦卑还有一段距离。为何如此说呢？你再回顾一下你所看到的山间生态系统就会明白，山谷虽然让各种花草树木在它的宽阔胸怀里自由自在地栖息、生长，但并不是所有种类的花草树木都能在那里生长，只有能适应那里环境的才有在那里生存的权力。因此，它的谦虚、宽容是有限量的，而真正、终极的谦卑是无限量的。这也就是说，前面对谦卑一词的解释，所表达的只是谦卑的表层意思，并没有触及它的真正内涵。同时说明虚怀若谷只是通向真正、终极谦卑的入口。既然如此，到底什么是真正、终极的谦卑呢？

关于这个问题，我想大家看一下水就会明白。老子言：

> 上善若水。水善利万物而不争，处众人之恶，故几于道。居善地，心善渊，与善仁，言善信。正善治，事善能，动善时。夫唯不争，故无尤。[1]

最高的善德，像水一样。水善于使万物获得利益而不与万物相争，它安处于众人不喜欢的卑下之地，所以接近于道。处世善于安居卑下，存心要像水那样深沉，交友要像水那样相亲，言语要像水那样真诚，为政要像水那样有条有理，办事要像水那样做力所能及的事，行为要象水那样待机而动。正因为像水那样与万物无争，所以才没有烦恼。

水泽被万物，予万物以生机，却不与万物争高下。不仅不与万物争高下，而且静静地往低洼之处流淌，甘心处于卑下之地。无论流到哪里，都迅速与那里的万物融为一体，生死相依，不再分离，成为万物生命的一部分，从不彰显自己。无论是强者，还是弱者，都平等而处，无有分别。并且，水灵动无拘，变化万千，时而细腻，时而奔放，时而为冰，时而为雪；遇圆则圆，遇方则方，无有拣择，因时因势而不断变化着形态，却从未失去自己，也没有任何烦恼。你看，是不是水与山谷不同，不是让万物来适应它，而是自己去主动顺应任何万物。此外，它还不像山谷那样有常形，亲自流向低处，

---

[1] 王弼：《老子道德经注校释》，楼宇烈校释，中华书局，2014年版，第20页。

不与他物争高低。我想，这就是真正的谦卑。由此可知：一个真正懂得谦卑的人是不会处处表现自己的，而会甘居其下，既尊重强者，又友爱弱者，与任何人都能打成一片。同时，遇到事情时既不逞强，也不盲动，只是自然地量力而行，待机而动，并且像水一样柔软，随着环境、际遇、时间的不同而适当变化，就像西晋开国元勋羊祜（221~278）那样：

> 羊祜出身于官宦世家，是东汉蔡邕的外孙，晋景帝司马师的献皇后的同母弟。但他为人清廉谦卑，毫无官宦人家奢侈骄横的恶习。晋武帝司马炎称帝后，有辅助之功的羊祜，被任命为中军将军，加官散骑常侍，封为郡公，食邑三千户。可他坚持辞让，于是由原爵晋升为侯，其间设置郎中令，备设九官之职。虽然如此，但他对于王佑、贾充、裴秀等前朝有名望的大臣却非常谦让，不敢居其上。
>
> 后来，由于羊祜都督荆州诸军事功劳，加官到车骑将军，地位与三公相同，但他上表坚决推辞，说："我入仕才十几年，就占据显要的位置，我日夜都为自己的高位战战兢兢，把荣华当忧患。我身为外戚，应该警戒受到过分的宠爱。但陛下屡屡下诏书，给我太多的荣耀，使我怎么能承受？怎么能心安？现在有不少才德之士，都没有获得高位，而我无德无能，地位却超过了他们，这怎么能平息天下人的怨愤呢？乞望皇上收回成命！"但晋武帝没有同意。
>
> 晋武帝咸宁三年（227），皇帝又封羊祜为南城侯，羊祜坚辞不受。羊祜每次晋升，常常辞让，态度恳切，所以声名远播，朝野人士都对他推崇备至，都认为他应居宰相的高位。
>
> 虽然羊祜历职二朝，掌握机要大权，但他本人对于权势却从不钻营。他策划的良计妙策和议论的稿子，过后都焚烧，所

以世人不知道其中的内容。由于他从不张扬,所以因他推荐而晋升的人,也不知道自己是他荐举的。

有人说羊祜太过缜密了,他说:"古人的训诫:入朝与君王促膝谈心,出朝则佯称不知,这我恐怕还做不到呢!不能举贤任能,有愧于知人之难啊!况且在朝廷签署任命,官员到私门拜谢,这是我所不取的。"

羊祜平时清廉俭朴,衣被都用素布,所得俸禄或周济族人或赏赐给军士,家无余财。他临终留下遗言,不让把南城侯印放进棺柩。

当他的外甥齐王司马攸上表陈述羊祜妻不愿按侯爵级别殓葬羊祜的想法时,晋武帝便下诏说,羊祜一向谦卑,志不可夺。身虽死,谦卑的美德却仍然存在,遗操更加感人。这就是古代的伯夷、叔齐之所以被称为贤人,季子之所以保全名节的原因啊!现在允许恢复原来的封爵,用以表彰他的高尚美德。

羊祜从不居功自傲、飞扬跋扈,而是时时谦卑自让,举荐贤人却不张扬,不看重利禄与功名,即使死时都不肯显示自己的特殊。这看上去容易,可一旦置身其中,又有几人能不把自己出身名门视为高出他人一等的资本,又有几人位高权重却又不忘无名举荐贤人,又有几人能视功名利禄为身外之物,保持一生的清廉。我想,这不用我再举什么例子,看看今天的许多高官落马,甚至锒铛入狱的事实,就知道一旦置身其中,很容易忘记了谦卑的品质,有了利己之贪心,没有几人能像羊祜那样让谦卑的美德至死不离失,扬名后世,受到世人的敬佩与尊重。所以,所谓真正的、终极的谦卑,通俗地讲就是不要太把自己当回事。纵观世间之人,有多少人深陷"自己"的牢笼,凡事总是先把"自己"放在首位:要让"自己"先评上职称,要让"自己"获得这个职位,要让"自己"比别人有钱,要让"自己"住上大房子,要让别人对"自己"言听计从……总是时时处处考虑"自己",忘记甚至无视他人、宇宙万物的存在。以为这样,"自己"就不会吃亏,"自己"就会幸福。实际上,即使你如愿以偿又能怎样,归根结底所有的一切,包括你的生命都不属于你:

> 是天地之委形也;生非汝有,是天地之委和也;性命非汝有,是天地之委顺也。[1]

（身）是天地所委付的形体;生命不是你所保有的,乃是天地所委付的和气;性命不是你所保有的,乃是天地所委付的自然。[2]

你的身、你的命都是天地的馈赠,是天地之和气与法则的显现。这告诉我们,人的生命只不过是一个体现宇宙本体的现象,现象的消失与存有的决定权不在现象本身,而在天地手中,所以生死都不由你。人的死就是现象向本体的回归,你只能如来时一样,两手空空而归,你的财富、地位、利禄在那时既不能带走,也不能挽留你的生命多停留一分一秒。况且,你这个现象的存在就如大海中的一朵浪花,宇宙中的一粒微尘。如果你将自身置于宇宙生命的长河中,你会发现你根本找不到你自己。不止如此,你这粒微尘如果某一天有幸成为某棵花的肥料,甚至都不足以把它养活。因此,进一步说,所谓真正的、终极的谦卑是体悟到自己什么都不是,什么都没有。既然如此,人活着还有什么意义呢?肯定有人会问。体悟到自己什

---

[1] 陈鼓应:《庄子今注今译·外篇·知北游》,中华书局,2013年版,第606页。

[2] 陈鼓应:《庄子今注今译·外篇·知北游》,中华书局,2013年版,第607页。

么都不是，什么都没有，不是对自己存在的消极否定，而是意识到曾经的自己只不过是用知识、财富、思维堆积起来的一个概念，真正的自己是宇宙本体之现象的显现；自己所要做的就是像天地宇宙那样谦卑地活着，甘于居下，处处成就他人而不求人知，不求回报。

落实到现实生活中，就是我们虽然每个人都不能像羊祜那样为国家建大功、身居高位，但我们可以做到像羊祜那样无论身处何职位都能谦卑处事、待人，处处成就他人，与他人和谐相处。即使有所成就也不居功自傲，而是能与他人共享。读到这儿，也许有人会说："在这个竞争激烈、弱肉强食的社会，如果你处处谦卑，时时退让，还不被他人一口吞掉？"我想，如果你再回头仔细品味上面那个例子中老子对水的描述，就知道在不包括天地的万物之间，常胜将军不是山，不是任何其他东西，而是水。同时，最谦卑的也是水，最柔弱的也是水：

> 天下莫若柔弱于水，而攻坚强者莫之能胜，其无以易之。若之胜强，柔之胜刚，天下莫不知，莫能行。是以圣人云，受国之诟，是谓社稷主；受国不祥，是谓天下王。正言若反。[1]

遍天下再没有什么东西比水更柔弱了，而攻坚克强却没有什么东西可以胜过水。弱胜过强，柔胜过刚，遍天下没有人不知道，但是没有人能实行。所以有道的圣人这样说："承担全国的屈辱，才能成为国家的君主，承担全国的祸灾，才能成为天下的君王。"正面的话好像在反着说一样。

水因谦卑而柔弱，却可穿石，渗透到一切物质之中。尽管水本

---

[1] 王弼：《老子道德经注校释》，楼宇烈校释，中华书局，2014年版，第187页。

身并未想到要战胜谁,流到何处却都无往而不胜。所以,圣人告诫我们谦卑地承担没有人愿意承担的屈辱与灾祸,不仅不会令人身亡,还会成为一国甚至天下的君王。此外,你再看看老子下面这句话,也在说明同样的道理:"江海所以能为百谷王者,以其善下之,故能为百谷王。"[1]江海因其谦卑,而容纳百川,成为百谷之王。这进一步告诉我们:谦卑待人处世不意味着你自灭于人,也不意味着你被人灭,而是意味着你终将会以容纳百川之势成为百谷王。即使你成不了能容纳百川的百谷王,也会有自己的一片天地。或者像羊祜那样,虽然历经二朝,依然能全身而退,长久立于不败之地,并至死保持自己高贵的德行没有流失,始终保持自己本然的样子:

> 知其雄,守其雌,为天下溪。为天下溪,常德不离,复归于婴儿。知其白,守其黑,为天下式,为天下式。常德不忒,复归于无极。知其荣,守其辱,为天下谷。为天下谷,常德乃足,复归于朴。[2]

深知什么是雄强,却安守雌柔的地位,甘愿做天下的溪涧。甘愿作天下的溪涧,永恒的德性就不会离失,回复到婴儿般单纯的状态。深知什么是明亮,却安于暗昧的地位,甘愿做天下的榜样。甘愿做天下的榜样,永恒的德行不相差失,恢复到不可穷极的真理。深知什么是荣耀,却安守卑辱的地位,甘愿做天下的川谷。甘愿做天下的川谷,永恒的德性才得以充足,回复到自然本初的素朴纯真

---

[1] 王弼:《老子道德经注校释》,楼宇烈校释,中华书局,2014年版,第169页。

[2] 王弼:《老子道德经注校释》楼宇烈校释,中华书局,2014年版,第73~74页。

状态。

这告诉我们甘心处于卑下,不是对雄强、荣耀等一无所知的表现,而是对此了然于心后的选择,心甘情愿地安守雌柔与卑辱的地位,做天下的溪涧与幕后默默的付出者。而我们之所以会做出这样看似愚蠢的选择,是因为唯有如此才能返朴归真,恢复到婴儿般的单纯,使我们的德性得以补足。不这样做,身为宇宙之现象的我们就会因远离本体而消失。也许羊祜正是深谙此理,才选择虽出身名门、荣耀加身,却自始至终持守谦卑、清廉之道的吧。因此,真正的终极谦卑不是无知,也不是懦弱,更不是消极,而只是如婴儿般单纯素朴,却又充满无穷的智慧,用以成就、利益他人。不止如此,谦卑使我们不离宇宙天地的德性,故我们的精神、灵魂可以如天地般长久。就像老子所言的那样:

>天长地久。天地所以能长且久者,以其不自生,故能长生。是以圣人后其身而身先,外其身而身存。非以其无私邪?故能成其私。[1]

天地亘古而存,而其之所以可以存在,是因为它不自生,所以能够长生,所以圣人后其身,而身在先,外其身,而身能存,难道不是因为其无私?所以才能成其私。

天地生生世世存在着。而它之所以能够长久存在,是因为它从来不是为了自己能够长久存在而存在,而是为了生养万物而存在。不止如此,天地从来不像我们人类那样,时时不忘通过语言等各种手段来彰显自己的存在,它只是默默地为了万物而存在着,无怨无

---

[1] 王弼:《老子道德经注校释》,楼宇烈校释,中华书局,2014年版,第19页。

悔地承载着我们人类为满足自己的私欲所制造的一切。它的沉默，它的无私，以至于我们有时会忘记它的存在。但是，即使我们偶尔忘记了，它也是一如既往地存在。拥有天地般德性的圣人也是如此，他先人后己，薄己厚人，没有私心：

> 圣人无常心，以百姓心为心。善者，吾善之；不善者，吾亦善之，德善。信者，吾信之；不信者，吾亦信之，德信。圣人在天下歙歙，为天下浑其心。圣人皆孩之。[1]

圣人常常是没有私心的，以百姓的心为自己的心。对于善良的人，我善待他；对于不善良的人，我也善待他，这样就可以得到善良了，从而使人人向善。对于守信的人，我信任他；对不守信的人，我也信任他，这样可以得到诚信了，从而使人人守信。有道的圣人在其位收敛自己的欲意，使天下的心思归于浑朴。有道的人使他们都回到婴孩般纯朴的状态。

圣人外其身，以百姓之心为己心，体现的正是如天地般的谦卑。他从不以善和不善的标准看待世界，对待他人，体现的正是由天地般的谦卑产生的对万物的顺应与宽容。因而，真正的谦卑无己，真正的宽容源于无己的谦卑。所以，真正的宽容、无己的谦卑，也就是终极谦卑的本质是爱。这种爱不是有维度的男女情爱与亲情之爱，而是无有边际、深广的大爱，就像天地对万物的爱。无言无语、无求无报却依然深爱不止。无论我们人类是否爱它都不重要，重要的是天地知道它要付出对我们的爱。这就像以普度众生为己任的菩萨一样，你不爱我，我依然爱你。我想，终极的谦卑就像圣人们无

---

[1] 王弼：《老子道德经注校释》，楼宇烈校释，中华书局，2014年版，第129页。

身无心之所为一样，不是考虑自己要怎样，而是考虑如何让大爱传播到每个人的心中。然后，让大爱在每个人心中播下种子，在世间生根发芽，让这个世界不再是用概念、标准区分的四分五裂、残缺不全的世界，而是充满爱与纯真、浑朴的世界。在这样的世界中，无论怎样的人都会有它的生存空间与价值，善与不善、聪明与不聪明等标准不会再将他们隔离：

> 善行无辙迹，善言无瑕谪，善数不用筹策，善闭无关楗而不可开，善结无绳约而不可解。是以圣人常善救人，故无弃人；常善救物，故无弃物，是谓袭明。故善人者，不善人之师；不善人者，善人之资。不贵其师，不爱其资，虽智大迷，是谓要妙。[1]

善于行走的，不会留下辙迹；善于言谈的，不会发生病疵；善于计数的，用不着竹码子；善于关闭的，不用栓梢而使人不能打开；善之于捆缚的，不用绳索而使人不能解开。因此，圣人经常挽救人，所以没有被遗弃的人；经常善于物尽其用，所以没有被废弃的物品。这就叫做内藏着的聪明智慧。所以善人可以作为恶人们的老师，不善人可以作为善人的借鉴。不尊重自己的老师，不爱惜他的借鉴作用，虽然自以为聪明，其实是大大的糊涂。这就是精深微妙的道理。

对圣人来说这个世上没有什么人是可以遗弃的，大家在本质上都是平等无别的；对圣人来说没有什么东西是该废弃的，只要你善于利用，任何东西都有其存在价值。因此，如果说这个世间还存在所谓不善的人，我们也无须对其鞭挞、排挤，只须教他懂得爱，时

---

[1] 王弼：《老子道德经注校释》，楼宇烈校释，中华书局，2014年版，第70~71页。

时警醒自己不要像他那样变得不善,这其实就是大爱的显现。我们在日常交往中要做到包容所有的人,从所有的人身上学习该学习的地方,而不是划朋结党,只和少数与自己兴趣相投、或者有共同利益关系的人交往,自己看不惯的人则有意孤立、疏远、甚至视而不见。即使鸡鸣狗盗之徒有时也会发挥巨大的作用,就像孟尝君的那两位门客。所以,不要轻视、怠慢任何人,而是要谦卑、恭敬地对待身边的每一个人。

在中国的一些私人企业中,如果不想用你了,可能会毫不犹豫地让你走人。但在日本的企业中,大多是终身雇用制,如果想要让员工提前退职,企业就要支付高额的退职费。于是,很多企业为了避免支付高额的退职费,当考虑到哪位职员不再有用时,就会给他一个闲职,让他坐冷板凳。这些坐冷板凳的人不仅没什么事干,而且还经常受到同事和部门上司的挤压、无视。这些行为无非是想让那些闲职人员因不堪承受而自行走人。很明显,这是建立在共同利益基础上的冷暴力,是对其人格及其存在的抹杀和否定。这样的冷暴力因远离了谦卑的本质,从而使双方的人格、甚至整个环境都被扭曲变形,于人、于己、于社会都有弊而无一利。这样的公司即使会在如此上司的领导下获得暂时利益,但是不能善待每一个人的人,不可能成为百谷王,不可能取得更大的成就。所以,要想在人生中有所建树,取得巨大的成就,必须学会终极的谦卑,善待身边的每一个人,做到老子前面提到的人无弃人,物无弃物。那么,每天生活在红尘中的我们该怎样做呢?每天要面对穿衣吃饭、求职上学、购房买车等实际问题的我们是否能做到呢?

我想,凡事只要你下决心去做,就能做到,关键是你要有去做的心和行动。这也就是明代大儒王阳明所讲的知行合一。说实话,我跌跌撞撞地活了这么多年,学的还是中国哲学专业,但"谦卑"二字一直沉睡在我的记忆中,直到近一两年才被我的某根神经唤醒。我既没有像羊祜那样的出身背景,也没有像他那样的才能,更没有任何可以引以为傲的资本,却从来也不知道谦卑。直到我接触到日本川濑敏郎先生的花道,开始自学川濑先生的"自然野趣流"插花,走入森林、深山直接与野花、森林接触后,才从自然万物身上学到了何谓谦卑,才真正明白了老子的上善若水等话语的含义。所以,我建议你如果想学习谦卑,不妨也试着走入深山,放空自己,与那些花草树木对话,去了解它们的生命。你会发现它们活得并不比人类容易,它们为了应对环境的变化,不断对自身的生命系统进行调整,以保证自己的生命能够绽放。尽管如此,他们却是非常谦卑,无论身处在任何位置,都不会忘记在春天来临时为大地、为人类献上一抹春,无论你是否在意它,是否用脚践踏它,它都不会忘记让生命绽放。"一花一世界,一叶一如来",它们是我们的好老师,会用自身的生命告诉我们一切,让我们意识到自身就是一粒微尘,没有理由不谦卑,更没有理由不放飞自己的生命,让它自由飞翔;它们使我们懂得自身的存在就是彰显、成就他人的生命,同时让他人的生命以其生命本身的姿态而存在。

当然,仅此还不够,还要不断用儒家、道家、佛家的智慧来充实自己的内在,将它们合一,然后实际落实到自己的起心动念、每个动作之中,以及与他人的交往中。如果你认为你的每个微小动作是无关紧要的,就大错而特错。人的修为与修养不是体现在大的事情上,而是体现在你的举手投足间,别人会在你的举手投足间看出你是一个怎样的人,是否值得信任。一个真正谦卑的人恭敬万物,不会对任何人、任何东西有不敬的举动。如果有人在与你用餐时,总是滔滔不绝,论长说短,不给别人说话的机会,也不听别人说的话,他有可能就不是一个谦卑的人。同时,每个动作又是你心念的外在体现,由此你就可以大致知道他是怎样的一个人。因此,如果你想学会谦卑,面对任何人的时候,你要想着此时此地我能给予什么,而不是想着我要从他人那里获得什么。

在现今这个时代,也许做起来并不容易,但如果你想做,马上就能做到。例如,如果因你的谦让,你的同事可以评上高级职称,为何你不先成全他?如果你的同事也想得到那个职位,为何不让给他?如果大家都不愿意做那份工作,你为何不默默承担下来?我想,只要我们时刻心里想着不是让自己,而是如何能让他人快乐、能为他人做什么,并同时落实到哪怕微小的行动中,我们的心也会慢慢变得谦卑。

拥有谦卑的品质,用得失的眼光看,也许暂时我们好像会有一些损失。但正如前所述,实际上我们没有任何损失。岂止没有损失,而且还会长久存在,拥有很多我们并未想拥有的东西,包括荣誉、地位或者财富,更重要的是永恒不灭的智慧、德性。如果你不信,你可以做个试验:在与人交往时,你换个心态,只是想着只要对方好就怎么都行,坚持一年半载可能你就会获得意外的收获,你会发现不仅你改变了,与你交往的人也改变了,大家都变得爱帮助、成就他人了。这不是虚言,是我亲身的体验:

> 我住的楼,以前没有门禁,后来因为人太杂装了门禁。在没有装之前,来往、居住于这个楼中的人,甚至邻居之间都没有任何往来。装了门禁后,很多时候大家会不期而遇于门前。以前我认为住在这个楼里的人还有那些不断来送快递、外卖的人素质都很低。因为他们总是不注意卫生,乱扔垃圾,说心里话有些瞧不起他们。自从我通过插花等懂得谦卑之后,内心也慢慢地发生了变化,没有了以前那些想法,我与这些陌生人之间的关系也发生了不同以往的变化。我猜想,可能人的内心变化无须通过语言表达,别人从你的神态、举止就能读出来。所以每次与他们在门前不期而遇的时候,如果我

碰巧先用门禁卡打开门,想让他们先进的时候,他们通常是用手把门拉开,让我先进去,偶尔还会有人说:"您先请!"或者有时,别人拿了重东西,我拉开门,让别人先进去。下次就会在我手拿重东西的时候,有人为我打开门,让我先进去。也许你认为这是偶然,但是如果经常发生,它就不是偶然,而是爱之品质的相互感染。并且这种感染会以循环扩展的方式扩散开去,不仅让我们自身,还让他们以及与他们相遇的人潜移默化地发生改变。

这种循环扩展就像风靡全球的美国短片《*One Day*》所描述的那样:当一个工人用手扶起了滑滑板摔倒的少年,那位少年受到他爱的感染,去帮助一位老人,帮她提东西,送她过马路。然后那位老人又去帮助其他的人,然后那位受到帮助的人又去帮助其他的人……如此,互助的爱在不同的人之间不断地传递、扩展开去。由此看来,即使是一件微不足道的小事,只要我们怀着助益他人的心做下去,发生改变的就不只是你自身以及受到你帮助的人,而是会惠及很多人。特别是当你无欲无求去助益、成就他人的时候,你收到的意外馈赠会更多。不仅你不曾期待的功名利禄,甚至你自以为深不可及的智慧也会降临到你手中。相反,当你在欲求不满的状态下,把他人作为获得自身利益的踏板去争取的时候,即使你会如愿以偿,你获得的满足也只是暂时的,你会马上又陷到不满、甚至空虚的状态中。

之所以会这样,是因为如果你的内心长久以来都处在汲汲索求却又匮乏之中的话,即使有再多的东西你也无法满足。这样的你就像一个永远填不饱肚子的饥饿之人,只会变得愈加贪婪,想把能填饱肚子的所有东西都纳入自己的囊中。如此一来,你就会完全成为贪欲的奴隶,索取成为你活着的唯一目的,你不会再看到他人的痛楚，也无法感受到他人的爱。同时，你自身还要经常忍受由贪欲的噬咬带来的苦痛。陷入这种苦痛的根本原因是你被贪欲所囚禁的活法违背了天地无私生养万物的自然法则，作为宇宙的显现而存在的你脱离了本体，你亲自切断了你的根。一个无根之人，就像一个悬浮在空中的气球，不仅不知归处，还时时处在危险之中，当然是痛苦。相反，你一心只想成就他人，于己无所求的活法，顺应了天地宇宙无私生养万物的自然法则，以及老子说的以下自然之道：

> 曲则全，枉则直，洼则盈，敝则新，少则得，多则惑。是以圣人抱一为天下式。不自见故明，不自是故彰，不自伐故有功，不自矜故长。夫唯不争，故天下莫能与之争。古之所谓曲则全者，岂虚言哉？诚全而归之。[1]

委曲便会保全，屈枉便会直伸，低洼便会充盈，陈旧便会更新，少取便会获得，贪多便会迷惑。所以有道的人坚守这一原则作为天下事理的范式，不自我表扬，反能显明；不自以为是，反能是非彰明；不自己夸耀，反能得有功劳；不自我矜持，反能长久。正因为不与人争，所以遍天下没有人能与他争。古时所谓"委曲便会保全"的话，怎么会是空话呢？它是实实在在能够达到的。

"曲、枉"都有弯曲之意，实际上是告诉我们在为人处事中，不要肆无忌惮地论短长，而要学会适时随不同的人、事、境相舒卷，才可保住自己的身家性命与本性，这就如树木对于风。在和煦的微风中，树叶会向后仰倒，随风摇摆。当风力加强时，树叶会改换举止，吸收了风的部分威势，借助风力卷叠起来，形成一种防御的姿

---

[1] 王弼：《老子道德经注校释》，楼宇烈校释，中华书局，2014年版，第55～56页。

态。叶片边缘向中心卷曲，团成一块。其外形就像是某种奇特的鱼，表面符合空气动力学的原理，便于在空气中滑动。当风力减弱时，树叶弹回来，重新舒展开来。[1] 你看，树木多有智慧，它深深懂得"万物草木之生也柔脆，其死也枯槁。故坚强者死之徒，柔弱者生之徒"[2] 的道理，知道如果直接与强风对抗，它可能会枝折叶断。因此，遇微风时，它则随风摇摆，与风俯仰；遇强风时，它则将叶子卷曲，避免与强风直面接触，从而保全了自己。所以，"曲、枉"看似是屈服之举，实为保全之策，它体现的同样是老子一再强调的以柔弱胜刚强的道理。

同时，柔弱应对，就意味着不以自己的意志行事、蛮干，而是像树木那样舍弃自己的意志，根据风的意志决定自己的举止。但风过后，树木还是那棵树木，它没有任何本质上的改变。同理，低洼之处容易引来万千河流汇聚于此，从而变得充盈，不再干涸。而从前的低洼已经不存在，成为万千河流的归所，成为河流本身。这说明终极的卑下，不是有意抬高对方，贬低自己，也不是在有权有势、有财有富的人面前显露卑微，而是不分高低、贵贱，用平等、同一的态度去容纳对方，让彼此成为一体，从而无彼无此。这其实都是在告诉我们至谦无己，至卑无人。由此可知，终极的谦卑是将自身、他人以及万物同时变得高贵的品质。

但无论是至谦无己，还是至卑无人，实际上体现的都是前面反复提到的天地对待万物的态度。因此，终极的谦卑就是让我们个体回归天地宇宙。只有我们回归到天地，融入到宇宙的生命河流中，

---

[1] [美]哈斯凯尔：《看不见的森林：林中自然笔记》，熊姣译，商务印书馆，2014年版，第120页。

[2] 王弼：《老子道德经注校释》，楼宇烈校释，中华书局，2014年版，第185页。

没有了小我，重新与天地宇宙归为一体，我们才知道何谓终极的谦卑，才能像天地宇宙那样对待自己的同类及其他万物。也只有与天地宇宙归为一体，我们的人生才会自然的有了方向。之所以会如此，是因为当我们完全真正进入生命之流中，不再考虑自己，已经成为生命的一部分的时候，生命会以惊人的方式反过来照顾我们，它会带着我们走。[1] 因此，真正的谦卑，不仅会为我们带来真正的安全感，还会让我们活得更自由、省力。不仅如此，我们还会在这个世间得到更多同类的助力，甚至上天的帮助，这都是我上面提到的意外馈赠，如庄子所言：

> 宇泰定者，发乎天光。发乎天光者，人见其人，物见其物。人有修者，乃今有恒；有恒者，人舍之，天助之。人之所舍，谓之天民；天之所助，谓之天子。[2]

心境安泰的人，便发出自然的光辉。发出自然光辉的，人便显现其人的天然本质，物便显现其物的天然本质。人能自修，才能培养常德；有常德的人，人来依归，自然也会佑助他。人来依归的，称为天民；天所佑助的，称为天子。[3]

人唯有归入天地宇宙方能心境安泰，将天的光辉显现出来；人唯有具备了天地宇宙的德性——终极的谦卑，方有人肯像小河流向

---

[1] [印]克里希那穆提：《生命之书：365的精心冥想》，胡因梦译，译林出版社，2012年版，第380页。

[2] 陈鼓应：《庄子今注今译·杂篇·庚桑楚》，中华书局，2013年版，第648页。

[3] 陈鼓应：《庄子今注今译·杂篇·庚桑楚》，中华书局，2013年版，第648页。

低洼之地那般，汇聚到你的身边，天方肯佑助你。所以，终极的谦卑不会将你推入卑微、一无所有的绝境，而是会让你因无所有而变得无所不有，上至天，下至你的同类都会自然地来帮助、佑助你。所以，你谦卑待人没有坏处，会为你带来超越世俗所有的馈赠与内心的真正丰盛，让你体会到生命的无限、光明、自由与纯朴。这样的你就像庄子笔下的至人：

> 夫至人者，相与交食乎地而交乐乎天，不以人物利害相撄，不相与为怪，不相与为谋，不相与为事，倏然而往，侗然而来。[1]

要是至人，求食于地而与天同乐，不以人物利害而受搅扰，不立怪异，不图谋虑，不务俗事，无拘无束而去，纯真无知而来。[2]

至人随顺自然，时刻与天同体，虽身处世间，却不被世间的各种关系与俗事所系缚，因而始终保持纯真无知、无所挂碍的本来面目。这其实就是一个真正谦卑之人的本来面目，因己无所求，只是顺时成就他人，所以不为谋虑、各种利害关系与俗事所苦，更不会标新立异，以求他人关注，只是保持本性不变，与天同乐。这进一步充分说明，一个终极谦卑的人，只是天地宇宙本身、道本身的显现，而非他物。同时，也更进一步说明，人活于世间，不可避免要与人、事相处，但只要我们时刻记住自己从哪里来，要到哪里去，就会知道我们在这个世间要做的不是汲汲索求、争强好胜、损人

---

[1] 陈鼓应：《庄子今注今译·杂篇·庚桑楚》，中华书局，2013年版，第642页。

[2] 陈鼓应：《庄子今注今译·杂篇·庚桑楚》，中华书局，2013年版，第647页。

利己，而是成就他人、利益群生、与天同乐，永远保持自己的谦卑本性。

第三章　与自然的关系

　　我们与天地万物为一体，但我们暴殄天物，不懂得珍惜，将一切物品都视为商品生产物无情消耗掉，其实消耗掉的不仅是地球的宝贵资源，还有我们的身体与精神。我们不珍惜万物，其实就是不珍惜我们自己。

第三章　与自然的关系

一、认清人与自然的关系

　　为了认清人与自然的关系，首先要明白什么是自然，人与自然关系的现状，还有现状说明了怎样的问题等。我不是这方面的专家，在此只是尽我所能与大家一起学习，尝试和大家一起重新认识人与自然的关系。关于什么是自然，可能根据不同领域的需要，会有很多不同的解释。此文主要指宇宙万物，上至天，下至地，以及生存于大地之上的万物。大至几亿年的巨石、几千年或是几百年树龄的松柏，小至蝼蚁，还有各种我们肉眼无法捕捉到的生物，皆是自然界的一部分。同时，如上节已指出的那样，人作为天地宇宙本体的显现，也是自然界的一部分。不过，人类的历史发展到今天，随着文明程度的不断提高，工业经济的飞速发展，许多人不知在何时已经变得麻木，已经不知自己来自何方，很少能在繁杂、琐碎的日常生活中想到自己也是自然界的一部分。或者，有些人相信圣经《创世纪》所讲的上帝造人的神话，认为自己生而为人就是来"管理海里的鱼、空中的鸟、地上的牲畜和全地，并地上所爬的一切昆虫"，而不是来与它们和谐共处的。

　　无论怎样，到现在都已经不再重要。重要的是现在人在自然面前已经超出了管理者的身份和权限。如果说管理者可以任意处置海里的鱼、空中的鸟的话，那么在此之前他更应该履行好让这些鱼鸟、牲畜以及昆虫等好好繁衍生息的职责。但是，事实怎样呢？你看人类做了些什么？南非沙漠里有一种沙龙兔，它们能在沙漠里成活不被干死，是因为团结。沙漠每两年才会下一次像样的雨水，这对于任何生命都极为珍贵。这时，成年的沙龙兔会跑上几十里，不吃不喝，直至找到水源，然后以最快的速度跑回去告诉大家。大队的沙龙兔会在这只首领的带领下，跑上几十里去喝水。人类利用沙龙兔的这一特点，故意设置假水源，当大批沙龙兔到达地点后，却发现那里根本没有水而渴死在沙地上。于是，捕猎者便不费吹灰之力把它们装入口袋。人类还大量砍伐森林，使全球森林面积大量减少。据联合国粮农组织统计，现在全世界每年就有1200万公顷的森林消失，平均每20分钟就有20公顷的森林化为乌有，并且因森林的消失与人类的捕捉造成大量动植物物种的灭绝，曾经生活在亚马逊森林中的树虎就已经灭绝。

此外，人类还大量从地球搜刮石油、天然气等其他资源。同时，用以燃烧的石油、天然气等产生出大量的二氧化碳和甲烷。它们进入大气层后使地球升温。如今，全球气候变暖给地球带来了严重的后果：它使南极冰雪受热融化，海水膨胀，造成海平面升高，直接威胁着沿海国家以及世界上30多个海岛国家的生存和发展。据联合国环境署提供的资料，在20世纪内海平面已经升高了10至25厘米，预测下世纪继续上升15至95厘米。如果这一预测成为事实，世界各地海岸线的70％将被海水淹没。50年后，像马尔代夫那样的岛国将消失在汪洋大海之中，某些沿海城市，如大阪、曼谷、威尼斯和阿姆斯特丹等，将完全或局部被海水淹没。全球变暖会使水蒸发加快，进而改变气流的循环，使气候变化加剧，引发热浪、飓风、洪涝及干旱。频繁发生的厄尔尼诺现象就与全球气候变暖有直接关系。

厄尔尼诺现象不但使太平洋广大水域的水温升高，还改变了传统的赤道洋流和东南信风，导致全球性的气候反常，使原本多雨的地区严重干旱，而以往干燥的地区却暴雨成灾，火山、热浪等频繁发生，鱼类大批死亡，海鸟结队迁徙，造成严重的生态破坏和经济损失。最强的一次发生在1997年春，前后持续八个月，严重扰乱了全球的气候，该凉爽的地方却骄阳似火，温暖如春的季节却突然下起大雪。另据2016年第11期《三联生活周刊》记载：过去的70年中，南美安第斯山脉地区气温上升了0.7摄氏度。湖水蒸发速度远远超过自然回补速度，玻利维亚的第二大湖泊因此消失，其他湖泊面积也在迅速萎缩。这一趋势恶化下去会导致整个安第斯平原的生态变化，令其从富饶的农业区变成不适合人类居住的荒芜之地。

不止如此，燃油、煤以及由其他工业生产产生的废水、废气、还有各种垃圾也给地球带来了沉重的负担，严重污染了生态环境。就拿我国来说，根据中商情报网报道，水源、土壤、空气都被污染，并且存在污染范围广、地域广、空间广、污染程度重等问题：

> 从环境污染的地域来看，已经从经济发达的东部地区和南部地区向中西部地区和北部地区迅速蔓延至全国。最近三四年，中西部地区加大了开发力度，低端产业向中西部转移，在经济快速增长的同时，环境污染问题也凸显出来。昔日清澈见底的一条条小溪变成臭水沟，已不再是东部发达地区的个别现象。从环境污染的空间分布看，从天空到海洋，从陆地到河流，从地表到地下，无论是空气、水源还是土壤，都广泛地被严重污染。
>
> 首先水源：我国人均水资源只占世界平均水平的1/4，水资源本就匮乏。中国水资源总量的1/3是地下水，然而据新华网报道，对118个城市连续监测数据显示，约64%的城市地下水遭受严重污染，33%的地下水受到轻度污染，基本清洁的地下水只有3%。近两年，我国水源恶性环境污染事件时有发生：去年春节期间广西一家企业将污水直接排入地下溶洞导致龙江河镉污染；今年1月，山西长治苯胺泄漏事故引发的河流污染，波及山西、河北、河南三省。在水资源总量2/3的地表水中，污染问题同样严重。据2006年国家地表水监测断面中，IVV类

和劣Ⅴ类水质占比达到32%和28%；根据全国水资源综合规划评价成果，84个湖泊中常年呈现富营养化状态的湖泊有48个，占比达到52.4%；根据2000年评价的633个水库中，62%为中营养水库，38%为富营养水库，贫营养水库还不及1%。

其次土壤：目前全国耕种土地面积的10%以上已受重金属污染，共约1.5亿亩；此外，因污水灌溉而污染的耕地有3250万亩；因固体废弃物堆存而占地和毁田的约有200万亩，其中多数集中在经济较发达地区。由此，我国每年因重金属污染的粮食高达1200万吨，造成的直接经济损失超过200亿元。

再次空气：目前全球性大气污染问题主要表现在温室效应、酸雨和臭氧层遭到破坏三个方面。中国大气污染状况十分严重，主要呈现为城市大气环境中总悬浮颗粒物浓度普遍超标；二氧化硫污染保持在较高水平；机动车尾气污染物排放总量迅速增加；氮氧化物污染呈加重趋势；全国形成华中、西南、华东、华南多个酸雨区，以华中酸雨区为重。据亚洲开发银行和清华大学最新发布的《中华人民共和国国家环境分析》报告，中国500个大型城市中，只有不到1%达到世界卫生组织空气质量标准。

同时，污染程度堪比史上最严重：工业发展带来的污染灾难在历史上并非罕见。然而，中国当前的环境污染问题堪比史上最严重。比如，臭名昭著的伦敦大雾与今日的北京雾霾当属同一级别。据记载，1952年12月伦敦，在浓雾弥漫的四天时间里，死亡的人数就达4000多人，两个月后又有8000多人陆续丧生。医生的回忆录表明，当时医院人满为患根本无法收治。有研究称，2012年，北京、上海、广州、西安这四座城市，因为PM2.5引发多种疾病造成的过早死的人数达到8500多人。

第三章 与自然的关系

我想,毋须再细说,只要看看上面这些例子中所显示的数据,就知道我们的地球已经千疮百孔,天地已经不堪重负。因为我们人类出于各种目的的榨取所造成的恶果,使生养百谷的土壤日益贫瘠,使所有生命中不可缺的水日益减少,并难以再饮用到干净的水,就连对生命最宝贵的空气,也受到严重染污,不仅给我们带来各种疾病,甚至使我们不能自由呼吸。蓝天、白云、太阳高照,这本来是最正常不过的自然现象,在今天却成了难得一遇的奢求。有位日本朋友问我,你回国后感觉最幸福的是什么?我说是看见白云在天上飘,太阳在头上照。你想,如果没有了太阳,无论是植物还是人,都无法正常生长。然而,这一切却被我们用自己的双手剥夺。

也许有人认为天地是与己无关之物,无关自己的痛痒,为了自己的私欲,可以肆意伤天害理,不断染污万物赖以生存的自然环境。但从今天的状况来看,已经证明我们对天地的伤害,就是对自己以及子孙后代的伤害。今天我们可能还有吃的,水尽管不干净,还有喝的,不知哪天可能我们的子孙连吃饭、喝水都成问题。毕竟摆在我们面前的现实是:世界上很多国家粮食短缺,而人口却不断膨胀;水资源日益匮乏,染污却愈来愈严重。据有关人士统计,全球每天有1.5万人因饮用受污染的水而死亡;人类如果按照目前的速度继续消耗地球资源,所有资源将会在2075年耗尽。这一切都表明:我们不肯回馈,只是不断索取的行径,将会慢慢将大地变成不毛之地,并使它慢慢走向灭亡。然而,我们以及我们的子孙后代终将为我们种下的恶果付出沉重的代价:少吃短喝、疾病丛生,甚至失去我们的生存之地——地球。如果地球消失了,我们赖以维持生命的一切也都将消失,那么我们还能独活吗?你还认为天地与你无关吗?我们对天地所做的一切,难道不是在自扼其喉、自断其路、自灭其生吗?

并且,这不是我一个人的独断臆想。早在十几年前季羡林老先生就指出处理好人与自然的关系是人生一世要处理好的重要关系之一。同时还指出大自然已经对我们做出了触目惊心的报复。老先生认为举凡臭氧空洞，温室效应，全球变暖，淡水短缺，生态平衡，物种灭绝，人口爆炸，资源匮乏，新疾病产生，环境污染等问题，其中任何一项得不到控制，都会影响人类的生存前景。[1] 此外，韩国的当代著名高僧、自然主义者法顶禅师，也在其多部著作中用自己的声音为我们的所作所为敲响了警钟：

> 地球的生态环境今天已经遭到了严重破坏，各种各样的环境问题越来越多，如环境污染、温室效应等。这些让人头疼的问题从何而来？实际上，这都是人类破坏生态环境所种下的苦果：我们不注意整体的和谐，只看到眼前或局部的利益，肆意开发、滥用资源。最终，地球忍受不住了。
>
> 于是，各地的生态环境不断恶化，地球也生病了，打起了喷嚏，于是就有了地震、台风，到处灾害频繁。可是生活在地球上的人类还是一味贪婪地掠夺地球上贫瘠的资源，肆意地践踏我们赖以生存的生态环境。[2]
>
> 真正应该恐惧的，是地球变暖所导致的气象变化。过去几年来，气象异常的情形越来越严重了。对于长期仰赖石油煤矿以及天然气等自然资源的现代文明来说，这种现象将是致命的转折点。
>
> 发达国家工业化扩张所导致的过度消费，使得地球渐渐丧失自我调节、维持环境平衡的能力。因为人类无法自行制造燃

---

[1] 季羡林：《季羡林谈人生》，武汉出版社，2011年版，第172～173页。

[2] [韩] 法顶禅师：《好故事》，徐千菱译，二十一世纪出版社，2013年版，第92页。

料能源,只能向地球疯狂索取不可再生的自然资源——这是对地球生态系统的残酷掠夺。终有一天,石油、煤炭和天然气会被人类采挖殆尽,没有了赖以生存的能源,现代文明必将变成一片废墟。这就是人类所依附的、虚弱而充满危机的文明。[1]

世界上所有生命体都是在彼此的关系中维系着生命。根不断从大地获取养分,然后用花朵和果实回馈大地。如果只是索取,而不付出,生命就无法延续,这是宇宙的秩序,也是循环的法则。白昼因为有了夜晚的衬托才会明亮,夜晚因为白昼的消失而显得黑暗。[2]

无论是季羡林先生,还是法顶禅师,都担心我们破坏自然环境所带来的恶果会影响我们的生存前景。因此,他们忠告我们:如果继续破坏天地宇宙的秩序和运行法则、反其道而行,而不懂得付出、回馈天地的话,包括我们在内的所有生命终将无法延续。也许我们从来没对自己的行为做过认真反省,心安理得地每天制造着各种垃圾,每天从大自然中索取,从来没想到过回报;更不认为自己的所作所为每时每刻可能都在破坏着环境,伤害着自己的身体。但事实上确实如此。无论你是否愿意承认,人类都不是凌驾于万物之上的存在,都不是独立的特别存在,而是天地的一部分。我们对天地的伤害,即是对自己以及自己子孙后代的伤害,我们给天地造成了多大的创伤,我们自身就会承受多大的创伤。现在被染污的天在痛苦地呻吟,被钢筋水泥、各种垃圾、有毒化学物质层层包裹、侵害的

---

[1] [韩]法顶禅师:《美丽的结尾》,徐若英译,二十一世纪出版社,2013年版,第179页。

[2] [韩]法顶禅师:《活在时间之外》,薛舟、徐丽红译,重庆出版社,2011年版,第24~25页。

大地在沉重地呼吸。而我们呢？呼吸沉重，痛苦难耐。在此，我不想使用报复这个残酷的字眼来描述现在我们与自然之间的关系，我想天地是不会刻意报复我们的，只是我们做得太过分了，它尽管想承受却已无力承受。

但是，也不得不承认我们对天地的自以为是的做法，与庄子笔下为混沌妄自凿开七窍的倏、忽二帝有相似之处。倏、忽二帝的做法虽然愚蠢，因是为了报恩，还有可宽宥之处。我们呢？纯粹是为了自己的私欲，这又怎能得到天地以及我们子孙后代的宽宥。所以，如果我们不修正自己，只是向天地一味索取，而不付出，不修正我们在万物面前的傲慢态度，重新认识人类与自然的关系，不仅天地不会再原谅我们，还会伤害彼此更深。我们的子孙后代也会埋怨我们对地球伤害太深，以至于他们无法生存。

不过，稍微令人欣慰的是，这个问题已经逐渐引起了全世界的关注。例如，1972年，"罗马俱乐部"发表了关于环境问题的研究报告《增长的极限》，指出人类在对自然界开发与征服的同时，正在掠夺子孙后代的资源，人类赖以生存的生物圈正在缩小，自然灾害将空前地增多并趋向恶化，使整个人类的生存面临困境。同年，联合国在斯德哥尔摩召开了讨论环保问题的第一次国际会议，通过了《人类环境宣言》。此后，1983年，联合国成立了"世界环境与发展委员会"；1987年，世界环境与发展委员会向联合国提交了《我们共同的未来》的报告，正式提出了可持续发展的理论；1992年，来自158个国家和地区的政府首脑在里约热内卢召开了国际环境和发展大会，通过了《里约热内卢宣言》和《21世纪议程》，把可持续发展战略列为全球发展战略。其中，《21世纪议程》指出："地球所面临的最严重的问题之一，就是不适当的消费和生产模式，导致环境恶化，贫苦加剧和各国发展的失衡。"

我国自90年代初由于环境问题日益突出，也开始重视环保。例如，1995年，十四届五中全会提出："必须把实现可持续发展作为一项重大战略。要把控制人口、节约资源、保护环境放到重要位置，使人口增长与社会生产力发展相适应，使经济建设与资源、环境相协调，实现良性循环。"1997年，党的十五大报告把可持续发展战略确定为我国的一项基本战略。党的十六大又提出，要避免走西方国家"先污染再治理"的老路，走出一条"科技含量高、经济效益好、资源消耗低、环境污染少，人力资源优势得到充分发挥的新型工业化路子"。党的十六届三中全会提出，要树立全面、协调、可持续的科学发展观。党的十七大首次提出建设社会主义生态文明，并把资源节约型、环境友好型社会作为生态文明建设的重要目标。党的十八大又进一步强调生态文明的理念并提出了建设"美丽中国""五位一体"的发展目标。

此外，在学术界，一些生态专家与学者也开始关心当今的生态危机问题，研究探索生态危机的根源，并试图从中国的儒释道思想以及其他宗教思想中寻找到解决生态问题的价值与观念的资源。例如，一些学者指出西方生态危机根源于人与自然对立的主客二分的思维模式，即人与自然对立的人类中心主义的价值观；中国生态危机根源于采用了西方工业化的发展模式。其中，由美国中美后现代发展研究院等单位主办的"第10届生态文明国际论坛"的会议邀请函中写道："以西方世界主导的以极度崇尚器物为特征的现代工业文明在过去的400年间给人类带来了空前的物质繁荣，创造了史无前例的物质文明，与此同时也给我们这个美丽的星球带来了史无前例的巨大破坏，……现代工业文明和西式现代化正在把人类带上一条自我毁灭的不归路。"还有，哈佛大学世界宗教研究中心自1996~1998年间，连续召开了"世界宗教与生态"系列研讨会，从佛教、基督教、印度教、儒家、道教等视角出发，对生态问题进行了深入的探讨。

以上的各项政策以及相关会议、研究成果表明，无论是国家，还是一些专家学者，都在反省人类做下的一切为天地与人类自身带来的后果，以及由此带来的没有未来的未来。同时亦说明人类尤其是西方的一些学者，已经认识到西方以人类为中心将自然作为征服对象的价值观念，以及由此支配的西方工业文明是造成今天生态危机的根源。在这种深刻反省的推动下，这些学者开始从传统精神中寻找解决问题的思想资源，希望提供给人类一种修正人与自然关系的价值观念。这些做法固然欣喜，但如果只停留在学术领域或精英知识分子层面，不能不说这些良善的想法有可能只会成为尘封在文本中的符号，而无法发挥太大的作用。毕竟，直接参与生产、创造的不是那些精英知识分子，而是普通老百姓。但是，对普通老百姓而言，那些高深的研究成果就像来自另一个世界的天书，不会接触到，即使接触到也无法理解。因此，与其将这些研究成果写成高深的论文，不如用通俗易懂的语言文字传递到每位识字者的心中，让它们真正落实到具体的行动中。

不过，我们也不能否认正是因为这些研究成果，让我们确信问题的关键在于我们的妄自尊大，以为我们可以支配、征服自然，把自然放在了我们的对立面。同时让我们知道重新认识人与自然的关系，就是改变人类中心主义的想法，真切体会到而不是仅从语言文字上认识到人与自然，即天地不是对立的，而是一体的。这说起来简单，其实要内化于心并不容易，为此我们不妨先从认识天地的作用开始。《中庸》第二十六章言：

> 今夫天，斯昭昭之多，及其无穷也，日月星辰系焉，万物覆焉。今夫地，一撮土之多，及其广厚，载华岳而不重，振山河而不泄，万物载焉。今夫山，一卷石之多，及其广大，草木生之，禽兽居之，宝藏兴焉。今夫水，一勺之多，及其不测，

鼋龟、蛟龙、鱼鳖生焉，财货殖焉。

我们所说的天，原本不过是由一点一点的光明聚积起来的，可等到它无边无际时，日月星辰都靠它维系，世界万物都靠它覆盖。今天我们所说的地，原本不过是由一撮土一撮土聚积起来的，可等到它广博深厚时，承载像华山那样的崇山峻岭也不觉得重，容纳那众多的江河湖海也不会泄漏，世间万物都由它承载了。今天我们所说的山，原本不过是由拳头大的石块聚积起来的，可等到它高大无比时，草木在上面生长，禽兽在上面居住，宝藏在上面储藏。今天我们所说的水，原本不过是一勺一勺聚积起来的，可等到它浩瀚无涯时，蛟龙鱼鳖等都在里面生长，珍珠珊瑚等值钱的东西都在里面繁殖。

你看，被我们无视已久的天地是多么的伟大：天覆盖万物，为万物带来光明与安全；地承载万物，使江河湖海、崇山峻岭得以存在。存在于其上的山是草木、禽兽的家园，是宝藏的藏身之所；存在于其之上的水是各种鱼类、珍珠的栖息、繁殖之所。这一切又最终都成为生养我们的养料与利益的来源。关于此点，回想一下我们的吃穿用度就会一目了然：我们吃海里的鱼虾，戴海里出产的珍珠、珊瑚，我们用土石修建房屋，喝地球的水生活……所有的所有无不来自于天地。就像法顶禅师说的那样："地球是人类生命的摇篮，不仅仅是我们生活栖息的处所，还是让我们的子孙后代延续下去的生命基地。"[1] 这告诉我们，天地是我们的生命之根，伤害天地，没有节度地掠取生长、栖息于其上的万物，就是我们自己在不断切割我们生命的根。中国古代的人，因为主要靠农耕生活，也就是靠天

---

[1] [韩]法顶禅师：《好故事》，徐千菱译，二十一世纪出版社，2013年版，第92页。

吃饭，所以他们比我们体会更深切，更能认识到这一点。因此，古人历来重视人与自然的关系，用他们的说法就是人与天的关系，并从不同的角度对人与天的关系进行了阐述。

所谓不同的角度，也就是从人在宇宙中不同位置关系的角度，去理解人与天（即自然）的关系。为了能够重新认识人与自然的关系，我们不妨沿着古人走过的路散散步，说不定在散步途中我们会恍然大悟，对天地以及天地所承载的一切产生未曾有过的亲切。为此，我们可以沿着道家、儒家、佛家等所示的不同路线走走看，这样可以让具有不同喜好的我们，从中各自找到适合自己的契合点，由此让这次散步的意义变得不同。

首先我们看一下道家的老子是怎么说的吧。在《老子·二十五章》有"人法地，地法天，天法道，道法自然"一句。在这句话中，所谓的道即天地宇宙、即自然的秩序与循环法则，而地、天无非即是古人所言的"天"，也就是自然。所以这句话就是告诉我们人要效法自然，以"人"合于"天"。在此要留意的是"天"居主向地位，是人类主动要效法的对象。接下来，老子在二十章、十六章又分别言："孔德之容，惟道是从。"大德的内在及表现，要完全遵从自然的法则。在此"德"是某个东西内在的最本质属性。"不知常，妄作，凶。"如果违背了自然的常道，肆意妄为，则必有凶灾发生。这进一步说明，宇宙万物所有的一切都要"法自然"，我们要尊重万物自然的内在属性，不可以用自己所谓的聪明才智去妄自改变万物的存在方式与形态，更不可以不遵循自然法则，让冬花夏开。唯有如此，天地才会有序，四时才会顺行，日月才会常照，五谷才会丰登，人间才会有路，万物才会各不失其性。我想，对此点的认识，庄子可能比老子更深刻，因此他才会比老子更强烈地诉说保持万物自然本性的重要性，力主人、天的合一。例如，在《庄子·秋水篇》中，河神与北海神有这样一段简短的对话：

河伯曰：何谓天？何谓人？

北海若曰：牛马四足，是谓天；落马首，穿牛鼻，是谓人。故曰，无以人灭天，无以故灭命，无以得殉名。谨守而勿失，是谓反其真。[1]

河神说：什么叫做天？什么叫做人？

北海神说：牛马生来有四只脚，这叫做天然；用辔头络在马头上，用缰绳穿过牛鼻，这叫做人为。所以说，不要用人为去毁灭天然，不要用有意的作为去毁灭自然的禀性，不要因贪得去求声名。谨慎地持守自然的禀性而不丧失，这就叫返归本真。[2]

牛马的自然状态是生来具有四只脚，但是人类为了为其所用，改变了它的自然状态。这样的做法在庄子看来，是对其自然状态的毁灭。毁灭它的自然状态，就意味着对自然规律的违背。此外，本来包括人在内的万物都有其与生俱来的禀性，这是自然的必然性，是人为无法改变的。例如，如果我们试图让鸡护院，让狗报时，可能它们既不可能各尽其职，同时鸡也不再是鸡，狗也不再是狗。所以，我们要做的就是持守、尊重自己的自然本性而不丧失，同时也尽量让其他万物以自然的状态存在，而不妄自去人为改造。只有这样才会出现万物并聚而不失其真的和乐人间：

夫至德之世，同与禽兽居，族与万物并，恶乎知君子小人哉！同乎无知，其德不离；同乎无欲，是谓素朴；素朴而民性

---

[1] 陈鼓应：《庄子今注今译·外篇·秋水》，中华书局，2013年版，第460～461页。

[2] 陈鼓应：《庄子今注今译·外篇·秋水》，中华书局，2013年版，第462页。

得矣。[1]

盛德的世代，和鸟兽同居，和万物并聚，何从区分君子小人呢！大家都不用智巧，本性就不致离失；大家都不贪欲，所以都纯真朴实；纯真朴实便能保持人民的本性了。[2]

庄子认为最理想的人间状态是所有万物可同居、并聚。可同居、可并聚，不仅说明人与人之间互相信任，没有戒心，也说明人与鸟兽、其他万物之间亦气息相通，互相信任。不像今天，鸟兽一闻人声，一见人影，便四散逃离。之所以会这样，是因为它们从人类的身上感到了潜在的危险。这种危险来自于人的贪欲。也许你不相信鸟兽能对人类的贪欲了然于心，但很多狮、虎、狼肯接近却不伤害一些有修为的高僧大德，让我们不得不相信它们可以感知到人的良善与否。在活了112岁的海贤老和尚的传记中，老和尚亲自讲述了这样一段经历：

> 老和尚曾经在一个熊潭沟的地方迎面遇到一只大狼，那只大狼走到他跟前，咬着他的裤腿，一直把他拉到一个山洞的狼窝里。原来洞里有一只母狼难产，公狼希望得到他的帮助。于是老和尚就念佛回向，十多分钟后，母狼产下了一窝狼崽。第二天，老和尚办完事，又途经那个地方的时候，公狼拦住他，从草窝里衔来一坨山蜂蜜放在老和尚面前，并对他点头哈腰，

---

[1] 陈鼓应：《庄子今注今译·外篇·马蹄》，中华书局，2013年版，第270页。

[2] 陈鼓应：《庄子今注今译·外篇·马蹄》，中华书局，2013年版，第272页。

表示感谢。[1]

在这段真实的故事中,狼之所以会选择让老和尚帮助它,无疑是它感知到了老和尚善良、纯真、朴实的本性,知道老和尚不会伤害它。这告诉我们,人类纯真、朴实之本性的丧失,不仅隔断了人与人之间曾经亲密无间的关系,还隔开了人与鸟兽之间的距离,使它们不敢再轻易靠近人类,使我们与其他万物之间的距离愈来愈远。人与万物之间的距离愈来愈远,也就意味着人与天地、自然之间的距离愈来愈远,愈来愈偏离宇宙的运行法则。但是,如庄子所言,不管你愿不愿意,天和人都是合一的:

> 故其好之也一,其弗好之也一。其一也一,其不一也一。其一与天为徒,其不一与人为徒。天与人不相胜也,是之谓真人。[2]

(天和人是合一的),不管人喜好或不喜好,都是合一的。不管人认为合一或不合一,它们也都是合一的。认为天和人是合一的就和自然同类,认为天和人是不合一的就和人同类。把天和人看作不是互相对立,这就叫做真人。[3]

无论你是否承认,是否这样认为,都无法改变天人是合一的这一自然的真实。尽管如此,如果你还是无法认为天和人是合一的,

---

[1] 妙音:《海贤老和尚》,团结出版社,2015年版,第81~82页。

[2] 陈鼓应:《庄子今注今译·内篇·大宗师》,中华书局,2013年版,第187页。

[3] 陈鼓应:《庄子今注今译·内篇·大宗师》,中华书局,2013年版,第195页。

那么你就是在人为地将天、人割裂开来，放弃对自然的效法，而甘愿切断自己的根。所以，深谙其理的真人不这样做，他们视人、天为一，宁可"畸于人而侔于天（异与世俗人而应和于自然）"[1]。不止如此，真人还"不以心捐道，不以人助天"[2]，他们不用心智去损害道，不用作为去干预自然的进程。万物自生自化，滥施砍伐或者像今天的一些人那样，为获得更多的利益，给黄瓜等蔬菜喷施增长剂等，都是干预自然的进程，是人为的对自然法则的损害，是使自己愈来愈偏离自然法则的愚蠢之行。如此诸行，损害的不仅仅是自然，还有我们人类自身。因为，人、天一也，把本来是一体的东西，硬割裂为二，当然要有切割之痛。所以，"古之真人，以天待人，不以人入天。"[3]也就是说，古时真人只根据自然法则行事，不会人为地干预、改造自然及其进程。这说明，真人也就是以天为宗的人。以天为宗，也就是把天视为自己的根，自己真正的家。因此，庄子所言的天人合一实质是让人返本归真，将天视为人类灵魂的居所。这告诉我们，法天生活才是人应该有的真正生活，也才是真正人力的体现[4]。

法天，也就是让人舍弃机心日用、贪欲索求，以天为宗，任天而行，归于造化，从于造化，舍弃一己之身，完全融入宇宙大化中。在这当中，无物，无天：

---

[1] 陈鼓应：《庄子今注今译·内篇·大宗师》，中华书局，2013年版，第213页。

[2] 陈鼓应：《庄子今注今译·内篇·大宗师》，中华书局，2013年版，第186页。

[3] 陈鼓应：《庄子今注今译·外篇·秋水》，中华书局，2013年版，第701页。

[4] 王博：《庄子哲学》，北京大学出版社，2013年版，第130页。

> 有治在人，忘乎物，忘乎天，其名为忘己，忘己之人，是之谓入于天。[1]

人事有治迹，不执滞于物，不执滞于天然，这便名为不执滞于自己。不执滞于自己的人，称为与天融合为一。[2]

因此，真正的与天合一是所有名相间区隔的消失以及人、物的消失，寻求与天合一，却无执无着，无关乎自己，无关乎道德仁义，所有的名相、所有的存在已没有任何意义。名相让我们屈从于某种概念，让所有自然的事物有了某种固定的属性；所有的存在与名相一样，也为我们设置了某种局限。但是，自然、道如老子所言，不可道、不可名。可道、可名就是人类某种执念的显现。这一点，与儒家明显不同。

儒家《易传·文言》首先主张：

> 夫大人者，与天地合其德，与日月合其明，与四时合其序，与鬼神合其吉凶。先天而天弗违，后天而奉天时。[3]

大德大才之人，他的德行像天地一样化育世间万物，其英明像日月一样光照天地，其行为像四时一样井井有条，其赐吉降凶像鬼

---

[1] 陈鼓应：《庄子今注今译·外篇·天地》，中华书局，2013年版，第338页。

[2] 陈鼓应：《庄子今注今译·外篇·天地》，中华书局，2013年版，第340页。

[3] 秦川：《四书五经·周易·文言传》，北京燕山出版社，2007年版，第564页。

神一样毫无私心杂念。他先于天时而行动，天不违背他；他后于天时而做事，也能尊奉天的变化规则。[1]

在此提到的大人首先是要具有如天地般的德行。大人既可以效法自然，后天而为，也可以先于天时而行，引导自然。由此可以发现，这一点与前面提到的老庄尤其是庄子的天人合一思想明显不同。我想，这个不同即是道家与儒家所体现的人在宇宙间位置的不同。儒家显然认为人在宇宙中可以居主导地位，只要具备与天地同样的德行。这样的想法实际来源于自古以来儒家对人在天地宇宙间位置的尊崇。例如，《尚书·泰誓上》言："惟天地万物父母，惟人万物之灵。"孔子亦曰："鸟兽不可与同群，吾非斯人之徒与而谁与？"[2] 在万物之中，人是最精灵者。所以，孔子认为人是有别于鸟兽的，是不能与飞禽走兽合群共处的，只能与世上的人打交道。这点显然与庄子不同，庄子认为盛德之世的标志就是人可与鸟兽同居，可与万物并举，但孔子认为人是万物中最尊贵的，是无论如何也不能与鸟兽相提并论的。例如，在《孝经·圣治章第九》中，孔子回答曾子的问话言："天地之性，人为贵。人之行，莫大于孝。"天地万物之中，人是最尊贵的。那么，其他万物呢？对这个问题，荀子给出了比较确切的回答：

水火有气而无生，草木有生而无知，禽兽有知而无义，人

---

[1] 秦川：《四书五经·周易·文言传》，北京燕山出版社，2007年版，第567页。

[2] 杨伯峻：《论语译注·微子篇第十八》，中华书局，2011年版，第192页。

有气、有生、有知、亦且有义，故最为天下贵也。[1]

水和火是气构成的，却没有生命；草木有生命，却没有智慧；禽兽有智慧，却不讲仁义道德；人由气构成，有生命，有智慧，也讲道义，所以人最为天下所贵重。

水火、草木、禽兽与人相比，都不如人有智慧，懂得仁义道德，所以人是其中最尊贵者。既然是尊贵的，当然不能闲着，要"财（裁）成天地之道，辅相天地之宜"[2]，要"备物致用，立成器以为天下利"[3]。

要制造成就天地交通之道，辅助协理天地化生之事；要准备众物以供民众使用，创造器具以造福天下民众。你看，答案出来了吧——人要协助天地生化，要制造各种器物、工具去造福民众。无论是协助，还是制造，都意味着儒家认为人要利用甚至改造自然。但是，不是谁都有这样的资格与权利，只有前面提到的具有天地般德性的大人即圣人才可以做这些事情。所以，这就为具有积极入世精神的世代儒者指出了一条路——与天合一，具备天的德性。

只是，这里的天不再是庄子所言的自然之天，而是道德义理之天。所谓天的德性是《中庸》所言的："诚者，天之道也；诚之者，人之道也。"真诚是天的运作模式；让自己真诚，是做人的正确方式。天就那样真实无妄地运行着，人即是要做到像天那样真实无妄

---

[1] 王先谦：《荀子集解》卷五《王制篇第九》，沈啸寰等整理，中华书局，2012年版，第162页。

[2] 秦川：《四书五经·周易·象辞上传·泰卦》，北京燕山出版社，2007年版，第610页。

[3] 秦川：《四书五经·周易·系辞上传》，北京燕山出版社，2007年版，第654页。

地活着。这不是单纯的效仿，按照《中庸》"天命之谓性"的理论，人的本性本来就来自于天。只是人行于世间，总难免心落尘埃，经常看不见自己的本性。为了重现来自于天的本性，孟子主张要"尽其心，知其性"，努力恢复自己的真诚以"知天"[1]。"知天"也就是与至诚的天道合一。因此，儒家所讲的与天合一，实际上是人向天的靠拢、返归，指在德性上的同一。在这个过程中，因重点始终在人身上，故在儒家的理路中，人要做的不是委顺于天，而是要至诚通天，最终赞天地之化育，与天地并列为三：

  唯天下至诚，为能尽其性；能尽其性，则能尽人之性；能尽人之性，则能尽物之性；能尽物之性，则可以赞天地之化育；可以赞天地之化育，则可以与天地参矣。[2]

只有在全天下真诚到极点的人，才能够充分实现他自己本性的要求。能够充分实现自己本性要求的人，才能够充分实现众人本性的要求。能够充分实现众人本性要求的人，才能够充分实现万物本性的要求。能够充分实现万物本性要求的人，才有可能助成天地的造化及养育作用。可以助成天地的造化及养育作用的人，就可以与天地并列为三了。[3]

儒家显然不想如道家那般只求无为自化，他们不仅要自己做到至诚，还要天下的众人，甚至万物都要充分实现其本性，以此帮助天地去实现它造化与生养万物的功能。这显示的无非是儒家"推己及人"的入世热情。同时亦说明，儒家与天合一的最终目的是在天

---

[1]　杨伯峻：《孟子译注·尽心章句上》，中华书局，2012年版，第278页。

[2]　傅佩荣：《傅佩荣译解大学中庸》，东方出版社，2012年版，第115页。

[3]　傅佩荣：《傅佩荣译解大学中庸》，东方出版社，2012年版，第115页。

地间取得一席之地，使自己与天同列。这样的想法是否对我国人类中心主义价值观念的形成有所作用，不能轻下妄言。不过，不能否认中国儒家思想中含有这样的潜在倾向。如果后人错误地领会了它，就可能造成我们的所行偏离中道。无论如何，儒家这种舍我其谁的自信与济世的抱负在后世的儒家思想中都得到了很好的继承，天人合一也一直是后世儒家追寻的生命之路。不过，在儒家思想中，明确提出"天人合一"的却是北宋的张载。张载在《正蒙·乾称篇》中言：

> 儒者则因明致诚，因诚致明，故天人合一，致学而可以成圣，得天而未始遗人，《易》所谓不遗、不流、不过者也。[1]

儒者却通过明善而能真诚，又通过真诚而能明善，所以能合天与人于一体，通过学习然后成为圣贤，通达上天而不厌弃人世，这就是《易经》所说的无所遗漏、无不贯通、无有过度。[2]

人、天、现实的人世都是真实存在的，人可以由明致诚，也可以由诚致明，将人、天贯通起来，同时立足于世间。这告诉我们人性不仅是实有的，而且与天道同一：

> 天人异用，不足以言诚；天人异知，不足以尽明。所谓诚明者，性与天道不见乎小大之别也。义命合一存乎理，仁智合一存乎圣，动静合一存乎神，阴阳合一存乎道，性与天道合一

---

[1] 张载：《张载集·正蒙·乾称篇第十七》，章锡琛点校，中华书局，2012年版，第65页。

[2] 译文参考周赟：《正蒙全译》，知识产权出版社，2014年版，第197页。

存乎诚。[1]

将天与人的功用割裂开来，是不能说清"诚"的；将天与人的认识方式区别对待，是不能将天与人认识彻底的。所谓诚明的意思，是要知道性与天道在天在人都是一样的。义与命在天理之中本一体，仁与智在圣人之心本一体，动与静在神性方面本一体，阴阳二气在天道之功用上本一体，性与天道就诚而言本一体。[2]

天道即性也，故思知人不可不知天，能知天斯能知人矣。[3]

天道也就是性，所以要想觉知人性不可以不觉知天性，能觉知天性天就能觉知人性。[4]

天与人无论是在功用方面，还是认识方式方面都是同一的，其实质都是至诚的。只是天道是人之本性的来源，二者本来即为一体，所以通过认识天我们就可以知道人。同时，"性于人无不善，系其善反不善反而已。"[5] 也就是说，天所赋予的人性没有不善的，关键

---

[1] 张载：《张载集·正蒙·诚明篇第六》，章锡琛点校，中华书局，2012年版，第20页。

[2] 译文参考周赟：《正蒙全译译》，知识产权出版社，2014年版，第50页。

[3] 张载：《张载集·正蒙·诚明篇第六》，章锡琛点校，中华书局，2012年版，第20页。

[4] 译文参考周赟：《正蒙全译译》，知识产权出版社，2014年版，第47页。

[5] 张载：《张载集·正蒙·诚明篇第六》，章锡琛点校，中华书局，2012年版，第22页。

在于人能不能返回他的本性。这说明，张载所言的天、天道的至诚还是具有道德意义的存在，是人性善的渊源。但是，他又认为："天地惟运动一气，鼓万物而生，无心以恤万物。"[1] 天地所显示的无非是气化的过程与规律，让万物得以生，却并无刻意生养万物之心。因而，张载所言的天人合一实际上有两层含义：其一是指人与天一气相连；其二是指这种气上的相连，使人具有了与天同样的道德属性——诚、善。

同时，这也暗示人如果"不善反"，不仅会失其善的本性，而且还会割断人与天在气上的贯通。在气上的贯通如果被切断，人便失其天养，失去他能量的源泉，从而在其他万物上拼命掠夺以补充其能量的不足。关于此点，我想，这是张载天人合一说的真正启示所在，是我们大家应该认真思量的地方。正是基于此，张载才赞成"不识不知，顺帝之则"[2] 的说法，指出："有思虑知识，便丧其天矣。君子所性，与天地同流异行而焉。"[3] 告诉我们人如果用思虑知识即成心来行事、做人，就会与上天之性相违背。所以，君子的本性与天地同功而用异。本性与天地同，亦是意味人与天地在气上相流、相通。但是，如果我们运机心、成心于万物，就会丧失我们的天性以及与天地在气上的连接。

不过，张载又指出，人所禀之气有偏正，像人刚柔、缓急、有

---

[1] 张载：《张载集·正蒙·诚明篇第六》，章锡琛点校，中华书局，2012年版，第22页。

[2] 此句之意是要想认识一切，了解一切，就要顺应天帝的法则。出自《诗经·大雅·皇矣》："帝谓文王：予怀明德，不大声以色，不长夏以革。不识不知，顺帝之则。"

[3] 张载：《张载集·正蒙·诚明篇第六章》，章锡琛点校，中华书局，2012年版，第23页。

才与无才等气质,即是气偏的显现[1]。因而,禀气而有人形后,便蕴含了偏正昏明的气质之性,而人要做的就是变化自己的气质返回原本清通纯一的天地之性[2]。所谓的变化气质实际上就是化掉思虑知识即机心、成心[3]。所以,在此所说的人与天地在气上的连接,是指人的天地之性与天地本性的相合、相通,而非气质之性。相反,气质之性是阻断人与天地之性相链接的元凶。我想,这既是张载天人合一说的特点所在,也是我们要特别留意的地方。

在北宋,除了张载对天人合一有详细的记述外,二程并未对天人合一有太多的论述。仅指出性分为天命之性与气质之性,认为每个人都具有天命之性,但由于禀气不同,形成了各不相同的气质之性,从而遮蔽了本身固有的天命之性。这就使普通人与将天命之性和气质之性和谐统一的圣人有了不同。所以,如果想成为圣人,就要不断地纠正气质之性中的偏驳,使之逐步和天命之性一致。如何纠正呢?二程认为首先一切都要按照"礼"的要求视、听、言、动,养护天命之性。此外,积习也有改变先天气质的作用,例如通过读书、静坐等可以培养出儒者的气象等。[4]据此可以看出,二程比张载更为重视儒家传统的道德原则,其所言的天命之性显然具有更为具体的指向,可以理解为儒家的仁义理智信。这也比前面张

---

[1] 原文为:"人之刚柔、缓急、有才与不才,气之偏也。"张载:《张载集·正蒙·诚明篇第六》,章锡琛点校,中华书局,2012年版,第23页。

[2] 原文为:"形而后有气质之性,善反之则天地之性存焉。"张载:《张载集·正蒙·诚明篇第六》,章锡琛点校,中华书局,2012年版,第23页。

[3] 在《正蒙·大心篇》有:"成心忘然后可进于道。化则无成心矣。"张载:《张载集》,章锡琛点校,中华书局,2012年版,第25页。

[4] 程颢、程颐:《二程遗书》,潘富恩导读,上海古籍出版社,2011年版,第13~14页。

载所言的性善更为具体。

同时，毋庸说天命之性即是"天命之谓性"，它来源于天的赋予。基于这个预设前提，二程才认为没有必要再言天人要合一的论题。因为"道未始有天人之别，但在天则为天道，在地则为地道，在人则为人道"[1]。人、天之间，有道相连。道对天、人从来是没有分别的，即在道面前，人、天是一体的，是同一的。所以，"天人无二，不必以合焉。"[2]"合天人，已是为不知者引而致之。天人无间"。[3]显然，二程没有像张载那样对气显示出特别的关心，而更重视天、人在性上的同一。性即天命之性为仁义理智信，可统称为仁，仁无非是善。"称性之善谓之道，道与性一也"[4]，这进一步说明人、天合一主要是指在性上的合一。

继承了张载、二程思想的朱熹也主张天道与人性相同一。例如，他在《朱文公文集》卷七十《读大纪》中言：

> 宇宙之间，一理而已，天得之而为天，地得之而为地，而凡生于天地之间者，又各得之以为性。其张之为三纲，其纪之为五常，盖皆此理之流行，无所适而不在。

---

[1] 程颢、程颐：《二程遗书》卷二十二上《伊川语录八上》，潘富恩导读，上海古籍出版社，2011年版，第337页。

[2] 程颢、程颐：《二程集·河南程氏粹言卷第二》，中华书局，2012年版，第1254页。

[3] 程颢、程颐：《二程遗书》卷二上《二程先生语二上》，潘富恩导读，上海古籍出版社，2011年版，第83页。

[4] 程颢、程颐：《二程遗书》卷二十五《伊川先生语十一》，潘富恩导读，上海古籍出版社，2011年版，第375页。

在宇宙之内，仅有一个理，天得到它成为天，地得到它成为地，所有生于天地之间的人、物，得到它使之成其性。它表现为三纲五常，它的流行遍布宇宙，适用于万事万物。

在此，朱熹没有直言天道，而先言理。之所以如此，是因为朱熹认为天地之间虽然有理有气，但作为形而上之道的理是生万物之本[1]。因此，理是天地、甚至万事万物存在的根本，理即是道。"性只是理，万理之总名"[2]。所以，理即道即性即三纲五常。而天、人同有此理、此道、此性，"天即人，人即天。人之始生，得于天也。既生此人，则天又在人矣。凡语言动作视听，皆天也。只今说话，天便在这里。"[3] 大意是说，天是人，人是天。人生于天，故天在人。我们的言语、动作、看、听等都是天的间接表现。天时刻与我们在一起。

这表明，在朱熹看来，人、天之间无有间隔："一身之中，凡所思所虑运动，无非是天。一身在天里行，如鱼在水里，满肚子都是水。"[4] 这进一步说明，天在于人无内无外，无分无别，天只是一个大的人，人只是一个小的天[5]。

---

[1]　《中国哲学大辞典》(修订本)，张岱年主编，上海辞书出版社，2014年版，第24页。

[2]　转引自钱穆：《朱子新学案》，第一册，卷一，九州出版社，2011年版，第44页。

[3]　转引自钱穆：《朱子新学案》，第一册，卷二，九州出版社，2011年版，第401页。

[4]　转引自钱穆：《朱子新学案》，第一册，卷二，九州出版社，2011年版，第401页。

[5]　转引自钱穆：《朱子新学案》，第一册，卷二，九州出版社，2011年版，第412页。

在形体上看，天人似乎有大小之别。但从理上看，"天人本只一理，若理会得此意，则天何尝大，人何尝小"[1]。天、人同理，天理在人心中，又怎能说人小。"人者，天地之心。没这人时，天地便没人管。"[2] 你看，在朱熹看来人是何其大，何其有能，他生来有其伟大的职责与使命——照管天地。为何人有此能？因人兼体乾坤之德。而天地之理，不过曰能生物，能成物，自天地言之，其理实甚简。人能得此易简之理，自能继天地而生物成物，赞天地而与之参。[3] 由此可以看出，朱熹此处的想法与前面提到的《中庸》所言的"赞天地之化育，与天地参"的思想一脉相承，只是人在天地宇宙间的位置到了朱熹这里得到了进一步的体现：

  人是天地中最灵之物。天能覆而不能载，地能载而不能覆，恁地大事，圣人犹能裁成辅相之，况于其他。[4]

天地均有所偏，而人都能辅助天地完成它生化万物的功能，其他的事当然也不在话下。例如，"天地不会说，倩他圣人出来说。"[5]

---

[1] 转引自钱穆：《朱子新学案》，第一册，卷二，九州出版社，2011年版，第412页。

[2] 转引自钱穆：《朱子新学案》，第一册，卷二，九州出版社，2011年版，第407页。

[3] 转引自钱穆：《朱子新学案》，第一册，卷二，九州出版社，2011年版，第402页。

[4] 转引自钱穆：《朱子新学案》，第一册，卷二，九州出版社，2011年版，第408页。

[5] 转引自钱穆：《朱子新学案》，第一册，卷二，九州出版社，2011年版，第408页。

圣人出来代天说话，是因为圣人不是平常人，他"是一片赤骨立底天理"，"人与法为一，己与天为一"。[1] 因此可知，参赞天地之化育不是我辈平常之人所能为，而是圣人之所为，圣人能口代天言，手代天书。这点需要我们牢记在心。

尽管圣人有如此大用，他也要奉天法而行：

> 天命、天罚，圣人未尝加一毫私意于其间，只是奉行天法而已。凡其所谓冠昏丧祭之礼，与夫典章制度、文物礼乐、车舆衣服，无一件是圣人自做底，都是天做下了，圣人只是依傍他天理行将去。如推个车子，本自转将去，这里只是略扶助之而已。[2]

大意是说，丧礼等礼仪与典章制度以及相关的车舆衣服、礼乐等都不是圣人凭私意制定的，而是由天制定好的，圣人是依据它执行而已。这就像我们推个车子走路，车本身是能转的，人只是推它一下而已。因此可知，朱熹上面所言的裁成、辅助、参赞天地的化育不是要根据人的私意去改造自然，去创造什么典章制度，而只是扶助天地完成它的化育功能。

同时，这一点与前面提到的二程的思想有相似之处，却亦有不同。例如，二程言："如化育只是化育，更说甚赞？"[3] "尽己心，

---

[1] 转引自钱穆：《朱子新学案》，第一册，卷二，九州出版社，2011年版，第408页。

[2] 转引自钱穆：《朱子新学案》，第一册，卷二，九州出版社，2011年版，第411页。

[3] 程颢，程颐：《二程遗书》卷二《二先生语二上》，潘富恩导读，上海古籍出版社，2011年版，第86页。

则能尽人尽物，与天地参，赞化育。赞一本无赞字。则直养而已。"[1] 可以看出，二程似乎比朱熹更注重天地的自为自化，主张人尽己之心，即是赞化育。所以，人主要做的工作是尽己之心。

其实，这一点不是在朱熹那里，而是在陆王的"天人合一"思想中得到了更好的体现。二程虽然强调尽己之心，但是与朱熹一样均强调"性"与"天道"的合一。尤其是朱熹，他认为心统性情，心包括性却不是性，所以他认为性即天道即理，不主张心即理。与此相比，陆王却认为心即性，心即理。例如，陆九渊言："心之体甚大，若能尽我之心，便与天同。"[2] 又言："宇宙便是吾心，吾心即是宇宙。"[3] 这无非都是说当我们超越私心、私欲，消失了小我，没入宇宙这一无穷中时，天地即在我们心中，我们亦在天地心中，我们成为天地，天地亦是我们。天地与我们之间的区隔在这一瞬间消失。

不止如此，实际上人与天地宇宙之间从来都不曾存在区隔，只是我们将自己与天地宇宙割裂开来："宇宙不曾限隔人，人自限隔宇宙。"[4] 所以，我们要尽我们的心，打开我们与宇宙之间的限隔。当我们打开了，万物会森然于方寸之间，我们与宇宙真正成为一体。由此可知，陆象山的"天人合一"是从我们的心出发，将它打开、

---

[1] 程颢，程颐：《二程遗书》卷十九《二先生语五》，潘富恩导读，上海古籍出版社，2011年版，第129页。

[2] 陆九渊：《陆九渊集》卷三十五《语录下》，钟哲点校，中华书局，2012年版，第444页。

[3] 陆九渊：《陆九渊集》卷三十六《年谱》，钟哲点校，中华书局，2012年版，第483页。

[4] 陆九渊：《陆九渊集》卷三十六《年谱》，钟哲点校，中华书局，2012年版，第483页。

扩展，逐渐向天地宇宙靠拢，然后让我们的心可以涵盖宇宙，进而二者相合相融，彼此无间。从而万物成为我们心中之物，不再是外在于我们的存在，它代表的是整个宇宙。因此，天地宇宙万物因我们心的存在而显现，我们的心因天地宇宙万物的存在而无垠。

陆象山的这一思想套路，从明代大儒王阳明的思想中依然可以看出。王阳明更为直接地指出："心即道，道即天，知心则知道、知天。"[1]我们的心就是道，就是天，天无非就是陆象山所言的宇宙。因此，在王阳明看来亦是"吾心即是宇宙"。只是在王阳明这里，所谓的心有了更为明确的指向，它指的不是知识上的认知之心，而是道德上的良知。所以，王阳明言："'先天而天弗违'，天即良知也；'后天而奉天时'，良知即天也。"[2]而良知在王阳明的思想中无非是是非之心，它是人先天具有的道德善性和认识本能，是心之本体，是造化的精灵，天地无人的良知，亦不可为天地[3]。这就告诉我们良知与天一体，天地万物有赖于它而存在，天地万物因它而显现。因而，当有人问：

> 天下无心外之物，如此花树，在深山中自开自落，于我心亦何相关？王阳明答曰：你未看此花时，此花与汝心同归于寂；你来看此花时，则此花颜色一时明白起来，便知此花不在

---

[1] 萧无陂：《传习录校释·传习录上·陆澄录》，岳麓书社，2012年版，第35页。

[2] 萧无陂：《传习录校释·传习录下·黄省曾录》，岳麓书社，2012年版，第164页。

[3] 《中国哲学大辞典》(修订本)，张岱年主编，"良知"一条，上海辞书出版社，2014年版，第93~94页。

你心外。[1]

你没有看到这棵花时，这棵花与你的心都处于寂静中。当你看到这棵花时，这棵花的存在便有了意义，它不是自开自落，而是开在你心中，落在你心中。它的存在因你的觉知而存在，这样的觉知不是客观上的知识性认识，知道这棵花叫什么名字，是什么颜色，而是源于你的心与天一体、你的心与这棵花一体的觉知。因而，这棵花与你有同样的良知，你的良知即是它的良知：

> 人的良知，就是草木瓦石的良知。若草木瓦石无人的良知，不可以为草木瓦石矣。岂惟草木瓦石为然？天地无人的良知，亦不可以为天地矣。[2]

人的良知岂止是草木瓦石的良知，也是天地的良知。在这种意义上，人与草木瓦石、天地是一体，都是人之良知的显现。因此，王阳明的天人合一较之陆象山的更注重心之本体，也就是良知的作用。王阳明把良知看作无处不在的存在，它周流遍布宇宙万物，使宇宙万物都成为心内之物。这意味着我们看见树木在那儿立着，花在那儿开着，以为这一切好像真的存在着，但这其实仅是人之心的幻相，都是不真实的。由此进一步可以看出，王阳明的"天人合一"更注重人心去主动涵盖宇宙万物，把宇宙万物进而转变为心中之物。这样的合一与张载、程朱的"天人合一"相比，更突出了人在

---

[1] 萧无陂：《传习录校释·传习录下·黄省曾录》，岳麓书社，2012年版，第159页。

[2] 萧无陂：《传习录校释·传习录下·黄省曾录》，岳麓书社，2012年版，第159页。

宇宙万物中的卓越地位。如果说张载、程朱的"天人合一"思想更注重以天为本的人向天的靠拢，进而合一；陆象山、王阳明的"天人合一"思想则更注重以心为本，尤其是王阳明的"天人合一"思想，颇有"万法唯心造"的意味，因而可以感觉到王阳明的"天人合一"思想与佛家的"万物悉有佛性"有相似之处。例如，三论宗的创始人吉藏认为"众生有佛性，草木亦有佛性"。后期禅宗亦说："青青翠竹，尽是法身；郁郁黄花，无非般若。"

此外，儒家传统中的"天人合一"思想除了上述以外，汉代董仲舒的天人同类和天人感应思想亦值得一提。例如，董仲舒在《春秋繁露·为人者天》中一篇言：

> 为生不能为人，为人者天也。人之本于天，天亦人之曾祖父也。此人之所以乃上类天也。人之形体，化天数而成；人之血气，化天志而仁；人之德行，化天理而义；人之好恶，化天之暖清；人之喜怒，化天之寒暑；人之受命，化天之四时；人生有喜怒哀乐之答，春秋冬夏之类也。喜，春之答也；怒，秋之答也；乐，夏之答也；哀，冬之答也。天之副在乎人，人之情性，有由天者矣。

大意是说，人是天生的，人的形体、血气、德行，人的好恶、喜怒皆有天数，由天志等转化而来。天有的，人都有，人是天的副本，天是人的曾祖父，即生之源。由此可知，"天"是人格神，是万物之祖，我们是天的孩子，与它是同类。"以类合之，天人一也"[1]：

---

[1] 董仲舒：《春秋繁露·阴阳义第四十九》，周桂钿译注，中华书局，2012年版，第153页。

第三章　与自然的关系

是故人之身首窢而员，象天容也；发象星辰也；耳目戾戾，象日月也；鼻口呼吸，象风气也；胸中达知，象神明也；腹饱实虚，象百物也。百物者最近地，故要以下地也。天地之象，以要为带，颈以上者，精神尊严，明天类之状也；颈而下者，丰厚卑辱，土壤之比也；足布而方，地形之象也。[1]

所以人的身体，头大而圆，像上天的容貌；头发像星辰；两个耳朵和两只眼睛都两两相背，像日月一般；鼻口之间的呼吸，像风气的运动；胸中有知觉有知识，像上天的神明；腹腔中有实的地方，有虚的地方，像百物一般。百物最接近于地面，所以腰以下就是地了。人作为天地的象征，以腰为界，头颈以上，精气和神明威严端庄，显示出和天相类的情况；头颈以下，丰大，厚实，位置低下，和土壤可以类比；足展开而成为方形，是地形的相貌。[2]

人的身体就是天地宇宙形貌的显现，因而人天之间可以互相感应：

天有阴阳，人亦有阴阳。天地之阴气起，而人之阴气应之而起；人之阴气起，天地之阴气亦应之而起，其道一也。[3]

---

[1] 董仲舒：《春秋繁露·人副天数第五十六》，周桂钿译注，中华书局，2012年版，第164页。

[2] 董仲舒：《春秋繁露·人副天数第五十六》，周桂钿译注，中华书局，2012年版，第167页。

[3] 董仲舒：《春秋繁露·同类相动第五十七》，周桂钿译注，中华书局，2012年版，第170页。

人天的阴阳互相影响，互相感应。这告诉我们一个重要的事实：不仅天能影响人，人亦能影响天。这其实也就是我们前面提到的大自然对人类的报复，或者是来自于大自然的警钟。无论怎么表述都不重要，重要的是如果人私欲过重，玩弄大自然于手掌股之中，任意破坏，影响的可能不仅仅是自然生态环境，还有整个宇宙间的人类心灵的生态环境。或许你不相信人的阴气会导致天地阴气的丛生，但是一位印度的圣者Maharishi亦指出：无论怎样的想法、行为、言语都会对周围的气氛产生影响，那种影响像波浪一样扩展开去，继而对所有不同层次的天地万物产生影响[1]。这两位生于不同国家、不同时代的思想家的表述虽然不同，想要表达的意思却相同。这无非是在提醒我们要让我们的起心动念、言语、行为有益于他人、自然宇宙。不要以为你对大自然肆意妄为与自己、他人甚至整个宇宙都了无关涉，它会影响到你、他人、整个宇宙。我想这也是前面提到的诸位思想家想要表述的内容。

尽管表述的方式有所不同，为人类指出的路却是相同的，那就是我们与天、大自然始终是一体的，它是我们的来路与归处，我们与它可以互相影响、互相感应，我们对它所做的一切，即是对我们自身所做的一切。因而我们要做的不是破坏自然，而是保护、感恩自然。要想知道感恩自然，必须知道我们与自然这种不可分割的一体关系，必须要认识到自然、天、宇宙是我们真正的家，为此我才不惜笔墨地对古代圣贤对天人关系的体认做了如上论述。读起来也许有些枯燥，有一点学术化，这完全出于我个人的诚敬。以我的学识，无法完全用我个人的语言将这一切表达出来，如果强为表达，实是对圣贤、宇宙万物的不敬，所以最好用圣贤的原话，使不同喜

---

[1] [印]マハリシ·マヘッシ·ヨーギ：《超越瞑想入门——存在の科学と生の技术》，[日]十菱麟译，读卖新闻社，1982年版，第53页。

第三章 与自然的关系

好的人找寻到自己与天地相合不分的感觉与体悟，使每个人的心路通达于天。如果你找寻到了，你会看到回家的路，你会对法顶禅师下面的这句话产生莫名的共鸣与感动：

> 不要忘记，宇宙这个巨大的生命体与我们自身密不可分。水坑被苔藓覆盖而腐烂，那是因为没有与河水相连，有生命的河水只会永不停歇地奔流。[1]

是的，流水不腐，户枢不蠹，唯有与宇宙的生命长河相连，个体的我们才会有常青的生命活力，才不会感到孤独、寂寞，才会让生命自动充满圆满的喜悦。但是，在如今这个被金钱物质包围的时代，做到这一点并不容易，也许你会穿越以上的文字表述有所体悟，那也只是看到了我们人生的方向，找到了人生的归途，可能并不会为一棵路边的野花被践踏而心痛，为一棵树被人无情折断而心疼。因此，我们还不能在此停下我们的脚步，还要继续前行，真正体悟到万物本是一体，从而学会感恩自然，诚敬万物。

---

[1] [韩]法顶禅师：《活在时间之外》，薛舟、徐丽红译，重庆出版社，2011年版，第25页。

二、感恩自然，诚敬万物

没错，我们与天、自然宇宙是合一的，这是古圣先贤在上节文字中想要向我们传达的重要信息。合一就意味着我们与宇宙万物是不可分离的一体。但是，究竟和宇宙万物合一的实质是什么，真正的万物一体是什么，我们具体该如何做？我想这是我们接下来要一起认真分享的内容。关于此，我们还是有必要先了解一下古圣先贤怎么说，然后按照他们指出的方向找到适合我们自己的路。例如前面提到的北宋学者张载如下言道：

> 乾称父，坤称母；予兹藐焉，乃混然中处。故天地之塞，吾其体；天地之帅，吾其性。民吾同胞，物吾与也。大君者，吾父母宗子；其大臣，宗子之家相也。尊高年，所以长其长；慈孤幼，所以幼其幼。圣其合德，贤其秀也。凡天下疲癃残疾、茕独鳏寡，皆吾兄弟之颠连而无告者也。[1]

乾阳刚健处上位称为父，坤阴柔顺处下位称为母；我如此藐小，混合乾坤之气、秉承天地之性而处在中位为子。所以乾坤阴阳之气、充塞天地，此气就是我的身体；统帅着阴阳之气的天地的意志，就是我的秉性。天下之人皆是我的同胞手足，天下万物和我皆是同辈。人间君主，是我父母的长子；他的大臣，是长子的家相。尊奉天下

---

[1] 张载：《张载集·正蒙·乾称篇第十七》，章锡琛点校，中华书局，2012年版，第62页。

年高的长者,就是将他人的长辈看作自己的长辈;慈爱天下年幼的孩子,就是将他人的孩子看作自己的孩子。圣人是兄弟中与上天之德相合的,贤人是兄弟中才德超过常人的。凡是天下身患残疾行动不便的人,或失去兄弟的,或失去父母的,或失去妻子的,或失去丈夫的,皆是生活困苦而申诉无门的我的兄弟。[1]

我们是天地之子,我们的秉性是天性,我们与天下之人是一家,天下万物与我们是同辈。你看,由此是否可以知道我们房间的花草、室外的树木不是和我们无缘的存在,而是与我们有着看不见的生命联系的同辈。所谓看不见的生命联系不是别的,而是气。我们与天地万物的体内流动着相同的气,它来源于同一个宇宙。尽管万物所禀之气有偏正、薄厚,但这不影响我们与石头、树木和动物是彼此有机相连、息息相关的。同时,"同辈"一词表达出我们与天下万物的相连关系,意味着它们不仅与我们有着同样的生命,而且在整个生命长河中的辈份与我们同等。同等意味着什么?意味着它们的生命与我们的生命同样尊贵,意味着自认为万物之灵的人类没有权力与资格任意伤害它们的生命。告诉我们即便是一棵小草,它的生命同样应该得到尊重,我们不能粗暴地随意践踏在脚下;即便是蒲公英、榆钱是可以供我们食用的,但不能在蒲公英刚长出地面就将它连根拔起,折断它的生命;也不能为了够到树枝上的榆钱,就将榆树的枝干折断[2]。它们在我们眼里,首先不是食物,而是一个活生生的生命,是我们的同辈,我们无权用我们欲望的剪刀剪断它们

---

[1] 译文参考周赟:《正蒙全译》,知识产权出版社,2014年版,第192页。

[2] 笔者注:这几天我在住处附近的郊野公园看到成群的人蹲在地上用铲子挖刚刚冒出生命之芽的蒲公英,还看到一些人为了摘取刚长出的榆钱,将榆树的枝杈甚至主干折断,然后坐在公园的长椅上心安理得地抱着枝干摘取上面的榆钱,这些景象,看着令人心痛。

刚刚开始的生命。

我想,这也是张载想要表达的内容。只是张载把关注的焦点更多地集中在了人间社会。尽管他提到天下万物与我们是同辈,却没有做进一步的阐述与延伸,仅是告诉我们四海之内皆兄弟,我们要尊重天下年高的长者、慈爱幼小的孩子以及爱护那些申诉无门的兄弟。即便如此也已经足够,他用发自内心的体悟告诉我们:我们实为天生地养,他们以日月照耀我们,以水火田谷百物等养育我们,赐予了我们在这个世间活下去的生命与能量。天地与我们的生身父母一样,用他们的整个生命来爱我们,对我们恩重如山。所以张载在上面所引文字的后面又继续说到:"违曰悖德,害仁曰贼。"指出不遵循天理、不爱父母的违逆行为称为悖德,损害仁义、戕害父母的人称为贼。这实质是告诉我们:不爱天地还有我们的生身父母是不孝,如果进一步戕害天地还有我们的生身父母则是不仁。因而万物一体所指的是我们也要像敬爱自己的父母那样敬爱天地,也要像爱自己的兄弟姊妹那样爱天下的同胞,还有万物。如果我们做不到即是不孝不仁。这样的思想在明代王阳明以及日本江户学者贝原益轩(1630~1714)的思想中得到了进一步体现。

王阳明对其弟子如下言道:

> 盖天地万物,与人原是一体,其发窍之最精处,是人心一点灵明,风雨露雷,日月星辰,禽兽草木,山川土石,与人原只一体。[1]

天地宇宙间所有一切之物原本就是一体,它来自于我们内心一

---

[1] 萧无陂:《传习录校释·传习录下·黄省曾录》,岳麓书社,2012年版,159页。

点灵明的觉知。这里的灵明无非是王阳明所言的良知。通由良知使我们与天地万物紧紧相连，使万物的声色味成为我们自身的声色味：

> 目无体，以万物之色为体；耳无体，以万物之声为体；鼻无体，以万物之臭为体；口无体，以万物之味为体；心无体，以天地万物感应之是非为体。[1]

我们的耳目口鼻等感觉器官所感知到的声色味，非来自于我们感觉器官的常识性判断，而是与万物之间的相互感应。能与万物发生感应的只有我们的心。心之所以能与万物发生感应是因为无其体，即无其心。只有无其心，才能以天地万物之心为心，才能感知到天地万物的声色味。在这样的感应中，我们与万物之间的界限消失，作为观察者的我们与被观察者的万物融为无内无外的一体，因而天地万物的声色味就是我们的声色味。由此，万物的本来面目在消失中得以呈现，我们的心即良知在消失中得以凸显。这样的一体如果考虑它的形象即是虚无。所以，良知无实体，即呈现为虚无："良知之虚，便是天之太虚；良知之无，便是太虚之无形。"[2]

因虚无，故无处不在；因其虚是天之太虚，使万物藉由此气息相同，一体并生，使我们对万物的痛能感同身受：

> 大人者，以天地万物为一体者也。其视天下犹一家，中国

---

[1] 萧无陂：《传习录校释·传习录下·黄省曾录》，岳麓书社，2012年版，第160页。

[2] 萧无陂：《传习录校释·传习录下·黄省曾录》，岳麓书社，2012年版，第157页。

犹一人焉。若夫间形骸而分尔我者，小人矣。大人之能以天地万物为一体也，非意之也，其心之仁本若是，其与天地万物而为一也，岂惟大人，虽小人之心亦莫不然，彼顾自小之耳。是故见孺子之入井，而必有怵惕恻隐之心焉，是其仁之与孺子而为一体也。孺子犹同类者也，见鸟兽之哀鸣觳觫，而必有不忍之心，是其仁之与鸟兽而为一体也。鸟兽犹有知觉者也，见草木之摧折而必有悯恤之心焉，是其仁之与草木而为一体也。草木犹有生意者也，见瓦石之毁坏而必有顾惜之心焉，是其仁之与瓦石而为一体也。是其一体之仁也，虽小人之心亦必有之。是乃根于天命之性，而自然灵昭不昧者也，是故谓之"明德"。[1]

所谓的大人，指的是把天地万物看成一个整体的那类人。他们把普天下的人看成是一家人，把全体中国人视为一个人。如果有人按照形体来区分你和我，这类人就是所谓的小人。大人能把天地万物当作一个整体，并不是他们有意去那么做，而是他们心中的仁德本来就是这样，这种仁德跟天地万物是一个整体。岂止是大人才会知道如此，就是小人的心也没有不是这样的。只是他们自己把自己看作小人罢了。所以当他看到一个小孩要掉进井里时，必会自然而然升起害怕和同情之心，这就是说他的仁德跟孩子是一体的。孩子还是属于自己的同类，而当他看到飞禽和走兽发出悲哀的鸣叫或因恐惧而颤抖时，必会产生不忍心听或看的心情，这就是说他的仁德跟飞禽走兽是一体的。飞禽和走兽还是有灵性的动物，而当他看到花草和树木被践踏和折断时，必然会产生怜悯体恤的心情，这就是说他的仁德跟花草树木是一体的。花草树木还是有生机的植物，而

---

[1] 王守仁：《王阳明全集》卷二十六《续编一·大学问》，吴光等编校，上海古籍出版社，2012年版，第1066页。

当他看到砖瓦石板被摔坏或砸碎时，必然会产生惋惜的心情，这就是说他的仁德跟砖瓦石板也是一体的。这即是万物一体的那种性德，即使在小人的心中，这种性德也是必然存在的。这种性德源于生来就有的天命属性，它是自然光明而不暗昧的，所以被称作明德。

以上这段很长的文字是王阳明对明德的解释。通过这段解释，我们可以看到被王阳明视为小人的人，当同类发生危险时，也会害怕、同情；当有生命的动植物遭到伤害时，也会怜悯体恤；当无生命的砖瓦等遭到损坏时，也会惋惜。之所以会产生这样的情感反应，是因为小人也具有本然光明而不暗昧的性德即明德。不过，这样的人依然还是小人，而不是大人。那么，王阳明所言的大人是什么样的人呢？

根据上述可知，大人是把天地万物看作一体的人，把天下人视为一家人的人，把中国人都视为一个人的人。也就是不像小人那样用有形的形体来区分你我的人。这样的人，不仅具有小人也具有的本然光明而不暗昧的性德，还将这种性德完全凸显出来，让它犹如明珠般光芒四射，熠熠生辉。它的光如太阳般照耀天下万物，使所有的生命融化于光辉中。最后，天地宇宙间无你我、无人与飞禽走兽、花草树木等概念上的区别，所有的所有仅是一体的生命，只是无限无垠的光辉，是明德，是仁，是爱，亦是我们前面提到的良知。

大人的明德之所以会如太阳般照耀万物，是因为他穿透了如云的私心、私欲。同理，小人之所以还会对同类、花草树木等产生上述的情感，是因为小人之心虽然狭隘、鄙陋，但他的一体之仁的仁心还没有被欲望所驱使，还没有被私利所蒙蔽[1]。如果被欲望所驱使，被私利所蒙蔽会怎么样呢？王阳明回答说：

---

[1] 王守仁：《王阳明全集》卷二十六《续编一·大学问》，吴光等编校，上海古籍出版社，2012年版，第1066页。

> 及其动于欲，蔽于私，而利害相攻，忿怒相激，则将戕物圮类，无所不为，其甚至有骨肉相残者，而一体之仁亡矣。[1]

等到他的心被欲望所驱使、被私利所蒙蔽，因利害产生的冲突、愤怒溢于言表时，他就会损物害人、无所不为，甚至亲人之间亦互相残害，到了这种地步，他那内心本具的万物一体的仁德就彻底消亡了。

被欲望、私心私利所支配，将会失去对天地万物的爱与同情。不止如此，我们甚至还会与人、天下万物产生冲突，抑制不住自己的愤怒，进而损害天下万物，伤害我们的同类。更有甚者，我们还会骨肉相残，无所不为。可见，王阳明非常具有先见，他的这段话一针见血地刻画出了当今社会的某些现状：一些利欲薰心的人为了一己之利，乱砍伐森林、捕捉珍稀动物、破坏自然环境；不仅对花草树木没有爱心，甚至对自己的同类也没有爱心，欺骗他人、亲朋好友，为了家产与同胞兄弟反目成仇，等等。这样的人，无疑是没有半点万物一体之仁德的人。

同时，这段话也告诉我们，要想具有万物一体的仁德，必须让我们的欲望、私心、私欲消失，让它不再遮蔽如太阳般的明德。因而，王阳明接下来说：

> 故夫为大人之学者，亦惟去其私欲之蔽，以明其明德，复

---

[1] 王守仁：《王阳明全集》卷二十六《续编一·大学问》，吴光等编校，上海古籍出版社，2012年版，第1066页。

其天地万物一体之本然而已,非能于本体之外而有所增益也。[1]

所以说致力于大人之学的人,也只是去做去除私欲的遮蔽、彰显光明的德性,恢复那天地万物一体的本然仁德功夫而已,不是能够在本体之外去增加或减少什么内容。

我们的本体原本仁德,只是后来被私欲所遮蔽。所以,我们只须像扫掉尘灰那样,去掉上面的私欲,恢复它的本来面目,不是在本体之外去增加或减少什么,而是它本来就如此。

这样的过程既是明明德的过程,也是致良知的过程。而关于如何致良知,去私欲,在本书第一章的相关章节已有详细说明,故在此不再重复。在此仅想再次指出的是王阳明认为实现"良知",恢复明德本性可以通过体悟或省察克制等克己的方法去扩充自己的良知。例如,王阳明言:"乃若致知,则存乎心;悟致知焉,尽矣。"[2]又言:

> 我辈致知,只是各随分限所及。今日良知见在如此,只随今日所知,扩充到底;明日良知又有开悟,便从明日所知,扩充到底。如此方是精一工夫。[3]

我们在致知上下工夫,只是随着各人所能达到的程度去做。今

---

[1] 王守仁:《王阳明全集》卷二十六《续编一·大学问》,吴光等编校,上海古籍出版社,2012年版,第1066~1067页。

[2] 王守仁:《王阳明全集》卷七《文录四·大学古本序》,吴光等编校,上海古籍出版社,2012年版,第271页。

[3] 萧无陂:《传习录校释·传习录下·黄直》,岳麓书社,2012年版,第139页。

天的良知达到这么个程度，就随着今天的程度去扩充到底；明天的良知又有新的开悟，便随着明天的程度去扩充到底。这样做才是精粹纯一的功夫。

无论是体悟，还是克己省察，都要根据自己能达到的程度去做。这也就是说任何方法都不要强力而为，而要顺其自然，不可急躁，不可过于目的化，由此方能水到渠成。通过自然而然的功夫修持，我们就可以恢复王阳明所言的万物一体的仁德。其实，不仅王阳明，前面提到的张载也同样指出只有消除物欲、闻见之知等，才能以天体身、体天下物：

徇物丧心，人化物而灭天理者乎！存神过化，忘物累而顺性命者乎！[1]

屈就外物而丧失了本心，人被物欲吞噬而遮蔽了天理啊！涵养天性而不偏滞于一物，就能不受外物牵累而顺应天道性命啊！[2]

大其心则能体天下之物，物有未体，则心为有外。世人之心，止于闻见之狭。圣人尽性，不以见闻梏其心，其视天下无一物非我，孟子谓尽心知性知天以此。天大无外，故有外之心不足以合天心。[3]

---

[1] 张载：《张载集·正蒙·神化篇第四》，章锡琛点校，中华书局，2012年版，第18页。

[2] 译文参考周赟：《正蒙全译》，知识产权出版社，2014年版，第41页。

[3] 张载：《张载集·正蒙·大心篇第七》，章锡琛点校，中华书局，2012年版，第24页。

扩充本心就能体察天下万物之理,有一物之理未能体察,就是心有所偏私。世人之心,只满足于狭隘有限度的见闻。圣人全尽天性,不因为有限的见闻而将心桎梏,圣人所见天下无一物之理不与自己相通,孟子所说的尽心就能觉知天性、认识上天就是这个意思。上天之体至大无余,所以人有偏废的私心就不能够与上天之心相契合。[1]

只有不为物累、没有私心,不碍于有限度的见闻,我们才能契合天心,体察天下万物之理,与之成为一体。这样的一体无内无外,只是一个一。深受张载思想影响的日本江户学者贝原益轩,没有像张载那样用深奥难懂的语言告诉我们与天地万物的关系等问题,而是用通俗易懂的语言告诉我们天地是什么,我们该如何对待天地万物。从中你可以看到益轩对天地万物真挚而深厚的感情。或许你会由此受到感化,继而转变对天地万物的情感与态度;或许不会。无论怎样,让我们先来一起看一下益轩平实而令人感动的话语:

> 天地悯人,给予人无限恩惠。生产许多食物、衣服、居所、器物等可以养人的东西予人。许许多多的人用此来养一己之身。天下之人,无论身份高低,都得到了天的恩惠。其恩深高,海山无法与之比,亦无法用言语形容。它还生产药物以救人命。世间对人身有益的东西多得不计其数。[2]

我们吃的、穿的、用的等一切东西,无不来自天地的恩惠。它

---

[1] 译文参考周赟:《正蒙全译》,知识产权出版社,2014年版,第59页。

[2] [日]贝原益轩:《大和俗训》,[日]石川谦校订,岩波书店,1993年版,第89页。

对我们的深恩只能用我们的心去体会,而无法用语言尽述。这样的天地对我们来说,不是别的,而是我们的大父母:

> 人由父母而生,寻其本却是接受天地之生理而生。所以,天下之人皆是天地所生之子,天地是人的大父母。《尚书》言天地是万物之父母。……人从生到死,一直受天地之养。[1]

从我们生下来,来到这个世间,到我们死去,离开这个世间,一直养护我们的是天地。我们的生身父母可能会先我们而去,无法陪我们到老,但天地却始终在那儿默默给予我们所需要的一切。这样的爱无法比拟,因而我们要像对父母那样对天地。如果说对父母要孝,对天地就要仁。何谓仁?就是要有怜悯同情之心,并以此心慈济人、物。[2] 如何慈济呢?

> 尊奉天道,以谦持身,不自傲轻视他人;克制欲望,不为所欲为;不轻视、破坏,而是敦厚基于天地的人伦;不因一人之欲,胡乱浪费天地为人生产的五谷及其他诸物;不乱杀鸟兽虫鱼等生物,草木如果不到时节,不能胡乱割取。这些都是天地生养出来的,以同情、怜悯之心养护它们就是尊奉天地之心而不违。[3]

---

[1]　[日]贝原益轩:《益轩全集》卷三《初学训》,益轩全集刊行部,1969年版,第2页。

[2]　[日]贝原益轩:《益轩全集》卷三《初学训》,益轩全集刊行部,1969年版,第2页。

[3]　[日]贝原益轩:《益轩全集》卷三《初学训》,益轩全集刊行部,1969年版,第3页。

这一段让我感触最深。因为这些话是面对初学儒学的人而发的，所以益轩并未说什么万物一体之类的高深话语，只是告诉我们生而为人，上要尊奉天道，下要敦厚人伦，克制自己的欲望，谦卑对人、对物；不要被欲望所操控，进而浪费、毁伤天地万物。这里，他还提到了对鸟兽虫鱼、草木的养护。由此可以看出，益轩比张载、王阳明更为注重人对自然环境的保护。益轩对虫鱼鸟兽、草木的这种情感源于它们与我们同是由天地所生养，同是天地的孩子，与我们有着同样的生命与无上的尊严。因而，它们不是我们可以任意伤害、掠夺的对象。

这样做，不是为了别的，只是为了尊奉天道，像天慈爱我们一样，慈爱其他万物。而对天道的尊奉，是人生的大事，是人至死要谨慎奉行的最重要的职责[1]。这样做的目的是为了报答天地的大恩：

> 人因天地的恩惠而生，受天地之心为心，得天地之养而养身。蒙受了天地的如此深恩，我们住在天地之内，却不保持天地赐予我们的心德，违背、不奉行天地之道。不止如此，作为天地之子，我们还损害基于天地的人伦，还伤害鸟兽。这些都是不仁的行为。这样的不仁有违天地之心，其罪过深。[2]

益轩对天地的感恩之心，来源于他深深懂得自己从生至死的生命都是天地所赐予，他是天地之子。如果身为天地之子却不奉行天

---

[1] [日]贝原益轩：《大和俗训》，[日]石川谦校订，岩波书店，1993年版，第47页。

[2] [日]贝原益轩：《大和俗训》，[日]石川谦校订，岩波书店，1993年版，第47页。

地之行，即是不仁，不仁即是不孝，这样当然罪孽深重。而奉行天地之行，无非就是像天地爱护自己那样，爱护天地的其他孩子，这就包括对自己的同类，还有鸟兽等的关爱。这种关爱实际源于我们对天地的诚敬。因诚敬天地，而诚敬万物；因感恩天地，而对天地宇宙间的一切充满感恩之情。又因心怀感恩而悲悯天下所有的生命。当你能够悲悯天下所有生命，对一切心怀感恩之时，你会发现你不再孤独、寂寞，不再不快乐，不再感到匮乏。之所以会如此，是因为你的生命不再是一个孤立的个体，而是和天地所有的生命连接在一起。当你将你的爱给予它们时，你也会从它们的身上得到慰藉与能量；当你感谢它们为你带来的一切时，它们亦会带给你更多，让你的生命因它们的存在而圆满、丰盛。相反，如果我们不珍惜这一切，认为天地间的一切，都理所应当为我们所用，都可以任意挥霍、损伤，那么就不仅仅是罪孽深重，还会为此付出沉重的代价。因为如常年在深山中独自修行，与自然一起生活的法顶禅师所言："我们人类的行为会对自然界产生直接影响，这种行为的结果又会反作用于人类自身。这种现象是因果法则，是宇宙秩序。如果我们接受大自然的礼物，正确使用，我们的生活就会光芒四射。如果我们滥用或错误地使用大自然的礼物，就不得不为自己的恩将仇报付出代价。"[1]

同时，法顶禅师亦同样认为大自然对人恩惠无边：

> 从遥远的古代开始，大自然就毫不吝啬地无偿提供给我们很多东西。清新的空气与凉爽的风，明亮温暖的阳光和天然清泉河水，无声的安宁，群星闪烁的夜空，肥沃的土地，

---

[1] [韩]法顶禅师：《活在时间之外》，薛舟、徐丽红译，重庆出版社，2011年版，第167、161页。

美丽芬芳的花朵,鸟儿叽叽喳喳的歌声以及充满生机的山林,……它就像仁慈的母亲,不收取任何报酬,无偿地向我们提供人类必不可少的物质和精神资源。[1]

对此,我们应该深入自然,潜声息念静听万物之声,让万物的合奏唤醒我们麻木的神经,从而听到天因受到污染而发出的沉重呼吸、地因过分被剥夺而发出的痛苦呻吟。当我们能听到这一切的时候,会知道天地没有因我们的贪婪与不仁而放弃对我们的照顾,依然努力让阳光穿过污染其身体的浓雾为我们带来光明、洁净、祥和,依然生养着我们。我们会因此感到自己处在爱的包围中,会因此惭愧得无地自容:对天地没有爱,只有伤害,天地却依然对我们不离不弃。这样的天地,我们有何理由不感恩,不对它生养的一切万物以诚敬之心对待。以诚敬之心相待,意味着无论它是凶残之狼、还是温顺的绵羊,作为一个与我们紧密相连的生命,它们都无有差别,都应得到尊重。就像季羡林老先生说的那样:"甲鱼同其他动物一样有生存的权利,我们应该把甲鱼当作我们的伙伴。"[2]

同时,如业已指出的那样,天地万物与我们人类一样,它也有着自身的秩序与规则,也具有灵性。只不过我们人类自古以来就认为人是万物之中最有灵性者,拥有语言,能使用工具等。但事实上,这仅是我们人类以自己为中心的一厢情愿的判断。就像惠子对庄子所言:"我非子,固不知子矣;子固非鱼也,子之不知鱼之乐全矣。"[3] 我不是你,固然不知道你;你也不是鱼,当然也就不知道

---

[1] [韩]法顶禅师:《活在时间之外》,薛舟、徐丽红译,重庆出版社,2011年版,第159~161页。

[2] 季羡林:《季羡林谈人生》,武汉出版社,2011年版,第288页。

[3] 陈鼓应:《庄子今注今译·外篇·秋水》,中华书局,2013年版,第476页。

鱼的快乐。我们虽然从万物身上看到我们生命的影子，但我们不是它们本身，无法确切知道它们的一切。我们以为它们没有语言，但动物学家的研究表明，海豚、猩猩、大象等智商较高的动物都有自己的语言，有的甚至还很复杂。不止如此，研究还表明不少动物也会使用工具，猩猩会折一根树枝，拔掉树皮到洞里钓蚂蚁吃，一种老鹰会从高出扔石头砸海龟蛋吃。因而，它们与我们的差别并不是我们想像的那么大，它们自身的生活秩序与规则就像我们个人的生活习惯与习性一样，同样不希望被改变，不希望他人可以随便闯入自己的家。所以，我们走入自然中时，要像去朋友家作客那样，不能无礼地闯入，而应该向它们先说一声："对不起，打扰了！"并且应尽量不破坏它们的秩序与规则，只应感谢它们为我们带来的一切，以诚敬之心祝愿它们也一切安好。更不能把大自然中的一切视为自己家中之物，认为可以随便处置它们的生命。当我们离去时，应该说一声："谢谢，再见！"我想，这是我们去别人家作客的基本礼仪，每个人都能持守。而这即是对天地万物的尊重与诚敬。

这种诚敬意味着与天地万物一体，不是把天地万物视为一己之物，而是意味着尽管我们与它们的生命彼此息息相连，却应充分尊重它们的存在方式，在它们面前保持我们的感恩与诚敬。同时还意味着天地万物不再是我们的征服对象，而是我们的一部分。当我们以诚心与它们面对时，它们会告诉我们生命的意义，让我们发现自己的无知，由此变得更谦卑。此外还会使我们更加深刻地认识到我们真的没有理由傲视天地万物，我们能做的只有诚敬与感恩。既然感恩，就要像益轩所言的那样，要知恩图报，用我们的实际行动去努力改善与自然的关系，重建我们的生命家园。具体该如何做，就是下节要与大家一起分享的内容。

三、返本归根，重建人类生命家园

我们要诚敬万物，不是说我们只是要恭恭敬敬地对待它。我们为维持生命的延续，依然要从天地万物中有所取。只是我们的取与利用要符合自然的规律，要适度合理，不能过度榨取。否则，我们现在有目共睹的环境污染、资源枯竭、温室效应等问题将愈加严重。古人从来不提什么环境保护，却在这一点比我们现代人做得更好。他们很早就认识到人类不可能不对自然进行改造，但认为所有的行为都要符合自然的规律。例如，孟子言：

> 所恶于智者，为其凿也。如智者若禹之行水也，则无恶于智矣。禹之行水也，行其所无事也。如智者亦行其所无事，则智亦大矣。[1]

我们厌恶使用聪明，就是因为聪明容易陷于穿凿附会。假若聪明人像禹使水运行一样，就不必对聪明有所厌恶了。禹的使水运行就是行其所无事，顺其自然，因势利导。假若聪明人也能行其所无事，不违反其所以然而努力实行，那聪明也就不小了。[2]

这是说只有不违万物之本性的利用、改造，显示的才是我们人类真正的聪明。否则，人类的聪明才智不足为道。即使荀子主张制

---

[1] 杨伯峻：《孟子译注·离娄章句下》，中华书局，2012年版，第180～181页。

[2] 杨伯峻：《孟子译注·离娄章句下》，中华书局，2012年版，第181页。

天命而用,指出:

> 大天而思之,孰与物畜而制之?从天而颂之,孰与制天命而用之?望时而待之,孰与应时而使之?因物而多之,孰与骋能而化之?思物而物之,孰与理物而勿失之也?愿于物之所以生,孰与有物之所以成?故错人而思天,则失万物之情。[1]

认为自然伟大而思慕它,哪里及得上把它当作屋子蓄积起来而控制它呢?顺从自然而颂扬它,哪里及得上掌握它的规律而利用它呢?盼望时令而等待它,哪里及得上因时制宜而使它为我所用呢?看万物的自然增殖,哪里及得上施展人的才能而使它们根据人的需要来变化?思慕万物而把它们当作与己无关的外物,哪里及得上管理好万物而不失去它们呢?希望了解万物的原因,哪里及得上占有那已经生成的万物呢?所以放弃人的努力而寄希望于天,那就违背了万物的实际情况。

写到这里,我猛然想起了每天食用的那些没有了原本味道的大棚蔬菜。我想今天的人类真是将荀子的话发挥到了极致,完全打破了蔬菜生长的四时规律。岂止如此,为加快蔬菜生长,不惜用生长剂拔苗助长;为增加产量,不惜使用大量农药;为了看起来鲜亮,不惜使用抛光剂……有一天,我去早市买姜,卖姜的说:"我这姜好,没用抛光剂。"难道姜也需要打扮得漂漂亮亮的才有人要吗?真不知道我们的价值观念怎么了。但是,我想荀子绝对不是主张人要这么做,他只是希望人不要全指望靠天而活,而要积极努力地利用自然的一切来创造、改善自己的生活。而人类的这一切行为都要

---

[1] 王先谦:《荀子集解》卷十一《天论篇第十七》,沈啸寰等整理,中华书局,2012年版,第310页。

在知天、顺天的基础上展开，否则可能就会遭遇凶险：

> 天行有常，不为尧存，不为桀亡。应之以治则吉，应之以乱则凶。强本而节用，则天不能贫；养备而动时，则天不能病；修道而不贰，则天不能祸。故水旱不能使之饥渴，寒暑不能使之疾，祆怪不能使之凶。本荒而用侈，则天不能使之富；养略而动罕，则天不能使之全；倍道而妄行，则天不能使之吉。故水旱未至而饥，寒暑未薄而疾，祆怪未至而凶。[1]

大自然的规律永恒不变，它不为尧而存，不为桀而亡。用导致安定的措施去适应它就吉利，用导致混乱的措施去适应它就凶险。加强农业这个根本而节用，天就不能使他贫穷；衣食给养齐备而活动适时，天就不能使他生病；遵循自然规律而不出差错，天就不能使他遭殃。所以水涝旱灾不能使他挨饿，严寒酷暑不能使他生病，自然界的反常变异不能使他遭殃。农业这个根本荒废而用度奢侈，天就不能使他富裕；衣食给养不足而怠惰，天就不能保全他；违背自然规律而恣意妄为，天就不能使他吉利。所以水涝灾害还没有到来他就挨饿了，严寒酷暑还没有迫近他就生病了，自然界的反常变异还没有出现他就遭殃了。

你看，荀子明确指出顺应自然规律而为而动就吉利，违背自然规律恣意妄为就凶险，可能会遭遇挨饿、生病等情况。这就告诉我们创造、改造自然是可以的，自然规律却是万万不能违背的。如果违背了，遭殃的不是别人，而是我们自己。你看全球有多少人正处于饥饿状态中，又有多少人处于各种疾病的折磨中，你就会知道我

---

[1] 王先谦：《荀子集解》卷十一《天论篇第十七》，沈啸寰等整理，中华书局，2012年版，第300~301页。

们人类正在承受违背自然规律而带来的恶果。因此,要想重建我们的生命家园,首先要做的就是懂得尊重、顺应自然规律而为。此外,荀子还提到了一个重要的概念——节用。我想,这个概念也有必要落实到我们的日常生活中。关于如何落实,在我们学习了古人如何与自然相处,如何保护、爱惜万物之后,再一起来分享。

古人不仅懂得尊重、顺应自然规律,他们还懂得向大自然中的生物学习如何治理人间社会。《关尹子》中就有相关记载:圣人向蜜蜂学习而设立君主制度,向蜘蛛学习而纺织、结网,向拱立的老鼠学习而制定礼仪,向征战的蚂蚁学习而设阵打仗。此外,很多的经典中都对如何保护自然环境有专门的记载,最早的记述可追溯到西周或更早时期,我现整理于下,让我们一起来学习吧。《尚书·虞夏书·舜典》记载:

> 帝曰:"畴若予上下草木鸟兽?"佥曰:"益哉!"帝曰:"俞!咨益,汝作朕虞。"益拜稽首,让于朱虎、熊罴。帝曰:"俞!往哉!汝谐。"[1]

帝舜询问:"谁适宜替我担任掌管山林川泽鸟兽的官职呢?"大家都说:"益啊!"帝舜说:"好啊!益,你担任我的虞官吧。"益跪拜叩头,谦让给朱虎、熊罴。帝舜说:"就这样吧,你担任虞官,他们随你一起去。"[2]

舜任命伯益掌管山林川泽鸟兽的官职,这个官职称为虞官。由

---

[1] 李民、王健:《尚书译注·虞夏书·舜典》,上海古籍出版社,2012年版,第14页。

[2] 李民、王健:《尚书译注·虞夏书·舜典》,上海古籍出版社,2012年版,第17页。

此可以看出，在上古时代鸟兽就有专门的人来管理。

《国语·鲁语上》记载：

> 宣公夏滥于泗渊，里革断其罟而弃之，曰："古者大寒降，土蛰发，水虞于是乎讲眾罶，取名鱼，登川禽，而尝之寝庙，行诸国，助宣气也。鸟兽孕，水虫成，兽虞于是乎禁罝罗䍜，猎鱼鳖以为夏犒，助生阜也。鸟兽成，水虫孕，水虞于是禁罝罜，设阱鄂，以实庙庖，畜功用也。且夫山不槎蘖，泽不伐夭，鱼禁鲲鲕，兽长麑麇，鸟翼鷇卵，虫舍蚳蝝，蕃庶物也。古之训也。今鱼方别孕，不教鱼长，又行网罟，贪无艺也。"[1]

夏天，鲁宣公将柴做成槛放在泗水深处捕鱼，鲁国太史里革斩断宣公渔网，将其丢到一边，说："古时候大寒减退，土中蛰伏的虫子苏醒萌动，掌管川泽的水虞于是讲习如何使用渔网和竹笼，捕获大鱼，到河中捕捉鳖等水族，作为祭品供奉在寝庙之中，然后允许国人捕鱼，这是为了帮助宣泄水土之中的阴气。鸟兽怀孕，水虫生长，掌管山林禽兽的兽虞于是禁止使用兽网和鸟网，只准用渔叉刺鱼鳖，制成夏天使用的肉干，这是为了帮助鸟兽的生长。鸟兽长成以后，鱼鳖水虫开始怀孕，水虞于是禁止使用小渔网，只准设陷阱竹签捕获野兽，用来充实宗庙祭品和庖厨食物，这是为了积蓄祭品和食物。况且山林不能砍伐新生枝芽，泽畔不能砍伐初生草木，鱼类禁止捕获鱼子和小鱼，兽类要让小鹿、小麇成长，让鸟类哺育幼雏和雏卵，捕虫要舍弃蚁卵和幼蝗，以此让众物繁殖生长，这是古人留下的教训。如今鱼类刚刚怀孕，君主不让鱼生长，张网捕捞，

---

[1]《国语·鲁语上》，陈桐生译注，中华书局，2013年版，第185页。

真是贪心无极啊。"[1]

你看,古人对何时可以捕鱼有严格的限制,即使一国之君也不能违时而捕。不止如此,对何地不可以砍伐哪些草木、对捕虫要舍弃蚊卵与幼蝗均有详细规定。现在,除了出家人外,谁还会把蚊子、蝗虫也视为要珍视的生命。尤其是蚊子,见到它就想拍死。但古人没有这样的想法,他们珍视所有动植物的生命,不一心考虑如何为己所用,而是考虑如何帮助万物繁殖、生长。它们与天地万物紧紧联系在一起,知道如何泄水土中的阴气,帮助鱼类成长;也知道如何帮助鸟兽、草木成长。在他们眼里没有弃物。这样的思想还见于《逸周书·文传》:

> 山林非时不升斤斧,以成草木之长。川泽非时不入网罟,以成鱼鳖之长。不麛不卵,以成鸟兽之长。畋渔以时,不杀童羔,不夭胎牛,马不驰骛。土不失其宜,万物不失其性,天下不失其时。

山林不到季节不举斧子,以成就草木的生长。河流湖泊不到季节不下渔网,以成就鱼鳖的生长。不吃鸟卵不吃幼兽,以成就鸟兽的生长。打猎有季节,不杀小羊、怀胎的羊,牛犊不拉车、马驹不驱赶奔跑。土地不失其所宜,万物不失其本性,天下不失其时令。

砍伐、捕鱼、狩猎都要不违时。而且还细心到不让牛犊拉车,不让马驹奔跑。这种细心不是别的,是爱,古人比我们现代人更知道如何去爱天下万物。这源于他们与自然休戚与共的农耕生活,更源于他们对万物本性以及自然规律的尊重。他们比我们更懂得只有

---

[1] 《国语·鲁语上》,陈桐生译注,中华书局,2013年版,第187页。

依循自然规律而生，包括人在内的万物才会有所养、有所成，而不失其性。如此，天地才会顺行，万物才会各伸其性。尽管他们也要靠渔猎来维生，但他们深知只有顺时，对成为他们食物的万物充满爱，帮助它们繁殖、生长，他们的食物才不会匮乏。也许，他们那时的食物远不如现在丰盛，但他们在万物面前始终没有流露出贪欲之态，始终保持他们的翩翩君子风度。即使狩猎也要依礼而行：

> 无事不田曰不敬，田不以礼，曰暴天物。天子不合围，诸侯不掩群。天子杀则下大绥，诸侯杀则下小绥，大夫杀则止佐车。佐车止，则百姓田猎。獭祭鱼，然后虞人入泽梁。豺祭兽，然后田猎。鸠化为鹰，然后设罻罗。草木零落，然后入山林。昆虫未蛰，不以火田，不麑，不卵，不杀胎，不夭夭，不覆巢。[1]

平常无战争或凶丧之事却不狩猎就是不敬，狩猎而不依循相关的礼仪规定就是戕害上天所生之物。为了避免物种灭尽，天子狩猎不采取四面合围的方式，诸侯狩猎不杀尽成群的野兽。天子猎获时就放下指挥的大旗，诸侯猎获时就放下指挥的小旗，大夫猎获时就停下助猎的佐车，佐车停下后百姓就可以开始田猎。孟春正月，水獭将捕获的鱼陈列如祭品以后，管理川泽的虞人可以进入湖泽并设鱼梁捕鱼；季秋九月，豺兽如祭祀般围猎以后，才能开始狩猎；仲秋八月，鸠化为鹰后，才能设罗网捕飞鸟；草木凋零后，才进入山林砍伐树木。昆虫还未冬眠蛰居时，不能放火烧草以获取猎物。不捕取幼兽，不掏取鸟卵，不杀怀胎的母兽，

---

[1]《礼记·孝经》，胡平生、陈美兰译注，中华书局，2011年版，第84～85页。

不杀小兽，不毁坏掀覆鸟巢。[1]

这里，为防止物种灭绝，对天子及诸侯的狩猎方法、猎捕各种动物及砍伐树木的季节做出了规定，同样也对鸟卵、幼兽流露出了关爱。并且还明确指出不依礼仪规定狩猎，即是戕害上天所生之物。用礼仪来告诉天子、诸侯该如何狩猎，显示的无非是对天下万物以及时令的尊重。因有这样的尊重，天子、诸侯的围猎才有了庄重的仪式性，而非对天下万物的伤害、劫掠。不仅如此，在那时古人就已经有了过度、违时围猎可能造成物种灭绝的危机意识。这不能不让一些只考虑满足自己私欲、私利而偷猎的现代人汗颜。与此相似的记载，还可以从《淮南子·主术训》中看到：

> 故先王之法，畋不掩群，不取麛夭；不涸泽而渔，不焚林而猎；豺未祭兽，罝罦不得布于野；獭未祭鱼，网罟不得入于水；鹰隼未挚，罗网不得张于溪谷，草木未落，斤斧不得入于山林；昆虫未蛰，不得以火烧田。孕育不得杀，鷇卵不得探，鱼不长尺不得取，彘不期年不得食。是故草木之发若蒸气，禽兽之归若流泉，飞鸟之归若烟云，有所以致之也。[2]

所以先王的法规，打猎时不捕尽群兽，不捕杀幼小的麋鹿，不放干水泽来捕鱼，不允许烧毁山林去打猎；豺没有祭兽时，捕鸟兽之网不能安置在田野上；水獭没有杀时，渔网不能放入水中；鹰隼没有捕杀鸟类的，鸟网不能张在溪谷之处；草木没有落叶之时，斧斤不能够进入山林；昆虫没有蛰伏之时，不能够用火来田猎。孕期

---

[1]《礼记·孝经》，胡平生、陈美兰译注，中华书局，2011年版，第86页。

[2]《淮南子》，上册《主术训》，陈广忠译注，中华书局，2012年版，第486页。

的动物不能够杀死,幼鸟、鸟卵不能够掏取;鱼不满一尺不能捕食、猪不过一年不能够宰杀。正因为这些规定,保护了生态环境,所以草木就像蒸气一样蓬勃生长,禽兽就像涌泉一样来归往,飞鸟就像烟云一样来临,所有这些均归功于君主保护生物的措施得当。[1]

对鸟网安置的具体位置,还有可捕之鱼的尺寸,可杀之猪的年限,都有详细的规定。并且是法规,不是泛泛的规章制度。古人认为只有这样做,生态环境才能得到保护,才会出现草木蓬勃生长,飞鸟云集,禽兽来归的和乐气象。如此,万民才可得所养,国家才可得其强。显然古人比我们更明白人的根在天地,因此要培其根,固其元,以有所生。而我们已经被物质文明所洗礼,不知何时变成了消费者。消费者,顾名思义就是一群不断消耗、浪费各种物资、财用的人。消耗、浪费这些东西的同时,我们的人生也被消耗、浪费得远离了泥土,失去了自己的根。像一棵无根的草在占有欲的牢笼中挣扎、翻滚,不断破坏着环境,给地球增加负担。这样的人生,应该适时停止,归根到天地、自然中。那里是我们生命、灵魂的根,是我们真正的家。古人朝夕与天地万物为伴,他们比我们更了解自己,知道自己的根在哪里。所以,即使前面提到的制天命而用之的荀子,也认为要顺应自然规律行事,人才不会遭殃,主张对花草树木等的保护:

> 圣王之制也,草木荣华滋硕之时,则斧斤不入山林,不夭其生,不绝其长也;鼋鼍、鱼鳖、鳅鳝孕别之时,罔罟毒药不入泽,不夭其生,不绝其长也。春耕、夏耘、秋收、冬藏四者不失时,故五谷不绝而百姓有余食也;污池、渊沼、川泽谨其

---

[1]《淮南子》,上册《主术训》,陈广忠译注,中华书局,2012年版,第487~488页。

时禁,故鱼鳖优多而百姓有余用也;斩伐养长不失其时,故山林不童而百姓有余材也。[1]

圣明帝王的制度:草木正在开花长大的时候,砍伐的斧头不准进入山林,这是为了使它们的生命不夭折,能不断生长;鼋、鼍、鱼、鳖、泥鳅、鳝鱼等怀孕产卵的时候,渔网、毒药不准投入湖泽,这是为了使它们的生命不夭折,能不断生长。春天耕种、夏天锄草、秋天收获、冬天储藏,这四件事都不丧失时机,所以五谷不断地生长而老百姓有余粮;池塘、水潭、河流、湖泊、严格禁止在规定时期内捕捞,所以鱼、鳖丰饶繁多而老百姓有多余的资财;树木的砍伐与培育养护不错过季节,所以山林不会光秃秃而老百姓有多余的木材。

荀子主张顺天时,利万物以为己用,认为只有这样老百姓才会有余粮、余财、余物。同时他亦强调保护生态环境是为了人类所用,这与我们现代人的想法有些相似。不过,他显然比我们现代人更有顺应天时的意识。试观我们现在的所为,不仅无视和违反自然规律,而且还试图破坏自然,这是问题的根源[2]。我们对自然的破坏欲,实际反映了我们比古人更为愚昧、无知,尽管我们自诩生活在文明社会。而我们的愚昧无知又来源于我们活在无根的、由物质欲望所构筑的牢笼里。又因为我们的物质欲望太过强烈,从而滋生了更强更大的破坏欲。这样的连锁反应像失控、脱轨的列车,将我们推向更深的欲望深渊,推向破坏自然的恶性循环中。如果我们还不

---

[1] 王先谦:《荀子集解》卷五《王制篇第九》,沈啸寰、王星贤整理,中华书局,2012年版,第163页。

[2] [韩]法顶禅师:《活在时间之外》,薛舟、徐丽红译,重庆出版社,2011年版,第20页。

悬崖勒马、迷途知返，继续恣意破坏自然的话，也许地球终究有一天会灭亡。地球灭亡了，我们的子孙后代当然也会不复存在。这非我的臆断，孟子早已有这样的先见。孟子从齐国东南牛山被破坏得出了如下结论："故苟得其养，无物不长；苟失其养，无物不消。"[1]他说："如果得到滋养，没有东西不生长；如果失掉滋养，没有东西不消亡。"因此，孟子与荀子一样，亦主张砍伐有时，顺时耕种，以保证民生死有养：

> 不违农时，谷不可胜食也；数罟不入洿池，鱼鳖不可胜食也；斧斤以时入山林，材木不可胜用也。谷与鱼鳖不可胜食，材木不可胜用，是使民养生丧死无憾也。养生丧死无憾，王道之始也。[2]

不耽误百姓的农时，粮食就吃不完；细密的鱼网不放入大塘捕捞，鱼鳖就吃不完；按一定的时令采伐山林，木材就用不完。粮食和鱼鳖吃不完，木材用不完，这就使百姓养家活口、办理丧事没有什么遗憾的了。百姓生养死丧没有什么遗憾，这就是王道的开始。[3]

显然，孟子也是站在使民生死有养的角度来阐述如何保护生态环境的。这一立场可能也更接近现代人对待自然的态度。但是，无论是孟子、荀子还是其他古人都比现代的我们更了解自然，知道天地是他们的根，是他们赖以存在的生命之源。所以他们才主张人的一切生产、利用自然的活动都要符合自然的规律。这就告诉我们：要想懂得保护自然，行事符合自然规律，需要我们重新返回自然，

---

[1] 杨伯峻：《孟子译注·告子章句上》，中华书局，2012年版，第243页。

[2] 杨伯峻：《孟子译注·梁惠王章句上》，中华书局，2012年版，第5页。

[3] 杨伯峻：《孟子译注·梁惠王章句上》，中华书局，2012年版，第6页。

重新取得和天地的连接，像爱我们的身体一样爱护天地万物。如此方能真正地保护自然。不用说，所谓的返回自然，不是说我们的身体在闲暇时走入森林、山谷、农庄等，而是我们的心要返本归根，真正觉知到天地万物与我们一体，我们与它们以爱彼此相连。只有这样，当我们走入山林时才会对那里的鸟兽虫鱼、树木花草等升起爱，才不忍心为满足口腹之欲、金钱之欲还有其他感官的欲望而伤害它们，而会倾听它们的低语，祝福它们一切安好，从而让彼此的生命变得神圣、庄严。

除此之外，我们还要在日常生活中践行我们对天地宇宙万物的爱，把对天地宇宙万物的爱护落实到我们的言行举止、起心动念中。其意无非是说无论是我们的言语、行为，还是思考都要围绕着如何对天地万物有益而展开。这听起来似乎有些难，其实真正做起来并不是很困难。只要我们把法顶禅师的以下话语铭记在心："一双鞋、一件衣服、一台家用电器、一件家具，其制造过程都会导致煤烟、工业垃圾和污水的产生"[1]。因而，我们在购买一双鞋、一件衣服的时候都需要谨慎，要考虑这是不是自己真正所需之物。如果没有这双鞋也无不可，就要抑制住自己购买的冲动。因为消费行为往往是连锁反应，你购买了这双鞋，可能接下来还要购买与这双鞋相配的裙子或裤子，还有与此相配的上衣、皮包……事实上正因为如此，我们才陷入了无休无止的物质欲望、消费循环中。

但是，我们活下去真的需要那么多吗？经过我的切身实验证明，生活真的可以很简单，有吃的、喝的、住的，几件可以换洗的衣服、几双可以不同季节穿的鞋就足矣。如果你认为不足，只是你的贪求心在作怪。你的贪求心在唆使你要求取更多。什么是更多的，

---

[1] [韩]法顶禅师：《活在时间之外》，薛舟、徐丽红译，重庆出版社，2011年版，第170页。

天下之物何其广博，恐怕你穷极一生也不能全部据为己有；什么是更好的，所谓名牌、高价用品，其实只是一个数字、符号，它不会再创造任何价值，拥有它没有任何意义。不止如此，我们的这些永无止歇的消费行为还间接地加速了地球走向死亡的脚步。所以，我们要学习少欲知足的智慧，尽量降低生活必需品的数量，不占有多余的不必要之物。其实，你的那些围拥在你身边的衣服、包等各种物品，占用的不仅仅是你的物理空间，还有你的心灵空间。如若不信，你可以试着对自己身边的物品做一次大清理，体会一下那些多余的物品被处理掉的内心感觉。你可能会发现，拥有的东西越少，心地越清明。

同时，在物质生活极其丰富的现代，我们因为拥有的太多而变得不懂得节约、惜物。许多人一旦把日思夜想的东西据为己有，就不再懂得珍惜，无论是车子还是房子，都不懂得爱惜使用。我们对待自己日常饮食使用的器物亦反映了如此态度：无论是饭店的服务员，还是我们日常在家拿碗、洗碗，可能大多都是以心不在焉的随便态度完成，甚至有时还会发出很大的声响，把我们内心淤积的负面情绪发泄在它们身上。这实际上都是不惜物的表现。碗、盘是盛放维持我们生命之物的重要器皿，它为我们服务，但我们却没有表现出我们应有的态度——感谢、感恩。也许这是一件令大家很不以为然的小事，却从中显示了我们对待天地万物的态度。这告诉我们，如果我们对每天为自己服务的无言器物都不懂得感谢、感恩的话，那么我们对公共设施、器械，甚至距离我们稍远的天地万物，也必然没有这样的心情，也必然不懂得珍惜，滥用滥造而没有节制。因此，我们要从身边的小事做起，珍惜、善待我们现在拥有的一切，做到节俭、不浪费。

我想，具体能做的事情有很多，少购买自己不真正需要之物，能够继续使用的物品继续使用。此外，珍惜每一粒粮食，珍惜水资源，不多浪费一滴水，把洗菜等的水用来冲洗厕所，不多制造垃圾，等等。就像河南社旗县来佛寺的海贤老和尚那样，活了112岁，一生节俭。不浪费水电，晚上不到非要照明的时候不开灯。平时只用一个小瓢盛水，房间的洗脸盆内经常只有一碗多水，不肯多浪费一滴水。如果看到厨房门口有丢弃的菜叶，他就捡起来洗干净放回厨房。还常对人说："择菜不丢青，胜似诵藏经。"做凉拌芹菜，他也只让徒弟从一壶五十斤的香油中用筷子蘸点儿拌菜。[1] 老和尚不是因为没有东西才不多取用，而是他懂得惜福、惜物。法顶禅师亦说："即使是一卷卫生纸，不管是自己的，还是别人的，都应该按需使用。有的人却用一大堆纸擤鼻涕，擦屁股的时候也是卷了一层又一层，这些都是不必要的浪费。每当看到这种事，我都为这种身在福中不知福的做法感到痛心。"[2]

你看，法顶禅师为别人多浪费一点卫生纸都感到痛心，我们是否也应该对我们的生活做出反省，不再无谓地浪费。因为地球为我们提供的资源是有限的，我们不能再没有节度地挥霍。在日本，浪费意味着对神不敬，是种罪过。即使是一粒米、一叶菜，如果不是物尽其用，被白白地浪费掉，就是亵渎生命，是对神佛的不敬，是罪过，所以一些人认为乱糟蹋东西会遭天罚。[3] 也许有一些人对这样的思想无法完全认同。不过，如前所述，万物皆有灵性，天地万物都寄寓着生命，我们浪费掉它们的生命，就是在亵渎生命。恐怕海贤老和尚与法顶禅师都明白这样的道理，才教诲我们不要浪费，

---

[1] 妙音：《海贤老和尚》，北京团结出版社，2015年版，第129、130页。

[2] [韩] 法顶禅师：《活在时间之外》，薛舟、徐丽红译，重庆出版社，2011年版，第170页。

[3] [日] 中野孝次：《清贫的思想》，邵宇达译，中国青年出版社，2015年版，第147、200页。

要懂得惜福。何谓惜福，就是不暴殄天物，将自然赐予的一切视作天赐而珍惜，好好利用。我们与天地万物为一体，我们暴殄天物，不懂得珍惜，将一切物品都视为商品生产物无情消耗掉，其实消耗掉的不仅是地球的宝贵资源，还有我们的身体与精神。我们不珍惜万物，其实就是不珍惜我们自己。因而，时至今日，只有改变我们在天地万物面前的放肆态度，好好珍惜它们，只有我们身体力行去践行节用、节俭、不浪费、惜物的精神，以感恩之心去对待我们所拥有的一切与天地万物，生养我们的地球才会延缓它灭亡的脚步，我们的生命家园才得以重建。

如果我们能做到以上几点，最好还要学会过清贫的生活。所谓清贫，不是一般意义上的贫穷，而是通过自己的思想和意志的积极作用所最终创立的简单朴实的生活形态，是与自然共有生命，与万物同生。[1] 因而，你无须刻意节衣缩食，只要自愿把对物质的需求降到最低就好。同时，这不是我不负责任的建议，而是我正在实践的生活，只是刚刚开始，做得还不够彻底。尽管如此，收获、感悟却颇多：首先，你会明白你真正需要的是什么，不再成为物欲的奴隶。当你摆脱了物欲的控制，你会感到自己就像一头挣断了缰绳的牛，身心感到莫大的自由。其次，你会从以前认为没有价值的东西中发现价值，从以前认为有价值的东西中发现它的没价值。例如，以前我认为插花至少也要使用陶瓷器，这样才更像插花。但是后来我发现在公园捡来的废树皮亦可成为不可多得的花器，而且更为和谐，更能体现出插花的意义——让花自己来诉说它的生命，而非借助人力与精美、高价的花器。以前我喜欢贵的服装，认为它可以提升我的气质，现在我发现如果我的心不高贵，即使穿再贵的服装也

---

[1] [日]中野孝次：《清贫的思想》，邵宇达，中国青年出版社，2015年版，第147、200页。对清贫的生活感兴趣的读者，可参阅本书。

不能令我高贵，那只是衣服在穿我，而非我在穿衣服。如果有朝一日我的心变得高贵了，那么穿多少钱的衣服都会显得我很贵。因而，那些从前花费心思购买的高档服装、首饰在我面前变得不再有任何价值。

价值观念的如此颠倒，也许有些人认为不正常。但是，正是这种不正常才能带我们回到原质的生活，让我们知道重要的不是拥有多少东西，而是如何珍惜天地万物，不给地球增加不必要的负担，与天地万物和谐共处。当我们真正能和天地万物和谐共处，真正能把爱奉献给天地万物的时候，我们才获得了真正意义的生，我们的生命、精神家园才不再荒芜。如果大家读到这儿真正有所感悟的话，就行动起来，如印度诗人泰戈尔在其小说《沙达娜》中说的那样，把它落实在现实生活中：

> 对印度民族来说，自然界是一个有机整体，任何生命都是一体的。这种万物一体的生命观不仅是哲学思辨，而且必须在日常生活中加以实践，在人具体的情感生活中达到这一伟大的自然和谐。人生的目的，就是以冥思和侍奉神灵的活动，来调整自己的生活，锻炼自己的意识，使自然中的一切都具有精神意义。大地、水、光、水果和花草等自然万物，对人类而言，并不是有用则用，用完即弃的单纯的物质，而是如同整曲华美交响乐中的每一个音符，是人类实现自我理想所不可或缺的必要构成。如果人不能实际感受与自然世界的血缘关系，就好像生活在冰冷的铁窗栅栏的牢狱中一般，只有当人在生活中发现自然的永恒之灵时，才能觉悟到生命的真正意义，从被囚禁的状态中解放出来。这时，人会发觉自己沐浴在真理的灵光照耀

下,建立起人和万物的统一和谐的天国。[1]

---

[1] 转引自[日]中野孝次:《清贫的思想》,邵宇达译,中国青年出版社,2015年版,第149页。

结　语

　　印度诗人泰戈尔的话语告诉我们：人生一世，短短几十年，我们要觉悟到生命的真正意义，千万不能再把自己囚禁，然后在自我囚禁中告别这一生，那样实在是枉来人世一遭。大自然是那样美好，为何我们还不打开囚禁自己的重重铁窗栅栏，回归它的怀抱。回归它的怀抱，就是回家，回归生命本身。而生命本身无非就是天地宇宙。因此，回归生命本身即是让天地宇宙万物来说话，不再是用我们狭隘的私心、私欲、成见、妄想来说话。同理，让天地宇宙万物来说话，即是让宇宙意识，也就是让我们的本心来说话，让它自在地发出它的璀璨光芒。当生命本身不再受到我们的压制、禁锢、扭曲，其他的一切生命也将由此恢复他的活力。因为通过至此为止的论述可知：我们与所有的生命原本一体，原本来自同一个源头。如果我们切断了与这个源头的连接，就会切断与其他生命的内在连接；那么我们的个体生命及其他的生命都将由此枯萎，甚至枯竭。真正体悟到这个道理，是在某一个晴朗的夏日。那天，我躺在位于两山之间的小河旁边的巨石上，听河水的流动、望天，脑子里忽然冒出"为有源头活水来"这句话。当时不得其解，于是起身往小河的上游走去，走了很远，也没找到小河的源头。无奈只好原路返回。在返回的途中忽然醒悟：看不看见源头并不重要，重要的是这个源头存在着。正因为存在着，小河与它紧密相连着，河水才会潺潺不断流淌，没有枯竭。如果小河没有与这个源头一体相连，河水无疑会不再不断流淌，然后枯竭。没有了河水的滋养，花草树木无疑也会在某一天干枯。而我们的生命就像那条小河，如果没有了源头，将会成为充满腐臭味的死水，进而枯竭。相反，如果我们与生命的源头紧密相连，不离不弃，就会是永远流动不息、充满生机活力的活水，永远不会腐臭、枯竭，就会成为宇宙生命的显现，成为光与爱的源泉，滋养与我们息息相关的其他生命。

正因为我在偶然中明白了这个道理，所以真心祈愿读到此书的你能由此受启，发现生命的真正意义。为此才不惜笔墨从与自己的关系、与他人的关系、与自然的关系三个层面，来讲述修身。并且一再告诉你修身即"化"身，化掉自己的心，化掉自己的身，把心带回它真正的家——天地宇宙，与天地宇宙真正合一。由此你可能会注意到我在本书中所言的修身，归根结底是要做到天人合一。只是我所体悟到的天人合一可能距离儒家所言的万物一体稍远，而距离庄子所言的天人合一稍近。关于此点，如果你足够细心，会有所察觉。之所以在本书末尾又着重重申此点，是想让你理解"源头"的重要性，理解所谓的修身就是为了要回到源头，让所有的生命以它的本来面目显现，让宇宙的大爱流淌无间，让人间充满光明。当然，对真正的修行人来说，可能最后连这个"源头"也要击碎，让它空无所空。但是对我们来讲，我们可能只是想活得更好一些，想弄明白自己为何活着。所以，找到我们的源头，走到这儿，就已经足够，我们的生命就已有所不同。当我们每一个人都感受到了自身生命的不同，感受到与万物一体相连时，人间社会将会变成充满光和爱的和乐世界。人间社会和乐了，天地宇宙也就会祥和，不再遭受涂炭。由此，我们的生命家园得以真正意义的重建。这是我的祈愿，我想也会成为我们每一个人的祈愿。因为，我与你，与他，在根源上是不二的一体。

有了这样的祈愿，无论有何缘由，我们都将不会再亲自割断与天地宇宙的链接，把自己送回黑暗，再次变为孤儿。当到了这个境地，前面所言的清贫生活就不再是无奈或是源于好奇心的选择，而

结　语

是你会自然选择不被物质包围的简素生活。因而，说到底，所谓的清贫不是物质、金钱上的匮乏，而是心灵的简单、素朴在物质、精神生活中的体现——精神上清明无染、质朴；物质上无多余与不必要之物，简单明了。这样，拥有的虽然不多，精神上却悠闲、自足。就像日本江户时代后期的良宽法师（1758～1831）一样，一生住草庵，以乞食为生，却可在夜雨淅淅而降的草庵里，悠闲地伸展开自己的双脚，欢乐而满足[1]。为何良宽法师能做到如此悠闲无惧？是因为他活得纯净超然，与天地宇宙相融共在，即使生活处于极度不安定的状态中，也无忧无惧。少即丰饶，良宽法师虽然一无所有，却又无所不有。为何无所不有呢？因为他享有清风明月、夜雨草木，等等，与其他万物同体共在，别人的丰盛即是他的丰盛，他所需不多的一碗饭会适时而有。由此可知，清贫的生活不会带给你精神上的匮乏感，只会带给你生命的喜悦与圆满。我想，这也是泰戈尔在上引话语中一再想向我们传递的信息，也是在本书中登场的所有贤圣想要向我们传递的信息。

此外，在我把这些信息又传递给你的过程中，可能使这些信息也沾染上了"我"的色彩。对此，你在阅读中，毋须有任何想法，只须自行取舍，从中吸收对你当下生命有益的东西。当然，你也可以提出你的意见，甚至批评。至于结果怎样，其实都不重要。重要的是当你耐心读完本书的一段或全部文字的时候，当下能有些微的受益。如果你没有任何受益，只是浪费了你的金钱与时间，我的内心不止惭愧，还会不安。想到这儿，我的手就敲不动键盘了，担心废话太多，浪费你太多的时间。毕竟，现在这个时代，大家都不怎么爱读书。即使读书，往往也多读电子书，好不容易下决心在网上

---

[1]　[日]中野孝次：《清贫的思想》，邵宇达译，中国青年出版社，2015年版，第38页。

买本纸质版的书,迫不及待地打开后,发现居然废话连篇,当时可能就会有种上当的感觉。所以,为避免给读到此书的你带来这种感觉,我们的修身之旅至此结束。但是,请不要忘记,你真正的修身之旅才刚刚开始。